Die Welt nach Maß

Die Welt nach Maß

Reiner Klingholz (Hrsg.)

Gentechnik-
Geschichte,
Chancen und
Risiken

westermann

Für Max

CIP-Titelaufnahme der Deutschen Bibliothek

Die Welt nach Maß: Gentechnik – Geschichte, Chancen u. Risiken
Reiner Klingholz (Hrsg.). – Braunschweig:
Westermann, 1988
ISBN 3-07-50 9097-2
NE: Klingholz, Reiner (Hrsg.)

Gestaltung und Schutzumschlag: Gerd Gücker
Reproduktionen: büscher repro braunschweig gmbh
Satz: Hagedorn GmbH, Braunschweig
Druck und Bindung: westermann druck GmbH, Braunschweig

ISBN 3-07-50 9097-2

INHALT

Reiner Klingholz

Das Spiel mit den Genen

Wissenschaftler können heute in die geheimnisvollsten Vorgänge des Lebens eingreifen: Sie sind in der Lage, das Erbgut von Pflanze, Tier und Mensch in bisher ungekanntem Maß zu manipulieren.
Kein Wunder, daß die Gentechnik seit Anbeginn umstritten ist. Ihre Befürworter behaupten, sie könne helfen, Krankheiten zu heilen und den Welthunger zu stillen. Ihre Gegner aber befürchten das Schlimmste: neuartige Krankheitserreger, bedrohliche Kunstwesen und sogar den Menschen nach Maß – Frevel gegen die Schöpfung.

Lebewesen aus der Retorte: Genmanipulierte Bakterien produzieren Substanzen, die sie von Natur aus nicht herstellen, etwa Insulin für die Behandlung Zuckerkranker.

Die Zeit war gekommen, da Julie Lindemann Geschichte machen sollte. Am 24. April 1987, um vier Uhr in der Früh – draußen war es noch kalt und stockfinster – stieg die 34jährige Biologin der Firma Advanced Genetics Sciences in einen weißen Schutzanzug, der ihr von Kopf bis Fuß reichte. Julie streifte sich Latexhandschuhe über und zog sich eine Gasmaske vor das Gesicht.

Hermetisch verpackt, einen Blechkanister auf dem Rücken und ein Sprühgerät unter dem Arm, ging Julie hinaus auf ein Erdbeerfeld im kalifornischen Contra Costa County. Kein Gift, kein Düngemittel schwappte in dem Kanister, sondern eine milchige Brühe mikroskopisch kleiner Lebewesen: Bakterien, die der Pflanzenpathologe Steven Lindow von der University of California in Berkeley gentechnisch verändert hatte. Den neuartigen Organismen hatte der Forscher eine seltsame Aufgabe zugedacht: Sie sollten verhindern, daß die Erdbeerpflanzen bei geringen Nachtfrösten erfrieren.

Auf eine Genehmigung für diesen Versuch hatten Lindow und sein Team seit Jahren gewartet. Ein endloser Rechtsstreit zwischen Umweltschützern und dem Gentechnik-Unternehmen Advanced Genetics Sciences hatte immer wieder verhindert, daß es zu diesem Test kommen konnte. Ungeduldig hatte die Firma ihre Frostschutzbakterien schon einmal illegal getestet – und bereitwillig 20 000 Dollar Strafe gezahlt, als die Aktion ruchbar geworden war. Jetzt, an diesem kalten Aprilmorgen, sollte endlich alles mit rechten Dingen zugehen.

Dann verzögerte sich das Experiment doch noch einmal: In der Nacht hatten militante Gegner des Experiments das Wachpersonal am Erdbeerfeld überlistet, ein Loch in den Sicherheitszaun geschnitten und die Pflanzen aus dem Boden gerissen. Erst um 6.45 Uhr, als das Feld neu bepflanzt war, setzte sich Julie Lindemann erneut die Gasmaske auf, ging durch die Pflanzenreihen und besprühte sie mit den Bakterien aus der Retorte. Hinter den Bergen ging gerade die Sonne Kaliforniens auf. Der Versuch war ein voller Erfolg. Die Bakterien aus dem Labor entkamen nicht, wie Skeptiker befürchtet hatten, auf die Nachbarfelder. Kein erkennbares Unheil wurde angerichtet. Natürlich hatten selbst die vehementesten Kritiker keinen Gen-GAU befürchtet: Auch sie wußten, daß diese „Eis-Minus-Bakterien“ so ziemlich das harmloseste sind, was der

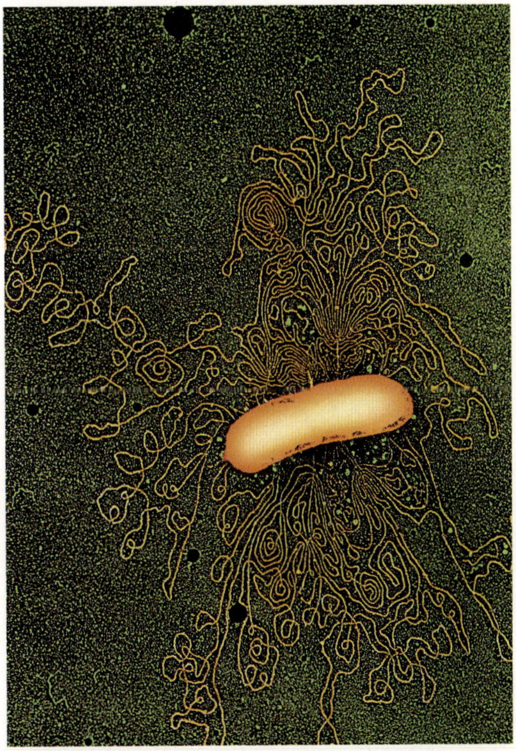

In die fadenförmige Erbsubstanz von Kolibakterien läßt sich fremdes Erbgut einbauen: Mikroben werden zu Eiweißfabriken.

Welt an gentechnischen Kunstwesen bevorsteht. Bei dem jahrelangen Streit war es ums Prinzip gegangen: Sollten unbekannte und womöglich unberechenbare Lebewesen aus dem Labor in die freie Natur entlassen werden oder nicht?

Das Experiment im Contra Costa County zeigt alle Facetten der Auseinandersetzung um die Gentechnik. Segensreiche Versprechungen auf der einen, Ängste auf der anderen Seite. Massive wissenschaftliche und wirtschaftliche Interessen, die auf ökologische Bedenken stoßen; Fanatismus – bis zur Illegalität auf Seiten der Forscher, bis zu Gewaltaktionen bei ihren Gegnern. Die Gentechnik hat gerade erst Anwendung gefunden, und schon ist sie umstritten wie kaum eine andere wissenschaftliche Errungenschaft.

Für die Befürworter war der 24. April 1987 ein großer Tag. Die Tür vom Labor aufs Feld war aufgestoßen – und sie wird sich kaum je wieder schließen lassen. Denn das wäre nach Meinung der Protagonisten ein fataler Rückschritt, verheißen sie doch eine neue Technik, die billig, sicher und zugleich umweltfreundlich sei, eine „grüne Chemie“, die endlich Industrie und Ökologie aussöhnen könnte. Eine Methode, die Bakterien und Pilze zu willigen Kleinstfabriken umrüstet, raffinierte Medikamente und Impfstoffe auf Abruf liefert; die Pflanzen entwickelt, die sich selber vor Schädlingen und Krankheit schützen, bessere Erträge liefern und ihren eigenen Dünger produzieren. Eine Methode, mit der es gelingen könnte, Nutztiere zu züchten, die der Phantasievorstellung von der eierlegenden Wollmilchsau nahekommen.

Für die Gegner war dieser Tag der Anfang vom Ende. Sie befürchten, die Natur werde auf Dauer von Lebewesen aus der Retorte überrannt und zerstört. Sie beschwören das Mentekel einer skrupellosen Wissenschaft, die nicht davor zurückschrecken wird, auch das Erbgut des Menschen zu manipulieren, um ihn zum Zuchtobjekt zu degradieren. Und sie befürchten, daß die Gentechnik in der Lage sein wird – gewollt oder versehentlich – schlimme Krankheitserreger zu erzeugen. Allein das amerikanische Verteidigungsministerium, so schimpfte unlängst der englische Pionier der Molekularbiologie und Nobelpreisträger Maurice Wilkins, finanziere etwa vierzig gentechnische Projekte zur biologischen Kriegsführung.

Längst hat die politische Diskussion auch die Bundesrepublik ergriffen. Die Parlamente haben erkannt, daß sie die neue Technik nicht unkontrolliert der Wissenschaft und der Industrie überlassen dürfen. Von den Gentechnikern wird man kaum verlangen können, daß sie wissen, wo ihre Grenzen liegen. Doch die Politiker sind unentschlossen: 1984 nahm die Enquete-Kommission des Bundestages „Chancen und Risiken der Gentechnologie“ ihre Arbeit auf, zwei Jahre später legte das Gremium einen Katalog von Empfehlungen vor. Diese harren jetzt der Umsetzung in Richtlinien oder Gesetze. Wenigstens die Manipulation menschlicher Keimbahnzellen und Versuche an menschlichen Embryonen sollten verboten werden, meint Justizminister Hans Engelhard. Freilandexperimente mit Pflanzen und Bakterien hingegen wird Gesundheitsministerin Rita Süßmuth womöglich noch 1988 genehmigen. Bei den Grünen stoßen schon diese Versuche auf totale Ablehnung: Sie wollen die Gentechnik generell und rigoros einschränken.

Außerhalb der Parlamente organisieren Bürgerinitiativen und Verbände einen Widerstand, der Wissenschaft und Industrie bereits große Probleme bereitet. Eine Gruppe namens

„Hoechster Schnüffler und Maagucker" bewirkte Ende 1987, daß eine Großanlage für die Insulinproduktion mit gentechnisch manipulierten Koli-Bakterien vorübergehend nicht in Betrieb genommen wurde. Forschungsinstitute und Wirtschaftsunternehmen fürchten Klagen und Demonstrationen und Anschläge militanter Anti-Gen-Gruppen.

Kein Wunder, daß die Diskussion, geprägt von Klischees und abstrakten Horrorgemälden, nicht eben sachlich verläuft. Manch einer denkt an Bakterienmonster, wenn er nur das Wort Gentechnik hört; an Chimären, halb Mensch, halb Tier; an geklonte, strahlenresistente Arbeitssklaven für Atomkraftwerke, an den Menschen aus der Retorte. Bei vielen gilt das Wort Gentechnik als Synonym für den verantwortungslosen Umgang mit der Natur, für einen frevelhaften Eingriff in die Evolution oder in die Schöpfung. „Die Molekularbiologie der Zukunft", sagt Robert Weinberg, Professor am Massachusetts Institute of Technology in Boston und einer der Großen seiner Zunft, eher aus Begeisterung denn aus Sorge, „wird Lebewesen nicht mehr als bisherige Endprodukte der Evolution ansehen, sondern statt dessen selber aktiv in den Wandel der Organismen eingreifen". Die Frage, wie sinnvoll und notwendig das ist, läßt sich nur schwer beantworten. Denn weder kennen wir den Segen, den uns die Gentechnik womöglich einbringt, noch den Preis, den wir für sie bezahlen werden müssen.

Was ist das für eine angstmachende Technik, die unsere Welt verändern könnte? Was kann sie heute und was wird sie morgen tun?

Die Gentechnik ist im Prinzip zunächst nichts anderes als eine Arbeitsmethode im Labor. Mit ihr können die Forscher Erbsubstanzfragmente aus einem Organismus isolieren und in einen anderen verpflanzen. Beispielsweise das menschliche Gen für die Herstellung von Insulin in ein Bakterium, oder das Gen eines Kaninchens in eine Tabakpflanze. Beide Varianten sind erfolgreich erprobt. Die Wissenschaftler nutzen dabei Werkzeuge und Methoden, die den Bakterien oder Viren entlehnt sind – also natürliche Verfahren. Die Geningenieure erzeugen so allerdings Lebewesen, die in der Natur im allgemeinen nicht vorkommen. Dort gibt es Grenzen der Arten, die einen Austausch von Erbsubstanz sinnvollerweise unterbinden.

Das Lieblingstier der Molekularbiologen, das Bakterium Escherichia coli, wurde so zum Allround-Produzenten für Moleküle, die den Forschern sonst nicht zur Verfügung stehen. Es vermehrt auf Bestellung praktisch jedes Gen, das man ihm einpflanzt, zu unendlich vielen Kopien. Das hilft den Gentechnikern, biologische Grundlagen der Vererbung und des Wachstums zu studieren. Vieles von dem, was wir heute über die Entstehung von Krebs oder der Immunschwäche Aids wissen, wäre ohne gentechnische Methoden undenkbar.

Auch in höhere Lebewesen haben die Forscher fremde Gene übertragen. Die Erbinformation für ein Wachstumshormon des Menschen pflanzten sie in Mäuse- und Schweineembryonen. So wurden Chimären gezüchtet, die zwar noch aussahen wie eine Maus oder ein Schwein – aber wesentlich größer gerieten als gewöhnlich. Schaf und Ziege ließen sich gentechnisch zu den Mischlebewesen Zaf oder Schiege kreuzen. Pflanzen wurden mit der neuen Methode gegen Gifte oder Schädlinge resistent gemacht.

Vor Jahren bereits versuchte der amerikanische Wissenschaftler Martin Cline eine Genoperation an Patienten, die an einer erblichen Blutkrankheit litten. Das Menschenexperiment, für das er keine Genehmigung bekom-

Ein Blick in den Code des Lebens

Anfang der fünfziger Jahre leisteten die beiden jungen Forscher James Watson und Francis Crick eine wesentliche Vorarbeit für die Gentechnik. Sie entdeckten, wie die Erbsubstanz aller Lebewesen aufgebaut ist: Zwei Fäden, die aus nur vier Bausteinen, den Nukleotiden mit den Abkürzungen A, T, G und C, zusammengesetzt sind, verwinden sich zu einem Doppelstrang ① aus Desoxyribonukleinsäure (kurz: DNA). Als Sprossen der wendeltreppenartigen Struktur stehen sich immer die passenden Nukleotidpaare A–T und G–C gegenüber. Die DNA birgt, einer Bibliothek vergleichbar, die gesamte Erbmasse eines Lebewesens, alle Eigenschaften und Funktionen. Eine Buchseite daraus entspricht einem Gen. Sie enthält die Information für die Herstellung eines Eiweißkörpers des entsprechenden Organismus. Soll diese Information in einen Auftrag umgesetzt werden, „entwindet" ein bestimmtes Enzym ② die Doppelhelix unmittelbar vor dem abzulesenden Gen.
An einem der offengelegten Stränge stückelt sich aus den angelieferten Bausteinen A, U, G und C ③ eine Kopie zusammen – die sogenannte Boten-Ribonukleinsäure (kurz: Boten-RNA). Das Enzym liest das Gen (das in Wirklichkeit viel länger ist) bis kurz hinter dem Stoppsignal ATT ④ ab und entläßt eine einzelsträngige Boten-RNA ⑤. Diese kopierte Buchseite ist noch mit unbrauchbaren Phrasen durchsetzt, den „Introns", die aus dem Fadenmolekül herausgetrennt werden ⑥ und verschwinden. Anschließend verläßt der Bote den Zellkern und treibt in der Zellflüssigkeit zu den Baumeistern für Eiweißstoffe, den Ribosomen ⑦. Diese lesen das erhaltene Schriftstück; je drei Nukleotidbuchstaben bedeuten ein Wort, eine Aminosäure; viele Wörter bilden eine Kette von

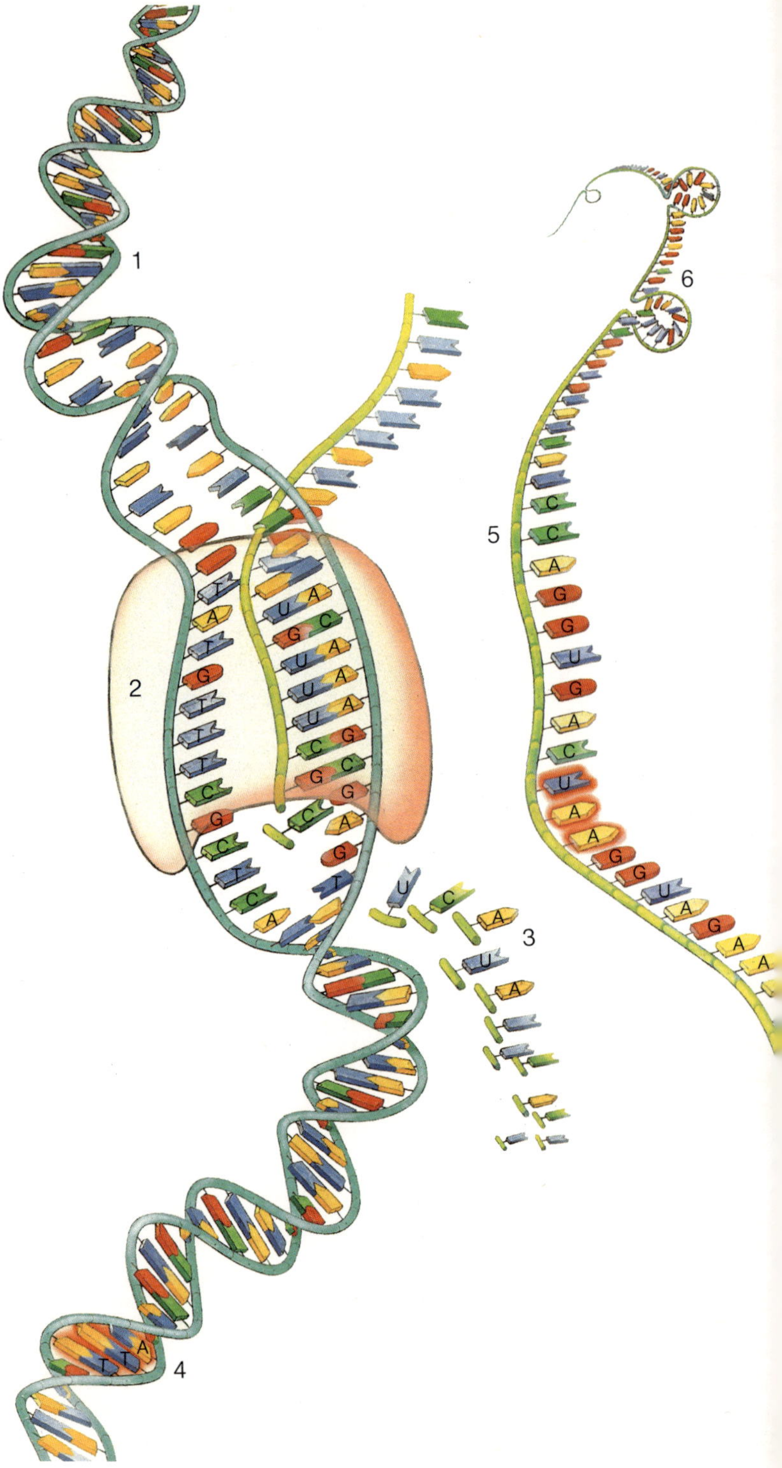

reicht ist. Da alle Lebewesen die gleiche genetische Sprache sprechen, kann die Gentechnik einem Organismus unbemerkt ein fremdes Stück DNA mit einer fremden Information einpflanzen. Diese wird dann von der Zelle nach dem beschriebenen Prinzip kopiert und in ein neuartiges Protein umgesetzt.

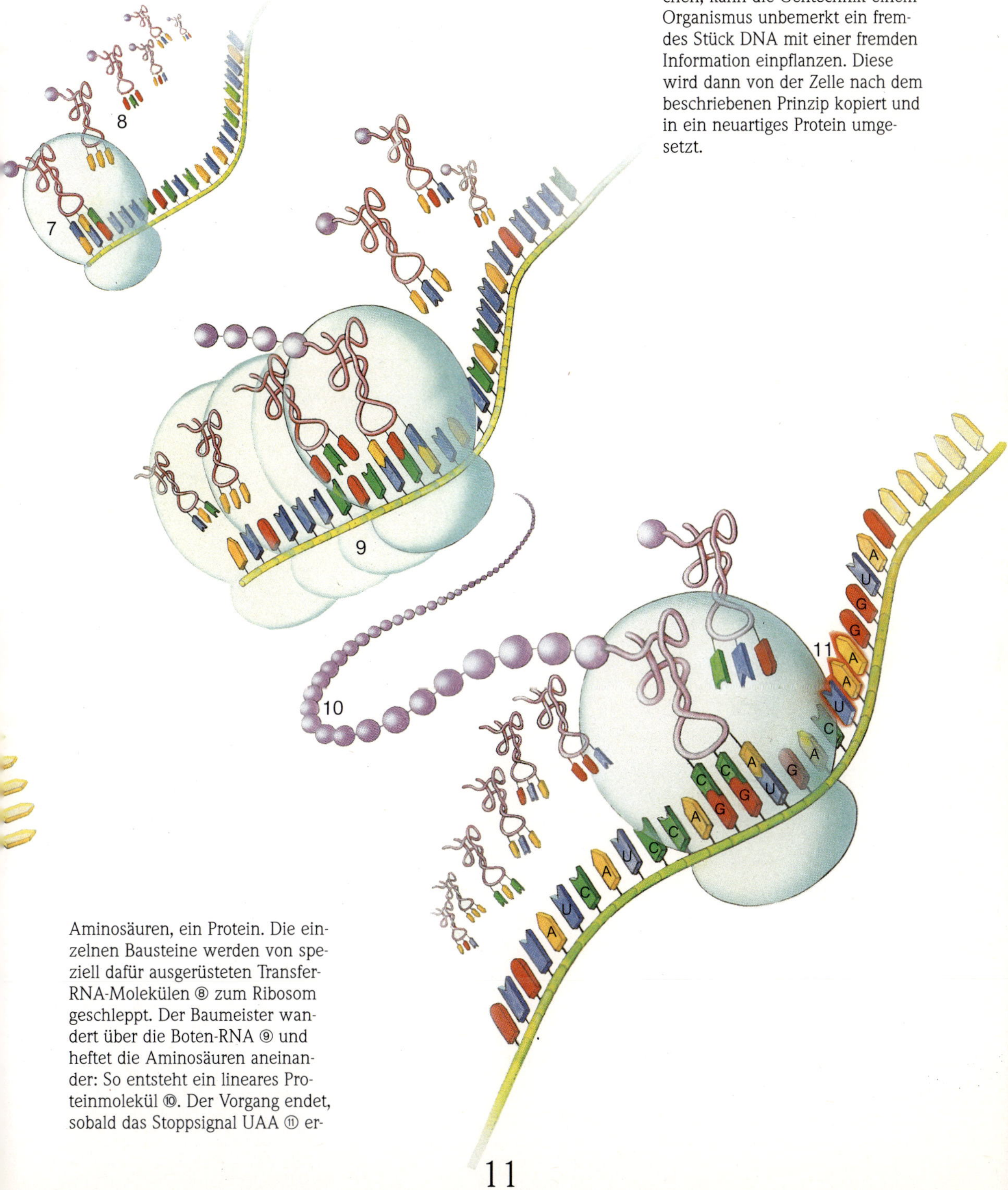

Aminosäuren, ein Protein. Die einzelnen Bausteine werden von speziell dafür ausgerüsteten Transfer-RNA-Molekülen ⑧ zum Ribosom geschleppt. Der Baumeister wandert über die Boten-RNA ⑨ und heftet die Aminosäuren aneinander: So entsteht ein lineares Proteinmolekül ⑩. Der Vorgang endet, sobald das Stoppsignal UAA ⑪ er-

men hatte, mißlang. Nach dem heutigen Stand der Forschung könnte diese Manipulation bereits erfolgreicher verlaufen.
Im Tierversuch gelingt es zudem längst, Gene auf Embryonen, und damit auf Keimbahnzellen, zu übertragen. Das bedeutet, daß eine neu hinzugefügte Erbsubstanz dann für alle nachfolgenden Generationen erhalten bleibt. Der Sinn solcher oft schaurig klingenden Untersuchungen und Manipulationen an Embryonen liegt darin, daß die Wissenschaftler das Verhalten von Zellen in einem sehr frühen Entwicklungsstadium studieren können. Das vermag einen Einblick in das normale, aber auch in das fehlgesteuerte Wachstum von Zellen zu gewähren und kann helfen, die Entstehung von Krebs und Erbleiden verstehen zu lernen. Eher ein Nebeneffekt dieser Forschung sind die Möglichkeiten, die „Schiege" und das Schwein mit Menschengenen zu schaffen und auch das Erbgut von Menschen manipulieren zu können. An dieser Option zeigt sich die Janusköpfigkeit der Genexperimente: Hier Krankheiten besiegen – dort den Menschen züchten.
Voraussetzung für diese neue Technik, für das impfstoffproduzierende Bakterium, wie für das überzüchtete Riesenschwein, war viele jahrzehntelange wissenschaftliche Kleinarbeit – und einige wenige, bahnbrechende Entdeckungen: Ein Mönch klärte im vorigen Jahrhundert den Mechanismus der Vererbung auf, zwei junge Forscher entzifferten vor 35 Jahren den genetischen Code und eine Gruppe von amerikanischen Wissenschaftlern zeigte 1973 erstmals, wie man Gene zerschneiden, verkleben und von einem Organismus in einen zweiten transportieren kann.
Alles begann in einem Kloster zu Brünn. Dort lebte vor über hundert Jahren ein österreichischer Augustiner namens Gregor Mendel, ein Mann, der eher aus Armut denn aus Überzeugung Mönch geworden war; seine wahre Leidenschaft galt den Naturwissenschaften: Der Klostergarten wurde sein Labor. Dort fiel dem Bruder Gregor auf, daß viele Pflanzen manche ihrer Merkmale von Generation zu Generation verändern. Er begann, der Sache auf den Grund zu gehen und kreuzte eine rotblühende Erbsensorte mit einer weißblühenden. Und tatsächlich: Die neue Sorte trug nur die Merkmale eines Elternteiles – die Erbsen blühten rot, niemals weiß oder etwa in der Mischfarbe rosa. Noch Merkwürdigeres geschah, als Mendel die Samen der roten Erbsen abermals aussäte. Jetzt blühten manche Pflanzen wieder weiß, allerdings nicht allzu viele: Auf eine weiße kamen immer drei rote Erbsenpflanzen. Mendel kreuzte und kreuzte, verglich die Gewächse jahrelang, ihre Farben, ihre Größe, ihre Samen, und kam zu dem Schluß, daß die beobachteten „Anlagen" von zwei Faktoren beeinflußt werden, die in beiden Elternteilen als Paar vorhanden sein mußten. Eine Tochterpflanze erbte zum Beispiel von Mutter-Erbse und Vater-Erbse je eine der Anlagen: Rot und Weiß also. Doch die rote Farbe erwies sich durchweg als stärker, sie war „dominant", die weiße „rezessiv". Die nächste Generation erbte beide dieser Merkmale, und zwar in allen möglichen Kombinationen: Rot-Rot, Rot-Weiß, Weiß-Rot und Weiß-Weiß. Doch wieder dominierte Rot; drei der Pflanzen blühten in dieser Farbe, einzig die vierte blühte weiß. Das gleiche Prinzip galt für alle anderen Anlagen, die der Mönch beobachtet hatte – und für alle Kreuzungen.
Einige Wissenschaftshistoriker meinen, Mendel habe bei seinen Berechnungen ein wenig geschummelt. „Statistisch bereinigt", würde man heute sagen, denn die Zahlen waren zu frappierend, um wahr zu sein. Doch das ist un-

bedeutend. Immerhin hatte Gregor Mendel ein intellektuelles Meisterwerk vollbracht und – ohne deren Grundlagen zu kennen – eine allgemeingültige Theorie der Vererbung aufgestellt.

Mendels Zeitgenossen ließen diese verwegenen Thesen unbeeindruckt. Niemand interessierte sich ernsthaft für seine Lehrsätze. Erst als es bessere Mikroskope gab, wurde es möglich, die Ideen des Erbsenzählers aus Brünn zu veranschaulichen und zu begreifen. Erstmals bekamen die Biologen die Zelle in ihren einzelnen Teilen zu sehen: den Zellkern und darin jene wurstförmigen, jeweils in Paaren angeordneten Gebilde, die man alsbald Chromosomen nannte.

In menschlichen Zellen entdeckten die Forscher immer 23 Chromosomenpaare, in Fruchtfliegenzellen vier, in Erbsenzellen immer sieben – alle Vertreter einer Art besaßen gleich viele Chromosomenpaare. Bald erkannten die Biologen – genau wie Mendel es gedacht hatte –, daß bei der Befruchtung einer Zelle jeder Elternteil die Hälfte eines Chromosomenpaares beisteuert.

Die von Mendel beschriebenen „Merkmale", nunmehr als Gene bezeichnet, mußten also irgendwo in den Chromosomen verankert sein. Die Wissenschaftler vermuteten dort Tausende von Genen. Aber selbst mit Hilfe der neu erfundenen Elektronenmikroskope konnten sie sich die Funktion der Chromosomen nicht erklären, ja sie wußten noch nicht einmal, woraus diese Gene eigentlich bestanden.

Noch in den vierziger Jahren vermuteten die meisten Biochemiker, daß die Erbanlagen aus Eiweißkörpern, aus den Proteinen aufgebaut seien. Rein theoretisch kam noch eine zweite Substanz in Frage: die Desoxyribonukleinsäure, ein Molekül, das in allen Zellkernen zu finden ist, endlos lang, aber nur etwa zwei Millionstel Millimeter dick. Die DNA (so das englische Kürzel für desoxyribonucleic acid) galt freilich – weil unerforscht – als langweilig.

Bekannt war nur soviel: Das Riesenmolekül besteht aus vier Einzelteilen, den sogenannten Nukleotiden. Ohne Erfolg hatten sich Forscher ihre Köpfe darüber zerbrochen, wie sich aus Adenin, Thymin, Guanin und Cytosin (der Einfachheit halber werden die Nukleotide mit A, T, G und C abgekürzt) die Substanz des Lebens zusammenstellen ließe. Einzig Linus Pauling, einem Chemieprofessor am Californian Institute of Technology, traute man damals zu, das Geheimnis der DNA lösen zu können. Pauling hatte Anfang der fünfziger Jahre bereits gezeigt, wie sich Eiweißmoleküle zu einer engen Schraube, einer sogenannten Alpha-Helix, aufwinden.

Etwa zur gleichen Zeit trafen im englischen Cambridge zwei unbekannte junge Forscher zusammen: ein gerade 23jähriger amerikanischer Biologe namens James Watson und der britische Physiker Francis Crick. Watson war von seinem Professor nach Europa geschickt worden, um endlich etwas Chemie zu lernen; Crick, schon Mitte dreißig, versuchte sich an der Biologie und werkelte im übrigen mit mäßigem Erfolg an seiner Doktorarbeit.

Zwei Gemeinsamkeiten teilte das so grundverschiedene Paar: Ihr Interesse an der DNA und ihre grenzenlose Unbescheidenheit. Watson hatte schon mit Fünfzehn die Universität in Chikago besucht und bald beschlossen, die Struktur der DNA aufzuklären. Crick war einer jener Menschen, die nur denken können, wenn sie reden. Und er dachte viel. Schon als Achtjähriger soll er in einer wissenschaftlichen Enzyklopädie geblättert und gelangweilt bemerkt haben: „So ein Jammer, das ist ja alles schon entdeckt".

Außer Watson und Crick interessierte sich im

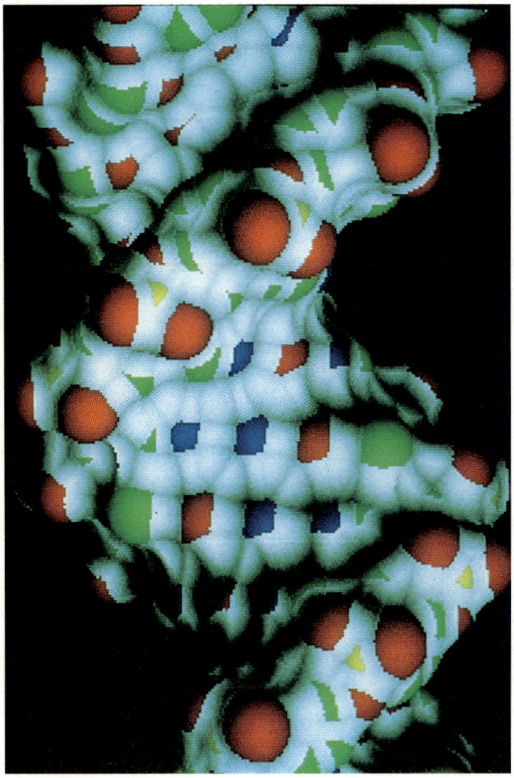

Das Molekül des Lebens: Die DNA-Doppelhelix im dreidimensionalen Computermodell (links).

Mit gentechnischen Methoden können die Molekularbiologen herausfinden, was in der Erbsubstanz eines Lebewesens geschrieben steht. Auf großformatigen Filmen lesen sie diese Informationen wie Buchstaben. So sollen in den nächsten Jahren alle drei Milliarden Lettern des menschlichen Erbgutes durchleuchtet werden.

Cavendish-Labor in Cambridge niemand so recht für die DNA. Und selbst den beiden fehlte die entscheidende Voraussetzung, sich experimentell mit dem Molekül des Lebens zu beschäftigen: Sie besaßen keine jener hochreinen DNA-Kristalle, die nötig gewesen wären, um die Substanz mit Röntgenstrahlen zu untersuchen. Aber nur zwei Zugstunden von Cambridge entfernt, am Kings-College in London, arbeitete Maurice Wilkins, ein Mann, der recht gute Röntgenstrukturbilder von der DNA machen konnte. Und wer noch bessere Aufnahmen sehen wollte, brauchte nur ein Labor weiterzugehen, zu Rosalind Franklin, einer Kollegin von Wilkins. „Rosy" freilich hatte den Ruf, eine ungemein fleißige, zickige und etwas beschränkte Nervensäge zu sein; zusammenarbeiten wollte mit ihr niemand.

Watson und Crick machten sich dennoch auf den Weg nach London, sahen sich an, was ihnen die Wissenschaftler zeigten (das war nicht gerade viel!) und begannen dann, in Cambridge mit Kugeln und Metallstiften Modelle der DNA zu bauen. Das größte Problem der beiden war, die Einzelteile der Nukleotide – je ein Zuckermolekül, ein Phosphatmolekül und eine der vier möglichen Basen – sinnvoll zusammenzustecken und daraus ein Makromolekül zu formen. Von chemischen Bindungen hatten Watson und Crick nur wenig Ahnung, doch in Blackwells Bookstore fanden sie schnell das klassische Lehrbuch über Bindungstheorien, das ihnen weiterhalf; Autor: Linus Pauling. Vom ihm übernahmen sie dann auch gleich die clevere Idee mit der Alpha-Helix. Ein paar Monate später hatten sie ein

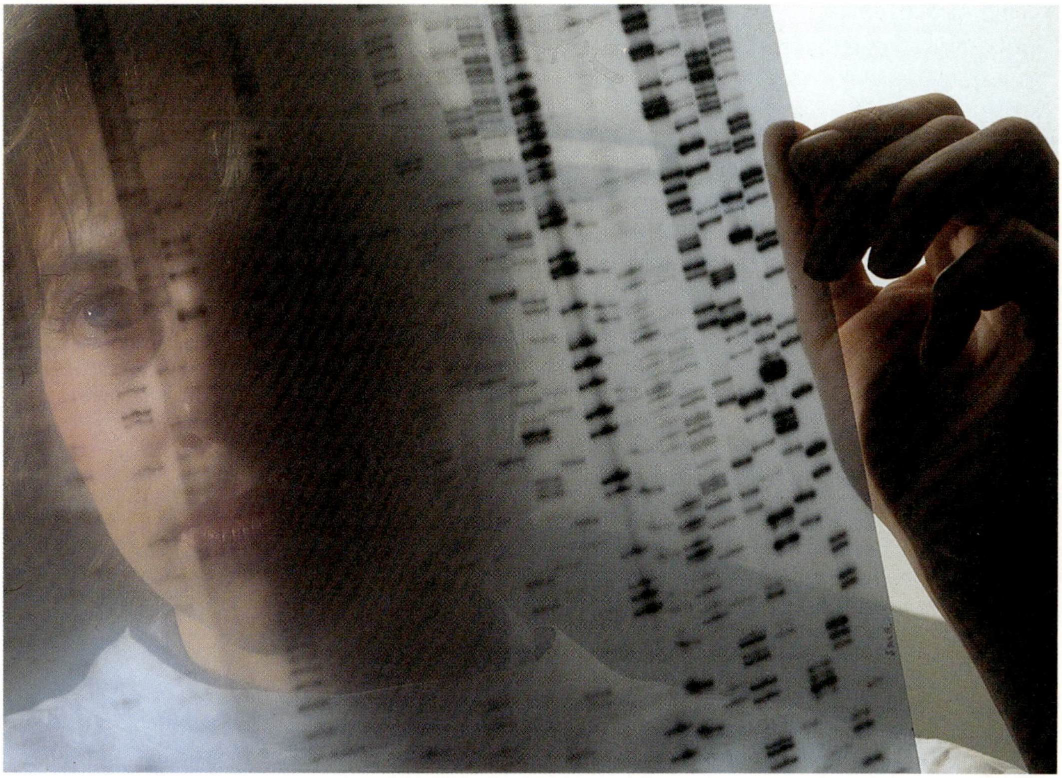

schickes Modell gebastelt: Drei regelmäßige Einzelstränge aus Nukleotiden wanden sich wie ein Seil zu einer Superhelix.

„Rosy“ und Wilkins wurden nach Cambridge bestellt, um das triumphale Werk zu bestaunen. Sie brauchten keine Stunde, um es als kompletten Unfug zu entlarven: Das Modell konnte gar nicht stimmen, denn Watson, der sich grundsätzlich keine schriftlichen Notizen machte, hatte sich bei dem Besuch in London ein entscheidendes Detail falsch eingeprägt. Sir Lawrence Bragg, der Institutsleiter in Cambridge, der die Arbeit der beiden jungen Forscher schon eine Weile mit Argwohn verfolgt hatte, war all den Aufruhr leid. Er verbot den beiden schlichtweg, weiter an der DNA zu arbeiten. Der Molekülbaukasten wurde ihnen entzogen und nach London geschickt.

Monate verstrichen. Dann, eines Nachmittags, besuchte ein österreichischer Biochemieprofessor und DNA-Experte aus New York, bekannt für seinen Scharfsinn und seinen Zynismus, das Institut in Cambridge: Erwin Chargaff. Der Mann, der heute ein vehementer Kritiker der Molekularbiologie ist, der die Gentechnik für „moralische Umweltverschmutzung“, ihre Folgen für „ein molekulares Auschwitz“ hält, hatte an der Columbia University die DNA der verschiedensten Organismen in ihre Bestandteile A, T, G und C zerlegt und war dabei auf einen seltsamen Zusammenhang gestoßen: Einerseits war die Menge der jeweiligen Nukleotide bei den einzelnen Organismen sehr unterschiedlich; andererseits entsprach die Menge von A immer der von T, die von G immer der von C.

Diese „Chargaff-Regeln“, die wohl wichtigste Vorarbeit zur Entschlüsselung der DNA, elektrisierten Watson und Crick: Die Nukleotide waren also immer paarweise angeordnet! Erneut begannen die Tüftler, ein Modell zusammenzustecken. Als sie dann feststellten, daß ein Verbund aus A und T die gleiche geometrische Form wie G und C besaß, war alles klar: Sämtliche DNA-Einzelteile lassen sich in einem Modell unterbringen, wenn sich nur zwei Stränge rechtsherum zu einer Doppelhelix winden.

Diesmal paßte das Modell haargenau auf die Röntgenstrukturdaten von Franklin und Wilkins. Rasch verfaßten Watson und Crick einen Text, der in nur 900 Wörtern die Entdeckung beschrieb und sandten ihn an das Fachblatt *Nature.* Der Artikel erschien am 25. April 1953 und endete mit dem vielsagenden Satz: „Es ist uns nicht entgangen, daß unser Modell der spezifischen Basenpaare möglicherweise den Verdopplungsmechanismus von genetischem Material erklären kann.“

Watson und Crick hatten nicht zu hoch gegriffen. Ihre Entdeckung war bedeutsam wie die Arbeiten von Darwin und Mendel. Es war, als hätten die beiden die Tür zu einer neuen Welt aufgestoßen. Schon bald ließ sich nun der Mechanismus der Vererbung und der Evolution erklären; Wissenschaftler lernten, wie die Zelle ihre Moleküle aufbaut, und vor allem: wie man ihr ins Handwerk pfuscht, wie man Gentechnik betreibt. Molekularbiologen schrieben mit ihrem Wissen ganze Bücherhallen voll – und doch verstehen sie nach wie vor nur in Ansätzen, was in einer Zelle vorgeht.

Schon die Dimension eines Zellkerns sprengt unsere Vorstellungskraft: Nur ein hundertstel Millimeter groß, muß er einen DNA-Faden aufnehmen, der beim Menschen etwa zwei Meter lang ist. Und darauf steht in einer endlosen Abfolge aus vier Buchstaben all das geschrieben, was einen Menschen, eine Erbse oder eine Maus ausmacht; was eine Zelle im Gehirn oder in der Leber zu tun hat, und wann sie es zu tun hat; wie das Wachstum und die Instandhaltung eines Lebewesens funktioniert.

Der Zellkern ist vergleichbar mit einer Bibliothek, in der die Bauanleitungen für alle Eiweiß-Bestandteile eines Lebewesens – die Proteine – gespeichert sind. Die 23 Chromosomen eines Menschen entsprechen den einzelnen Bänden der Bibliothek, jede Seite einem Gen. Die DNA ist das Material, also das Papier, die vier Nukleotide sind die Buchstaben.

In allen Bänden des menschlichen Erbguts (auf den zwei Metern Doppelhelix) ist Platz für drei Milliarden Buchstaben (Nukleotidpaare), für eine Million Seiten (Gene). Doch tatsächlich besitzt der Mensch allenfalls 50 000 bis 100 000 Gene. Der überwiegende Teil des Papiers ist mit scheinbar sinnlosem Text beschrieben. Die Wissenschaftler können sich dieses molekulare Gekritzel bislang noch nicht so recht erklären; womöglich ist es eine Art übriggebliebene Spielmasse von der Weiterentwicklung der Lebewesen – der Evolution.

Das Watson-Crick-Modell konnte den Mechanismus der Vererbung erklären: Wie die doppelsträngige DNA ihre Erbinformation auf die nächste Zellgeneration überträgt, wie also diese ganze Bibliothek fotokopiert wird: Da jeder Buchstaben auf dem Faden der Helix ein spezielles Gegenüber hat, enthalten beide Stränge letztlich die gleiche Information. Zum Kopieren der DNA öffnet sich die Doppelhelix wie ein Reißverschluß und gibt ihre nach innen zeigenden Buchseiten und die Buchstaben-Abfolge frei. An diese Vorlagen brauchen sich jetzt nur noch einzelne vorgefertigte Lettern nach dem Muster „A zu T, und G zu C“, anzuheften und fertig sind die neuen Wörter, Sätze, Bände – zwei identische Bibliotheken. Schon schwieriger wird es, die zweite Funktion der DNA-Doppelhelix zu ergründen: Wie aus einem der 50 000 Gene ein Produkt, ein Protein wird? In den Termini unseres Beispiels: Wer vermag die Bibliothek zu lesen, und wer setzt dieses Wissen in die Tat um, wer fertigt nach Vorschrift die Proteinbausteine eines Lebewesens an?

Dieser Frage war James Watson bereits im Jahr 1952 auf die Spur gekommen. An einem kalten Novemberabend saß er frierend und frustriert in seinem Zimmer in Cambridge. Seine Stimmung war trübe wie der Nebel vor der Tür. Zwei Dinge machten ihm das Leben derart schwer, daß er schon glaubte, ein Magengeschwür zu haben: die DNA-Struktur und die französischen Au-pair-Mädchen im Pensionat an der Scroope Terrace. DNA wie Französinnen erschienen unerreichbar. Entnervt las er ein wenig Fachliteratur und kritzelte folgenden Zusammenhang auf ein Blatt Papier: „DNA macht RNA macht Protein“.

Watson meinte damit: Von einem DNA-Stück, einem Gen, entsteht in der Zelle eine Abschrift namens RNA und diese dient als Programm für die Herstellung eines Proteins aus seinen Untereinheiten, den Aminosäuren. Er klebte den Zettel an die Wand über seinem Schreibtisch und ging schlafen. (Die RNA oder Ribonukleinsäure, ist ein einzelsträngiges Fadenmolekül, das der DNA sehr ähnlich ist und anstelle des Bausteins Thymin, T, den Baustein Uracil U, trägt.)

Es dauerte noch einige Jahre, bis Forschergruppen auf der ganzen Welt diese Vorgänge im einzelnen erklären konnten (siehe Grafik auf S. 10/11): Wieder fertigt der Zellmechanismus eine Kopie aus der vorhandenen Bibliothek an. In diesem Fall wird allerdings meist nur eine einzige Buchseite – ein Gen – abgeschrieben, in ein Boten-RNA-Molekül übersetzt. Dieser Bote trägt die Information aus dem Zellkern an einen anderen Ort der Zelle: zu den Ribosomen – den Baumeistern der Proteine.

Unterwegs geschehen allerdings seltsame Dinge: Noch in der Bibliothek erkennt der Bote, daß auf der Seite, die er trägt, eine Reihe von Sätzen auftaucht, in denen der größte Unfug geschrieben steht. Das Schriftstück wird in Teile zerschnitten, die unsinnigen Sätze fortgeworfen und der Rest rasch wieder zusammengeklebt. Die Wissenschaftler sprechen von „Intronsequenzen“ auf der DNA, die „ausgespleißt“ werden, und „Exons“, die übrigbleiben. Der Sinn dieser Aktion ist den Forschern allerdings nach wie vor unklar.

Schlußendlich bringt der Bote die derart redigierte Seite zu den Protein-Baumeistern. Diese vermögen die Boten-RNA als Bauanleitung zu lesen. In der Sprache der Zelle bedeuten dabei immer drei Buchstaben ein Wort, drei Nukleotide eine Aminosäure. Der Baumeister liest die Botschaft akribisch Wort für Wort, fügt Aminosäure an Aminosäure, die einzeln von speziell ausgerüsteten Trägern, den Transfer-RNA-Molekülen, angeschleppt werden. Irgendwann beim Lesen, wenn der Baumeister am Ende der Seite angekommen ist, stößt er auf das Wort UAA. Dies ist ein Feierabend-Signal: Die Aminosäurekette ist zu einem vollständigen Protein angewachsen und fertiggestellt.

Dieser Mechanismus macht deutlich, welche Folgen Fehler im genetischen Code haben können, wie sie beispielsweise durch Strahlenschäden ausgelöst werden. Am schlimmsten ist es, wenn innerhalb eines Genes ein einzelnen Nukleotid fehlt. Dann verschiebt sich das Leseraster um einen Buchstaben und

alle darauffolgenden Wörter erhalten einen falschen Sinn. Wenn etwa bei der Sequenz AUG UUU CGC UCA ... das erste Nukleotid verloren geht, liest die Zelle die Wörter UGU UUC GCU CA ..., also einen völlig anderen Sinnzusammenhang, und es entsteht ein anderes, unbrauchbares Protein. Die Auswirkung auf den Organismus kann fatal sein, denn die Eiweiße sind die universellen Bau- und Betriebsstoffe eines Lebewesens. Das Hämoglobin des Blutes, das Kollagen der Haut, die Hormone und die Unzahl der Enzyme, die den gesamten Stoffwechsel steuern – all diese Substanzen sind Proteine.

Gewollte „Fehler" allerdings sind das Ziel der Geningenieure: Sie fügen der DNA ein neues Stück Erbinformation ein. Es ist, als würde einem Buch der Bibliothek eine zusätzliche Seite eingeklebt. Den Rest macht die Zelle nach gewohntem Muster. Sie kopiert das Schriftstück, der Bote bringt es zum Baumeister, der stur alles liest und ausführt, was ihm vorgelegt wird. In diesem Fall macht er eben ein Protein, das sonst nie auf seiner Auftragsliste stünde. Untersucht hatten die Wissenschaftler den genetischen Code Anfang der sechziger Jahre meist an dem Bakterium Escherichia coli. Später stellte sich heraus, daß alle Organismen, vom Bakterium bis zum Homo sapiens, die gleiche genetische Sprache sprechen.

Doch die Molekularbiologen verstanden vorerst nur einzelne Wörter oder kurze Sätze des Universalcodes. Schon primitive Lebewesen, wie das Affenvirus SV40 (so genannt, weil es das vierzigste Affenvirus war, das man entdeckte), hat einen Erbsubstanzfaden aus 5243

Francis Crick und James Watson (links), die Pioniere der modernen Molekularbiologie, auf einer Konferenz dreißig Jahre nach ihrer Entdeckung der DNA-Struktur.

Der kalifornische Forscher Steven Lindow (rechts) war der erste Gentechniker, dessen Laborschöpfung offiziell freigesetzt werden durfte: „Eis-Minus-Bakterien", die verhindern sollen, daß Pflanzen bei Nachtfrösten erfrieren.

Nukleotidpaaren, auf dem gerade fünf Gene geschrieben stehen. Ein Kolibakterium hat bereits vier Millionen Nukleotidpaare – unmöglich, ein derartiges Molekül im Detail zu analysieren. Die Forscher wußten nicht, wo sie mit ihrer Arbeit anfangen sollten. Unter den Molekularbiologen brach Ratlosigkeit aus, einige der besten verließen in dieser Zeit frustriert ihr Arbeitsgebiet.

Die meisten jedoch blieben. Und einige dachten bereits in die gleiche Richtung: Man müßte doch irgendwie diesen schrecklich langen DNA-Faden in handliche Fragmente zerstükkeln können, um diese dann einzeln zu untersuchen. Ähnlich wie die Proteine von den Biochemikern Aminosäure für Aminosäure analysiert werden, müsse es auch möglich sein, Gene Stück für Stück zu untersuchen.

Peter Lobban, ein Student an der kalifornischen Stanford University, war aus schierer Verlegenheit auf so eine Idee gekommen. Er hatte eine Doktorarbeit beantragt, die eigentlich nichts mit Gentechnik zu tun hatte. Aber Stanford verlangte – um die Kreativität der Studenten anzuspornen – grundsätzlich drei weitere Vorschläge für ein Promotionsthema. So schlug Lobban im November 1969 vor, ein Virus-Gen zu isolieren und in ein Bakterium zu verfrachten, damit es sich dort vermehre. Auf diese Art lasse sich ein einzelnes Gen in großen Mengen herstellen und im Detail untersuchen.

Lobbans Doktorvater, Dale Kaiser, ein eher zurückhaltender Professor, fand dieses Ersatzthema ungemein aufregend und drängte den Studenten, mit der Arbeit anzufangen. Einige

Wochen später erfuhr Lobban, daß in einer anderen Stanford-Abteilung ein Student namens David Jackson (zufällig?) eine fast identische Untersuchung begann. Dessen Doktorvater war Paul Berg, der Leiter des biochemischen Instituts, mit seinen vierzig Jahren schon einer der angesehensten Molekularbiologen der Welt.

Beide Doktoranden arbeiteten zwei Jahre lang um die Wette und kamen zu ähnlichen Ergebnissen. Berg erkannte die Brisanz der Forschungen sofort und hatte es eilig, die Untersuchungen zu veröffentlichen. Er schlug vor, Jackson und Lobban sollten das zur gleichen Zeit tun. Dale Kaiser jedoch wollte nichts überstürzen und publizierte die Arbeit seines Studenten erst ein Jahr später – da bedeutete sie schon nicht mehr allzuviel.

Peter Lobban war vermutlich der erste Forscher, der sich an einem gentechnischen Werkzeug, der „terminalen Transferase" versucht hat. Dies ist ein Enzym, das an das Ende eines Stranges der DNA-Doppelhelix einzelne Nukleotide anhängen kann. Es macht, wie die Forscher sagen, stumpfe DNA-Enden „klebrig". Wenn Lobban zum Beispiel fünf Teile Adenin an ein DNA-Stück heftete und an ein anderes fünf Teile des komplementären Nukleotids Thymin, so zogen sich beide Fragmente geradezu magnetisch an und ließen sich mit einem weiteren Enzym, der DNA-Ligase, fest verschweißen. Lobban hatte zwei verschiedene Genfragmente „rekombiniert".

Nichts anderes hat auch David Jackson getan. Sein Doktorvater Paul Berg erhielt 1980 unter anderem für diese Arbeiten den Chemie-Nobelpreis. Peter Lobban arbeitet heute irgendwo als Elektrotechniker.

Zwei andere Mitarbeiter von Paul Berg, Janet Mertz und Ronald Davis, verbesserten diese Technik wenig später ganz entscheidend. Sie benutzten ein Enzym, das der Basler Genetiker Werner Arber in den sechziger Jahren entdeckt hatte, und das die DNA an einer vorhersagbaren Stelle schneiden und gleichzeitig klebrige Enden machen konnte. Diese molekulare Schere, ein sogenanntes Restriktionsenzym, war aus Bakterien isoliert worden, die sich damit normalerweise gegen ihre schlimmsten Feinde, die Bakterienviren, wehren: Solche Enzyme erkennen eine ganz bestimmte DNA-Sequenz von vier bis acht Nukleotiden, die nur in den Viren, nicht aber in den Bakterien vorkommt, und trennen die DNA rigoros in zwei Stücke. Das Enzym, das auch Mertz und Davis benutzten, schneidet beispielsweise genau zwischen den Nukleotiden G und der Buchstabenfolge AATTC. Der gegenüberliegende Strang auf der DNA-Doppelhelix lautet CTTAAG; dies ist – rückwärts gelesen – ebenfalls ein gefundenes Fressen für das Restriktionsenzym. Es erkennt die Sequenz und schneidet auch hier zwischen G und A. Folge: Die Doppelhelix fällt auseinander, übrig bleiben zwei Hälften mit den kurzen, klebrigen Enden AATT beziehungsweise TTAA.

Mertz und Davis konnten somit erstmals nach Belieben Gene zerschneiden und verkleben. Gene von Bakterien und Erbsen ließen sich genauso zusammenfügen wie jene von Walfisch und Buntspecht oder Mann und Maus. Die Restriktionsenzyme wurden zu den wichtigsten Werkzeugen der Gentechnik.

Doch was sollte man mit derartigen Genhybriden im Reagenzglas anfangen, solange es keine Möglichkeit gab, sie in ein anderes Lebewesen einzubauen? Dazu hatten Stanley Cohen in Stanford und Herbert Boyer aus San Francisco eine Idee. Wieder machten sie sich Bakterien zunutze. Diese besitzen – ein weiterer Überlebenstrick der Mikroorganismen –

neben ihrem eigentlichen Erbsubstanzfaden auch kurze, ringförmige Informationsschnipsel, Plasmide genannt. Damit können die Einzeller untereinander Gene, also „Wissen" austauschen, zum Beispiel die Information, wie sie sich wirkungsvoll vor einem bakterientötenden Antibiotikum schützen können.

Cohen und seine Kollegin Annie Chang nutzten diesen als „Bakteriensex" bezeichneten Genaustausch und starteten ein klassisches, geradezu banales Experiment: Sie schütteten im Reagenzglas zwei Plasmide zusammen, tropften das Schneide-Enzym hinzu und später etwas Klebstoff, DNA-Ligase. Nach einer Weile gaben sie die ganze Mixtur zu einer Kultur von Kolibakterien.

Bei dem Versuch passierte folgendes: Das Enzym schnitt wie erwartet an allen Erkennungsstellen die DNA auseinander, und die Ligase fügte die entstandenen Fragmente willkürlich zusammen. Neue Plasmide waren geboren. Diese drangen in die Kolibakterien ein und vermehrten sich mit ihnen. Am 18. Juli 1973 veröffentlichten Cohen, Chang, Boyer und dessen Mitarbeiter Robert Helling gemeinsam die Ergebnisse dieses ersten echten gentechnischen Versuchs.

Nur neun Tage später waren die kalifornischen Genspieler schon wieder einen Schritt weiter. Hatten sie zunächst nur die DNA zweier Bakterien vereinigt, so war der Artensprung jetzt bereits erheblich höher. Die Kolibakterien bekamen ein Frosch-Gen verpaßt – und sie nahmen es bereitwillig auf.

Die meisten Molekularbiologen waren begeistert von der neuen Methode. Auf diese praktischen Genfähren, vergleichbar dem trojanischen Pferd, hatte man lange gewartet. Paul Berg wollte sich gleich an die Arbeit machen und endlich jene Viren untersuchen, die im Verdacht standen, Krebs auszulösen. In einzelne Fragmente zerhackt und in Bakterien vermehrt, wollte sein Team so schnell wie möglich die Erbsubstanz dieser Tumorviren aufklären.

Viele der jungen Biochemiker in den kalifornischen Universitäten trugen damals Jeans, Bart und lange Haare. Sie dachten links, hielten sich für fortschrittlich und demonstrierten gegen den Krieg in Vietnam. Diesen Wissenschaftlern, die begonnen hatten, Viren und Bakterien zu zerschnipseln, wurde plötzlich angst und bange, als sie sahen, was sie taten: Sie waren dabei, potentiell krebsauslösende Gene in ein Bakterium zu schmuggeln, das normalerweise im Darmtrakt von Menschen zu Hause ist, und das binnen eines Tages Milliarden von Nachkommen produziert.

Einige Forscher, darunter der New Yorker Zellbiologe Robert Pollack und Janet Mertz von Stanford, drängten darauf, die Rekombinationsforschung zu reglementieren. Elf der nobelsten Molekularbiologen, darunter Paul Berg, Herbert Boyer, Stanley Cohen und James Watson, erkannten, daß Aufruhr drohte: innerhalb der wissenschaftlichen Gemeinde und, viel schlimmer, unter einer besorgten Laienschaft.

Die elf Weisen riefen zu einer Tagung. Im Februar 1975 traf sich im Asimolar-Konferenzzentrum im kalifornischen Monterey, in einem Pinienhain direkt am Pazifik gelegen, eine Hundertschaft der weltweit prominentesten Genexperten, um über die möglichen Gefahren ihres Treibens zu diskutieren. Erstmals in der Geschichte der Wissenschaft zeigten die Experten eher ungewöhnliche Weitsicht. Die Konferenz von Asimolar wurde zur ersten großen Auseinandersetzung um die Gentechnik.

EXKURS

Grauer Alltag im Genlabor

Jörg Albrecht

Was den Laien gruseln läßt, das ist für den Forscher Routinearbeit, bei der es nicht viel nachzudenken gibt.

Es ist eng. Unaufgeräumt. Hoffnungslos vollgestopft. Überall Flaschen und Plastikbehälter, kleine Maschinen schnarren und piepen, dazwischen verstreute Notizen, Pinzetten, Pipetten und hunderterlei Arbeitswerkzeuge. Das ganze Durcheinander wird von Neonlicht beschienen und hat nicht die geringste Ähnlichkeit mit jener alchimistischen Hexenküche, in der Dr. Faustus den Homunculus zusammenbraut: Das typische Genlabor ist der langweiligste Ort der Welt. Nicht einmal die gelben Schilder mit der Warnung vor dem „Biohazard" können Grusel hervorrufen. Der äußere Rahmen, in dem das Erbgut von Mensch, Tier, Pflanze, Bakterium oder Virus manipuliert wird, ist allzu prosaisch und austauschbar. Wer ein Labor gesehen hat, kennt sie alle. Ganz normale Menschen gehen darin ihrer Arbeit nach. Übergroße Ehrfurcht vor dem magischen Stoff, aus dem das Leben ist, kennen sie nicht. Schließlich ist die DNA, die Desoxyribonukleinsäure, nur ein Stück Chemie, ein Molekül, das sich brechen, schneiden und auflösen läßt wie andere Substanzen auch. Die wichtigsten Arbeitsschritte sind bloße Routine: morgens der Gang in den Brutraum, in dem bei stikkigen 37 Grad Celsius Kolben mit einer trüben, übelriechenden Brühe schaukeln – Kolibakterien, die sich selbst und ein Stück fremde DNA über Nacht milliardenfach vermehrt haben. Dann, nach einem festgelegten Protokoll, eine Reihe von Handgriffen, bis diese DNA in halbwegs reiner Form als winziges, praktisch unsichtbares Bröckchen vorliegt. Zuerst wird sie mit ein paar Enzymen gemischt, die die Erbsubstanz spalten. Anschließend wird das Ganze in einem gallertartigen Gel aufgetrennt. Schließlich, wenn alles glatt gelaufen ist, leuchten in der Dunkelkammer im fahlen Schein einer ultravioletten Lampe rote Muster auf, die dem Forscher möglicherweise etwas sagen, möglicherweise aber auch nicht. Ein Tag ist vorbei, der nächste wird kaum anders aussehen. So etwa spielt sich der Alltag eines Labortechnikers oder eines Nachwuchswissenschaftlers ab: Gentechnik, ganz unten.

Hat der Forscher erst die höheren akademischen Weihen empfangen, strebt er danach, die Routinearbeiten anderen zu übertragen. Leitet er bereits eine kleine Arbeitsgruppe, entwirft er Versuchsreihen und betrachtet stirnrunzelnd die Ergebnisse. Die Laborroutine wird abgelöst von zahllosen Arbeitsbesprechungen, Konferenzen, Vorträgen und Telefonaten. Als Lohn aller Mühen winkt hin und wieder eine Veröffentlichung: Hat das Team erfolgreich gearbeitet, kann es ein mikroskopisch kleines Puzzlesteinchen in das gewaltige Universum wissenschaftlicher Papiere einfügen. „Publish or perish", veröffentliche oder stirb!, heißt das unbarmherzige Motto der modernen Naturwissenschaft, und in der Gentechnik gilt es um so mehr, weil hier das Tempo ständig zunimmt. Pro Tag, so kann man vorsichtig schätzen, erscheinen rund tausend einschlägige Veröffentlichungen, die Zahl der Fachzeitschriften geht in die Hunderte.

Um diese hungrigen Periodika zu füllen, müssen zahllose Versuchsreihen durchgeführt werden. Als billige und fleißige Arbeitskräfte sehr beliebt sind Doktoranden, die innerhalb möglichst kurzer Zeit ein Ergebnis vorlegen müssen, um promoviert zu werden. Langes Herumtrödeln ist

Routine, die die Welt verändert: Gentechniker bei der täglichen Arbeit, die harmloser nicht erscheinen kann.

verpönt und einer wissenschaftlichen Karriere hinderlich. Weil Gentechnik als „heiß“ gilt, gibt es hier mehr Stipendien und befristete Verträge als in anderen Forschungssparten. So drängen immer mehr Studenten an die Fleischtöpfe: Der Platz wird allmählich knapp, die Konkurrenz stärker. Wer heute in Deutschland in der Gentechnik etwas werden will, kommt um einen Forschungsaufenthalt in den USA, dem Mekka der Naturwissenschaften, nicht mehr herum. Das hat zu einem inoffiziellen akademischen Grad geführt: Dr. rer. nat. i. A. g. lautet die Mindestvoraussetzung für eine qualifizierte Position; zu deutsch: Doktor der Naturwissenschaften, in Amerika gewesen. Dort lernt der hoffnungsvolle Junggenetiker vor allem eines: gnadenlos zu arbeiten. In riesigen Laborbunkern – wie zum Beispiel im Massachusetts Institute of Technology in Boston – oder in kleinen, feinen Denkfabriken – wie dem Salk Institute in La Jolla, Kalifornien – herrscht ein fiebriges Forschungsklima. Eine Woche ohne Ergebnis ist für die Institutschefs eine schlechte Woche, ein Monat ohne Veröffentlichung schon fast eine Katastrophe. Drohend hängt über allen der Entzug von staatlichen oder privaten „grants“, von Zuschüssen, ohne die keine Forschung läuft, und deren Vergabe strikt an den Erfolg gekoppelt ist. Nicht überall herrschen amerikanische Zustände; doch wer ein Genlabor betritt, wird meist die angespannte Atmosphäre spüren, das ungeduldige Drängen nach „Durchbrüchen“. Das liegt in der Natur der Sache: Das Machbare liegt in der Gentechnik allemal näher als das Wünschenswerte. Nachdenkliches Reflektieren ist kaum gefragt – statt dessen wird auf rasch verwertbare Ergebnisse gedrängt. Dabei wird vom Genforscher eine hohe Frustrationstoleranz verlangt. Selten findet er etwas wirklich Aufregendes heraus, noch seltener etwas Nützliches. Die Öffentlichkeit betrachtet ihn obendrein mit scheelen Augen. So bleibt ihm als Motivation eigentlich nur die Gewißheit, einem exklusiven Zirkel anzugehören: dem Kreis derjenigen, die mit der Erbsubstanz den Schlüssel zum Leben in der Hand halten. Wer weiß, vielleicht lassen sich Gott und die Evolution ja doch ins Handwerk pfuschen.

Reiner Klingholz

Die große Hoffnung

Kaum hatten die Wissenschaftler Anfang der siebziger Jahre herausgefunden, wie man die Erbsubstanz aller Lebewesen manipulieren kann, da erschraken sie auch schon über ihr eigenes Tun. Diese Arbeiten bargen neue, ungeahnte Gefahren: Krankheitserreger aus der Retorte schienen die Welt zu bedrohen. Doch bald schon schwanden die Bedenken. Statt dessen schuf die Molekularbiologie eine kaum zu bewältigende wissenschaftliche Erkenntnisflut und verhieß billige und wirkungsvollere Medikamente und Impfstoffe. Vor allem in Amerika schossen die ersten Bio-Firmen aus dem Boden. Das Ziel der Forscher: eine Revolution der Medizin – und das große Geld.

Der junge Forscher sieht aus wie Woody Allan, ist Mitte Dreißig, sehr klug, aber etwas zerstreut und arbeitet in einem molekularbiologischen Labor an irgendeiner Universität. Er interessiert sich für die Entstehung von Krebs und ist begeistert von einer neuen Methode, die man Gentechnik nennt.

Dem Wissenschaftler gelingt es, aus Tumorzellen jene genetische Information zu isolieren, von der vermutet wird, daß sie krankhaftes Wachstum auslöst. Um das potentielle Krebs-Gen genauer zu untersuchen, nutzt er diese neue Technik. Er überträgt die DNA in das Bakterium E. coli K12, einen Organismus, den Biologen seit Jahrzehnten zu ihren Versuchen verwenden. Das Bakterium vermehrt sich im Brutschrank des Labors zu ein paar Milliarden Nachkommen und produziert so eine große Menge Tumor-DNA. Genau dafür interessiert sich unser junger Wissenschaftler. Mit etwas Glück und ein paar guten Ideen könnte er tatsächlich der Krebsentstehung auf die Spur kommen.

Der Molekularbiologe hat allerdings nicht nur glänzende Ideen, manchmal ist er auch ein wenig schlampig. Und so geschieht es eines Tages, als er sich die Laborhandschuhe auszieht, daß ein winziger Tropfen Bakterienlösung an seinen Fingern hängenbleibt. Der Mikroorganismus, jahrzehntelang in Labors gefangengehalten, ist frei. In der Mittagspause ißt der Wissenschaftler ein Thunfisch-Sandwich, das Bakterium gelangt in seinen Magen, später in die Toilettenspülung, letztlich in das Abwassersiel. Dort trifft es Myriaden anderer, nahe verwandter Kolibakterien.

Und nun? Kehren aus der Kloake Bakterienmonster zurück? Befallen sie den Menschen? Entsteigt dem Siel eine weltweite Krebsepidemie? Wir wollen den Faden nicht weiterspinnen, den der amerikanische Journalist Michael Rogers Mitte der siebziger Jahre als Fiktion beschrieb. Keine allzuweit hergeholte allerdings, denn viele Experten hielten damals dieses Szenario für möglich.

Ein Brief, der am 26. Juli 1974 im amerikanischen Fachblatt *Science* erschien, beweist diese Besorgnis. Überschrift: „Mögliche Gefahren von rekombinanten DNA-Molekülen". Der Brief war der Aufruf zu einer Denkpause, denn die Forscher hatten sich längst daran gemacht, DNA aus Tieren, Pflanzen, Bakterien oder Viren zu zerschneiden, verkleben und zu kreuzen. Schon begannen die Forscher, mit den gefährlichsten Krankheitserregern zu jonglieren.

„Täglich klingelte bei uns das Telefon", erinnert sich Paul Berg, in dessen Labor damals die Pioniere der Genmanipulation arbeiteten: „Könnt ihr uns das Plasmid pSC101 schicken? Wir erkundigten uns – was wollt ihr denn damit machen? Dann beschrieben die Kollegen irgendein Horrorexperiment, und wir fragten sie, ob sie eigentlich wüßten, was sie da tun wollten. Über die Folgen hatten die meisten von ihnen aber noch nicht einmal nachgedacht."

Der Brief der elf Weisen an die wissenschaftliche Gemeinde hatte also einen berechtigten Grund. Mit ihm empfahlen die besorgten Forscher vorsichtshalber auf bestimmte Experimente zu verzichten, deren Folgen nicht absehbar waren. Sie schlugen vor, die ganze Problematik in einem größeren, internationalen Kreis zu diskutieren. Man traf sich im Februar 1975 im kalifornischen Monterey zu der berühmten Konferenz von Asimolar. Vier Tage lang redeten sie sich die Köpfe heiß. Einige der Experten rieten zur Vorsicht, weil sie mit der neuen Methode noch zu wenig Erfahrung hatten. Andere wollten jede Maßregelung verhindern, um überhaupt erst Erfahrungen sammeln zu können. Die Forscher waren alles andere als einer Meinung.

Um dennoch zu zeigen, wie sehr ihnen die Problematik ihrer Arbeit bewußt war, und um die Politiker von einer gesetzlichen Reglementierung des Laborgeschehens abzuhalten, einigten sie sich schließlich auf einen Kompromiß. Die Amerikanische Nationale Gesundheitsbehörde übernahm den Text praktisch unverändert, und im Juni 1975 traten Richtlinien in Kraft, die freilich keine Gesetze waren. Wenig später folgten die meisten Länder, darunter auch die Bundesrepublik, mit ähnlichen Regelungen. Alle Experimente wurden in vier Klassen eingeteilt und durften nur noch in entsprechend eingerichteten Sicherheitslabors durchgeführt werden. Es sollten nur noch Mikroorganismen manipuliert werden dürfen, die außerhalb des Labors nicht überleben können. Rekombinations-Forschung mit Krebsviren war verboten.

Schon drei Jahre später hatte sich die Besorgnis wieder gelegt. Die amerikanischen Behörden lockerten die Vorschriften – viele Wissenschaftler distanzierten sich reumütig von ihrer einstigen Vorsicht. James Watson, einer der Mitunterzeichner des Berg-Briefes, beschimpfte die Sicherheitspedanten als „Spinner und inkompetente Scheißer". Und Francis Crick tönte selbstsicher: „Ich glaube, es geht zu weit, wenn sich jetzt schon Hausfrauen Gedanken über die Gentechnik machen."

Die Angst wich einer grenzenlosen Euphorie: Vielleicht steckte in den neuen Erkenntnissen ein ungeheueres wirtschaftliches Potential. Waren denn nicht schon auf der Konferenz von Asimolar ein paar Vertreter multinationaler Firmen wie Merck, Roche oder General Electric als Beobachter aufgetaucht?

1976 bekam der Bakteriologe Herbert Boyer von der University of California in San Francisco eines Tages einen ungewöhnlichen Anruf. Boyer galt als Miterfinder der Gentechnik und hatte ein paar Jahre zuvor mit drei Kollegen die erste Genübertragung der Wissenschaftsgeschichte beschrieben. Am Telefon war ein gewisser Robert Swanson, 28 Jahre jung und Anlageberater. Er wollte mit Boyer über zwei Dinge reden: über Gentechnik und Geld.

Die meisten Grundlagenforscher hielten diese

Kombination damals noch für unappetitlich und hätten Swanson wohl wie einen Hausierer abgewiesen. Boyer erwiderte indes, er habe 20 Minuten Zeit für ein kurzes Gespräch. Die Unterhaltung dauerte Stunden und endete in der nächsten Kneipe.

Kurz darauf pumpt sich Boyer 500 Dollar und gründet mit Swanson eine Firma. Da sie sich weder auf den Namen Boyer & Swanson, noch auf Swanson & Boyer einigen können, wählen sie aus Verlegenheit das Firmensignum „Genentech“ und stellen zehn Mitarbeiter ein. Ziel des Unternehmens: aus Genen Geld zu machen.

Das war damals noch verhältnismäßig einfach, denn von der Gentechnik erhofften sich die Vertreter der Industrie und eingefleischte Ökologen gleichermaßen die saubere Lösung aller möglichen Probleme. Man dachte an Pflanzen, die ohne Gift und Dünger auskommen, die wertvolle Nahrung produzieren und gleichzeitig Brennstoffe oder Futter für das Vieh liefern; an Bakterien, die sich gierig auf die Abfälle der chemischen Industrie stürzen; an raffinierte Arzneimittel und umweltfreundliche Bioreaktoren, die alle erdenklichen Rohstoffe liefern.

Mit diesem ideologischen Rückenwind ging Genentech Ende 1980 an die Börse. Wall-Street erlebte einen ersten Anfall von Bio-Fieber: Binnen weniger Minuten stieg die Genentech-Aktie von 35 auf 89 Dollar. Herbert Boyer, der schnauzbärtige und pausbäckige Bakteriologe aus San Francisco besaß mit einem Mal ein Aktienpaket, das achtzig Millionen Dollar wert war.

Vor allem in Kalifornien schossen nun sofort weitere, mit Risikokapital finanzierte Garagenfirmen aus dem Boden. Viele Unternehmen hatten nur eine kurze Lebensdauer, die meisten schafften es nie, eines der erträumten Produkte in den Handel zu bringen. Selbst marktreife Substanzen wie das künstlich hergestellte Insulin, Wachstumshormone, oder das Interferon, das vermeintliche Wundermittel gegen Krebs, konnten die Hoffnungen nicht erfüllen. Die meisten gentechnischen Produkte, schrieb das amerikanische Wissenschaftsblatt *Discover,* würden „überschätzt“, seien „nutzlos oder zu teuer“.

Der Fehlstart hatte triftige Gründe: Im Labor, wo die Forscher ihre Versuche mit Mikromengen durchführten, sah alles noch recht einfach aus. Aber kein Wissenschaftler hatte Ahnung davon, wie man ein paar Billiarden manipulierter Bakterien in einem großen Fermenter handhabt. Niemand wußte, daß die beliebtesten Zuchtobjekte der Geningenieure, die Kolibakterien, zwar willig fremde Gene aufnehmen, diese aber nicht immer in die gewünschten Proteinprodukte übersetzen. Oft unterscheiden sich die künstlichen Eiweißstoffe aus den Bakterien in kaum erkennbaren, aber wesentlichen Einzelheiten von den natürlichen. Als Medikamente sind sie dadurch unbrauchbar oder gar gefährlich. Solche Substanzen lassen sich nur mit sehr aufwendigen Methoden verarbeiten und reinigen. Hinzu kamen unerwartet hohe Sicherheitsauflagen, die eine Produktion im großtechnischen Maßstab ungemein verteuern. Das alles kostet dermaßen viel Geld, daß gentechnische Produkte bis heute kaum konkurrenzfähig sind. Die amerikanische Firma Merck, Sharp & Dohme kann beispielsweise ihren so hergestellten Impfstoff gegen die Hepatitis B gerade dort nicht verkaufen, wo er am nötigsten wäre: In den armen asiatischen und afrikanischen Ländern finden sich kaum Patienten für die 500 Mark teure Behandlung. Inzwischen versucht die Firma bereits einen billigeren Impfstoff zu entwickeln – auf herkömmlicher Basis.

Die wichtigsten Werkzeuge der Geningenieure sind die sogenannten Restriktionsenzyme, Eiweißstoffe, die wie Scheren die Erbsubstanz an genau definierten Stellen zerschneiden können.

Zehn Jahre vergingen, bis nach dem historischen Gentransfer von Boyer und Cohen das erste gentechnische Produkt auf den amerikanischen Markt kam: das Humaninsulin. Das Hormon entsteht normalerweise in der Bauchspeicheldrüse des Menschen und hilft, einen lebensbedrohlichen Zuckergehalt im Blut zu senken. Diabetes-Patienten wird heute meist Insulin verabreicht, das aus der Bauchspeicheldrüse geschlachteter Rinder und Schweine gewonnen wird.

Daneben gibt es aber auch die Möglichkeit, dieses lebensnotwendige Hormon gentechnisch herzustellen. Doch das ist nicht so einfach, wie es gern beschrieben wird: Insulin-Gen isolieren – rein in das Bakterium – fertig ist die Insulinfabrik.

Die Forscher können beispielsweise nicht von der Bauanleitung für Insulin ausgehen, wie sie die menschliche Erbsubstanz bereithält. Diese ist nämlich mit falscher Information, mit sogenannten Introns, durchsetzt. Die Zelle kennt allerdings einen Mechanismus, diese Introns loszuwerden: Sie kopiert das Insulin Gen, eine Seite aus der DNA-Bibliothek, vernichtet die Falschinformation und schickt den Boten mit der korrigierten Anleitung auf den Weg zu den körpereigenen Eiweißfabriken. Diesen Boten, einen Einzelstrang aus RNA, können die Wissenschaftler abfangen (siehe Grafik auf S. 30/31). Sie müssen ihn aber in die universelle Sprache aller Organismen – die DNA – rück-

übersetzen. Erst dann kann die korrigierte Seite in ein Bakterium eingeschleust werden.
Für diesen Umbau der Erbsubstanz greifen die Forscher in ihren heutzutage gut sortierten Enzym-Werkzeugkasten, mit dem sie stückeln, reparieren, verdoppeln, spalten oder abschreiben können. Wichtigster Helfer hierbei ist das Rückschreibe-Enzym Reverse Transkriptase, das der amerikanische Virologe Howard Temin bereits in den siebziger Jahren aus Retroviren isoliert hatte. (Diese Viren, zu denen auch der Erreger der Immunschwäche Aids gehört, enthalten als Genmaterial seltsamerweise keine DNA, sondern RNA. Die Reverse Transkriptase übersetzt diese zurück in DNA, die sich dann zeitlebens in die Erbsubstanz des Menschen einnistet.)
In den Händen der Molekularbiologen bringt die Reverse Transkriptase ein Insulin-Gen zustande, wie es von Natur aus nicht vorkommt – ein DNA-Stück, das keine Intronsequenzen mehr enthält. Eine Buchseite, auf der alle fehlerhaften Phrasen ausradiert und die verbliebenen Sätze zu einer Anweisung aneinandergereiht sind, die in Reinschrift und ohne Umschweife erklärt: So wird Insulin gemacht.
Die Mühsal der Genchirurgen hat damit noch lange kein Ende. Die Botschaft muß schließlich noch einem Bakterium zum Lesen vorgelegt werden. Als Genfähre dient wie immer ein Plasmid. Dieses, nichts als ein nacktes, ringförmiges DNA-Molekül, das in Bakterien vorkommt, wird aufgeschnitten, das bereinigte Insulin-Gen eingeklebt, und die Nahtstellen versiegelt. Im Vergleich zu der großen DNA-Bibliothek ist das Plasmid ein dünnes Heftchen, in das eine neue Seite eingeklebt ist. Das Plasmid infiziert das Bakterium und schmuggelt auf diesem Weg das Insulin-Gen ein. Das Problem ist, daß sich das Bakterium für die Bauanleitung von Insulin nicht sonderlich interessiert. Die Mikrobe vermehrt das Gen zwar, liest es aber nicht.
Ein letzter Trick hilft den Molekularbiologen weiter: Sie kennen eine Seite in dem Plasmidheftchen, die der Mikroorganismus besonders gerne liest. Mitten auf diese Seite, auf der eigentlich „So stellt man Beta-Galaktosidase her“ steht, kleben sie die Bauvorschrift für das Insulin. Beta-Galaktosidase ist ein Enzym, das dem Bakterium erlaubt, eine seiner Lieblingsspeisen, den Milchzucker Laktose, zu verdauen. Die Folge der Genbastelei: Bekommt das Bakterium jetzt Laktose zu fressen, liest es immer wieder die Seite für die Herstellung des Enzyms, um ausreichende Mengen des Verdauungsfermentes herzustellen. Dabei entsteht nun ein Mischprotein aus Beta-Galaktosidase und einem Insulinanteil. Dieses fremdartige Eiweiß kann das Bakterium nicht verwerten und lagert es deshalb als Ballaststoff ab. Am Ende stirbt es an der Überproduktion und hinterläßt den Forschern ein Gemisch – aus dem sich reines Insulin gewinnen läßt.
Die erste großtechnische Anlage für eine derartige Insulinsynthese steht bei der Firma Hoechst in Frankfurt. Ein mehrstöckiger Komplex, computergesteuert, voller Rohrleitungen und Ventile. Das Ganze gleicht eher einer Raffinerie, mitten in dem Gebäude ragt ein stählerner 45 000-Liter-Tank auf. Bislang konnte Hoechst die Anlage nur versuchsweise in Betrieb nehmen, da die Behörden nach Protesten von Umweltschützern noch keine entgültige Genehmigung erteilt haben.
In einer zweijährigen Testphase wird sich in der Insulinküche folgendes abspielen: Aus einem Sicherheitslabor bringt ein Wissenschaftler eine nur stecknadelkopfgroße Menge genmanipulierter Bakterien herbei und schüttet sie in ein Fermentationsgefäß. Die Mikroorganismen teilen sich jede Stunde und füllen

schon nach zwei bis drei Tagen den ganzen 45 000-Liter-Tank – eine Trillion (eine Eins mit 18 Nullen) Bakterienklone sind entstanden. Erst jetzt geben die Techniker grünes Licht für die winzigen Insulinfabriken, indem sie eine große Menge Milchzucker in den Tank schütten. Die ganze Bakterienhorde beginnt gleichzeitig mit der Produktion des Mischproteins aus Beta-Galaktosidase und Insulin. Wenig später werden die 45 000 Liter übelriechender Kulturbrühe abgepumpt, sterilisiert, filtriert, zentrifugiert und gereinigt. Wenn alles gut geht, bleibt am Ende ein Kilogramm hochreines Insulin übrig.
Dieses gentechnische Produkt hat nur einen Nachteil: Es ist, wie selbst Hoechst-Mitarbeiter einräumen, teurer als jener heute gebräuchliche Stoff, der aus Schlachttieren gewonnen wird. Aber immerhin erfüllt es auch seinen therapeutischen Zweck und verhilft Zuckerkranken zu einem relativ beschwerdefreien Leben.
Weniger Erfolg hatte die Industrie mit den Interferonen, einer Stoffgruppe, von der man sich vor Jahren die reinsten Wunderdinge versprach. Interferone sind hochspezifische Signal- und Regulationssubstanzen des Immunsystems, die in winzigen Mengen vorkommen, und von denen die Forscher glaubten, sie könnten generell die Krebsentstehung hemmen.
Noch vor einem Jahrzehnt mußten die Wissenschaftler Interferon mit riesigem Aufwand aus Blutspenden isolieren. Entsprechend hoch lag der Preis: Ein Gramm kostete damals 100 Millionen Mark. Kein Wunder, daß die jungen Gentechnikfirmen sich gleich zu Beginn auf das Interferon stürzten. Sollte sich die Substanz tatsächlich im Kampf gegen den Krebs bewähren, stünden unvorstellbare Gewinne in Aussicht. Verständlich ist, daß diese Hoffnung auf den großen Goldrausch die kommerzielle Gentechnik überhaupt erst in Schwung brachte. Vor allem war es der Interferon-Boom, der die Aktien steigen ließ und Millionen Dollar mobil machte.
1980 gelang es dem Züricher Molekularbiologen Charles Weissmann, die Wundersubstanz in Bakterien zu züchten. Dann ging Interferon in die klinischen Tests und bald darauf wurde es ruhig um den „Krebskiller“: Gegen die häufigsten Tumorarten wie Lungen-, Brust- und Darmkrebs konnte die Substanz nichts ausrichten. Deutliche Erfolge zeigten sich lediglich bei der Haarzell-Leukämie, einer Bluterkrankung, die freilich so selten ist, daß sie kaum ein Internist jemals zu sehen bekommt. Dafür hat Interferon weit schlimmere Nebenwirkungen als ursprünglich erwartet. Und das hat auch seinen Grund: Die Signalstoffe greifen an vielen Stellen des hochkomplizierten, aber kaum verstandenen Nachrichtensystems des Organismus gleichzeitig ein. Was bei einer Zelle vielleicht eine Abwehrreaktion gegen Krebs hervorruft, löst womöglich schon bei der Nachbarzelle ein Tumorwachstum aus. Eine falsche Dosierung der Medikamente kann katastrophale Folgen haben.
Dennoch hat die Gentechnik enorm zur medizinischen Erkenntnis beigetragen. Die Wissenschaftler verstehen immer besser, wie das geregelte Wachstum einer Zelle funktioniert und auch dessen Gegenteil – wie Krebs entstehen kann. Aber je mehr sie verstehen, um so deutlicher wird: Die Mechanismen der Tumore sind so raffiniert und vernetzt, daß eine sinnvolle Therapie unerreichbar scheint. Von einem Impfstoff gegen Krebs ganz zu schweigen.
Diese Ausweglosigkeit wurde besonders deutlich, als Wissenschaftler erkannten, daß Krebs ein schlichtweg unvermeidbares, weil

Die kleinste Fabrik der Welt

Das erste Produkt, das die Gentechnik auf den Markt brachte, war ein Medikament zur Behandlung der Zuckerkrankheit. In mühevoller Kleinarbeit bauten die Wissenschaftler dazu ein Kolibakterium zum Insulinproduzenten um. In gesunden Menschen entsteht dieses Hormon normalerweise in Zellen der Bauchspeicheldrüse. Nur dort, auf dem langen DNA-Molekül, ist das Gen für die körpereigene Insulinproduktion aktiv ①. Da diese Bauanleitung noch mit unnötiger Information durchsetzt ist, entsendet der Zellkern einen

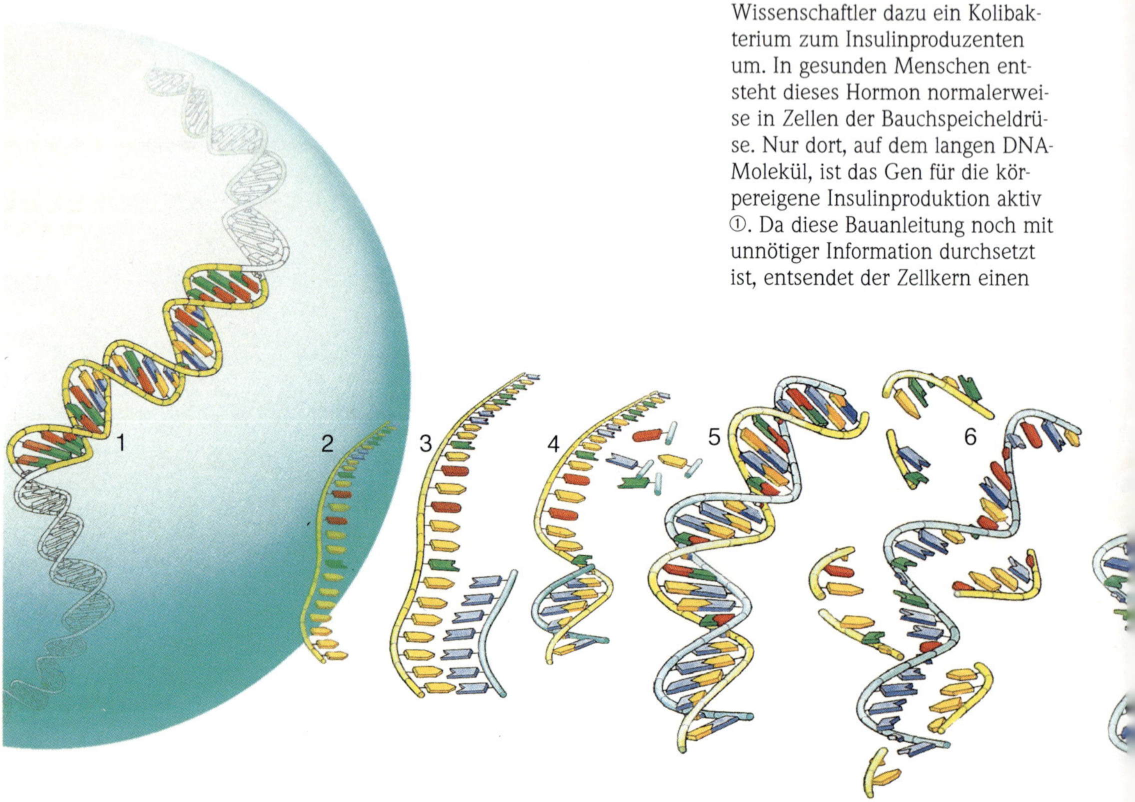

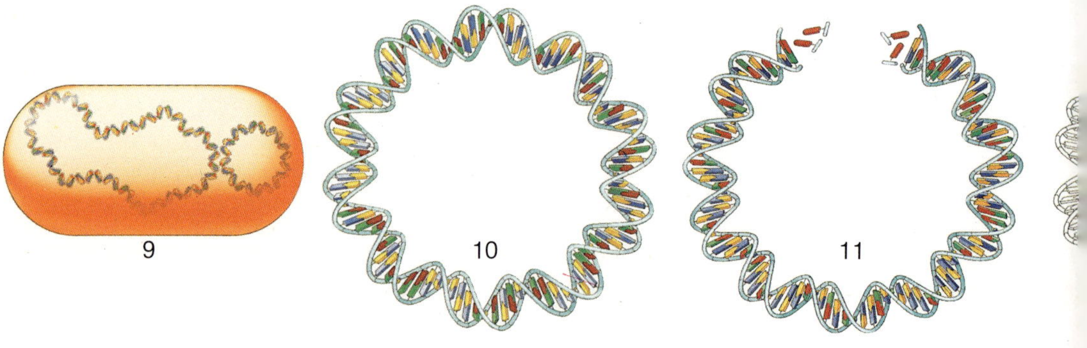

Boten mit einer korrigierten RNA-Abschrift ②. Diesen Boten fangen die Wissenschaftler ab. Dann müssen sie ihn in die genetische Universalschrift DNA übersetzen. Die gentechnische Arbeit beginnt beispielsweise so: Der Bote trägt ein Erkennungsmerkmal aus lauter A-Bausteinen ③.
Da im Alphabet der Zelle zu A immer der Buchstabe T paßt, tropfen die Forscher ein paar vorgefertigte Teile aus T-Buchstaben hinzu, und es entsteht ein kurzes Stück Doppelhelix ④. Ein Enzym namens Reverse Transkriptase vervollständigt das Molekül zu einem Hybrid aus RNA und DNA ⑤. Der RNA-Anteil ist unerwünscht und wird von den Forschern zerstört ⑥. Der verbliebene Rest wird mit einem weiteren Enzym zu einem DNA-Doppelstrang neu aufgebaut ⑦. Dies ist nun eine Erbinformation mit der unverfälschten Bauanleitung für Insulin ⑧. Sie muß jetzt in das Kolibakterium eingebaut werden ⑨. In den Mikroben existieren Plasmide genannte kurze, ringförmige DNA-Moleküle ⑩, die von einem Bakterium ins nächste wandern können. Diese Genfähren schneiden die Forscher mit einem Restriktionsenzym auf ⑪ und fügen an der Schnittstelle etwa vier G-Buchstaben des Erbcodes an ⑫. Mit dem gleichen Trick hängen sie dem isolierten Gen zur Insulinerzeugung ebenso viele C-Buchstaben an ⑬. Diese Enden G und C sind, wie die Experten sagen, „klebrig" – sie passen genau aufeinander: Das Insulin-Gen wird ein Teil des Plasmids ⑭. Es wird in das Bakterium zurückgeschleust ⑮. Die so manipulierten Mikroben vermehren sich in einer Nährlösung zu Myriaden von Insulinproduzenten. Aus der Bakterienbrühe läßt sich schließlich reines Insulin gewinnen.

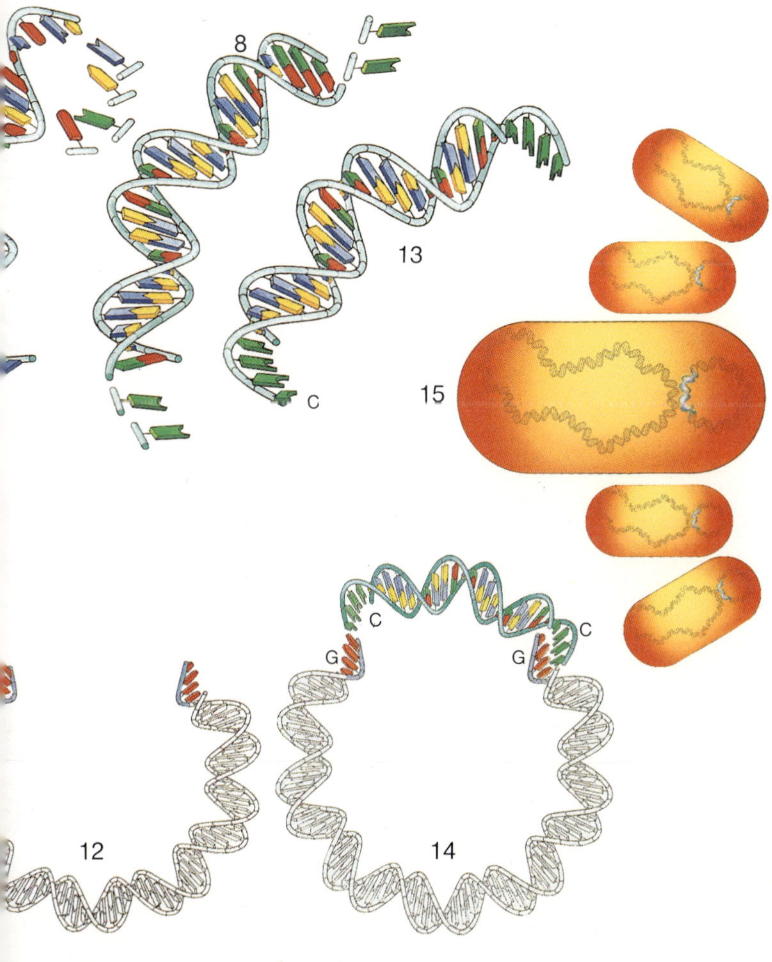

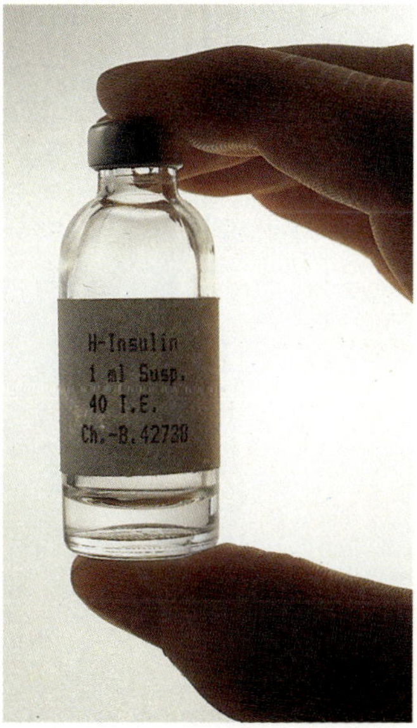

inhärentes Übel der Zelle ist. Anfang der achtziger Jahre entdeckten die Amerikaner Robert Weinberg und Geoffrey Cooper, daß in der normalen Erbsubstanz des Menschen die sogenannten Krebs-Gene vorkommen. Auf dieser Erbinformation steht die Bauanleitung für Eiweißstoffe, die im allgemeinen sehr wichtige Wachstums- und Entwicklungsfunktionen erfüllen. Wenn sich die Krebs-Gene, von denen es beim Menschen mindestens dreißig gibt, im Laufe des Lebens verändern, erlebt die Zelle eine Kaskade von Fehlinformationen. Dies konnten die Wissenschaftler nachweisen, indem sie aus Tumoren ein Krebs-Gen isolierten und in gesunde Versuchstiere einschleusten. So ließ sich eine Entartung der Zellen regelrecht anschalten. Vor wenigen Monaten erst fand ein Forscherteam aus London und den Niederlanden ein Schlüssel-Gen, das, wenn es einmal deformiert ist, unaufhaltsam Lungenkrebs auslöst.

Noch mehr Details lernten die Mediziner bei der Erforschung eines Krankheitserregers, der erst im Jahr 1983 entdeckt wurde: das „Human Immunodeficiency Virus", kurz HIV, jenes bedrohliche Retrovirus, das die Immunschwäche Aids auslöst. Fast alles, was die wissenschaftliche Gemeinde über dieses Halblebewesen weiß, hat sie mit Hilfe der Gentechnik herausbekommen. Doch auch hier gilt: Viel Wissen bedeutet noch lange keine erfolgreiche Therapie und keinen Impfstoff. Das einzige, was die Forscher mit Sicherheit vom Aidserreger gelernt haben, sind seine immer ausgeprägteren Tarnungs- und Überlebensmechanismen.

Wie schon die Kritiker auf der Konferenz von Asimolar befürchtet hatten, birgt die gentechnische Arbeit im Labor und erst recht im großtechnischen Maßstab ungeklärte Gefahren. Eine der Ängste von damals war allerdings tatsächlich unbegründet: Nach allen bisherigen Erfahrungen an Tausenden von Arbeitsplätzen auf der ganzen Welt lösen genmanipulierte Kolibakterien keine neuen Krankheiten oder Epidemien aus.

Nicht ganz so sicher können sich die Forscher bei dem Umgang mit Krebsgenen und Retroviren sein. Letztere sind im Labor besonders beliebt, weil sie sich als praktische Genfähren nutzen lassen. Genau wie ein Plasmid Erbsubstanz in Bakterien einschleust, bauen Retroviren DNA-Stücke in Säugetierzellen ein. Zellen, darunter auch die des Menschen, werden dadurch manipulierbar, Erbkrankheiten womöglich heilbar.

Für solche Experimente an Versuchstieren benutzen die Wissenschaftler vorsichtshalber meist nur Retroviren, die den Menschen nicht krankmachen. Aber diese Viren haben noch immer die unangenehme Eigenschaft rasch zu mutieren, also ihre Erbsubstanz zu verändern. Das kann, insbesondere wenn die Molekularbiologen dieser Evolution mit gentechnischen Veränderungen nachhelfen, zu einem sogenannten Wirtswechsel führen. Ein Virus, der zuvor beispielsweise in einem Affen lebte, ohne dort Schaden anzurichten, kann sich womöglich in einem Menschen einnisten – und diesen krank machen. Erst im Januar 1988 berichteten der amerikanische Aids-Forscher Robert Gallo und seine Mitarbeiter von einer vermutlich ungewollten Aids-Infektion. Ein Wissenschaftler hatte zu Studienzwecken spezielle Aids-Viren gezüchtet, die nur die sogenannten T-Helfer-Zellen des Immunsystems befallen können. Unbemerkt veränderten sich die Mikroben unter der Hand des Forschers. Dann infizierten sie wider Erwarten seine Makrophagen – einen anderen Zelltyp des Immunsystems.

Das heimtückische ist, daß Retrovirus-Erkrankungen eine oft jahrzehntelange Inkubationszeit haben. Ein Laborunfall der heute passiert, würde also womöglich erst im nächsten Jahrtausend entdeckt. In der Zwischenzeit bliebe dem Erreger viel Zeit, sich unbemerkt neue Opfer zu suchen. Die hektische, weltweite Aids-Forschung scheint solche Risiken in Kauf zu nehmen. Ähnlich waghalsig sind die Experimente am amerikanischen National Institute of Health in Bethesda. Dort hat man Mäusen, die in Hochsicherheitskäfigen leben, das komplette Gen-Repertoire des Aids-Erregers ins Erbgut gepflanzt.

Auch einen Unfall beim Umgang mit Krebs-Genen hat es nach Meinung mancher Experten bereits gegeben. In den vergangenen Jahren erkrankten binnen kurzer Zeit am Pariser Pasteur-Institut sechs Molekularbiologen, die alle auf dem gleichen Flur und alle mit Tumor-Genen arbeiteten, an seltenen Krebsformen. Zwei der Mitarbeiter, Françoise Kelly und Yves Malpièce, sind bereits gestorben. Kelly, soviel scheint klar zu sein, hatte versucht, ein sonst harmloses Virus durch das Einschleusen eines Krebsgens scharf zu machen. Was bei diesen Versuchen herauskam, ist bis dato unbekannt und wird es wohl auch immer bleiben: Françoise Kelly konnte die Ergebnisse vor ihrem Tod nicht mehr veröffentlichen.

Nicht nur bei der Bekämpfung von Krebs steckt der medizinische Fortschritt in einer Sackgasse. Bei vielen Krankheiten wissen die Ärzte heute viel über ihre Entstehung, aber können den betroffenen Patienten oft nicht helfen. Beeindruckende Diagnose – aber keine Therapie. Diese Diskrepanz wird sich in Zukunft – aufgrund der Gentechnik – dramatisch verschärfen.

Die DNA, die Bibliothek der Zelle birgt auf ihren drei Milliarden DNA-Bausteinen 50 000 bis 100 000 Gene. Manche dieser Informationsstücke sind defekt, und auch die Reparaturmechanismen des Organismus können sie nicht wieder instandsetzen. Die Folge sind Erbkrankheiten, die von einer Generation auf die nächste weitergegeben werden.

Schwere Erbleiden sind selten. Manche beruhen auf nur einem defekten Buchstaben in der Bibliothek, andere auf vielen fehlerhaften Seiten. Oft treten diese tödlichen Krankheiten erst im fortgeschrittenen Alter auf und sind dann in den seltensten Fällen heilbar. Die Betroffenen verbringen also den größten Teil ihres Lebens sorgenfrei – oder aber in dunkler Vorahnung: Dann nämlich, wenn sie wissen, daß diese Krankheit Familientradition hat.

Gentechniker sind dabei, dieser Ungewißheit ein Ende zu bereiten. Sie können die Erbsubstanz – Buchstabe für Buchstabe – analysieren und damit alle genetischen Fehler aufspüren. Erbkrankheiten lassen sich so erkennen, lange bevor sie wirklich krank machen.

Die Genanalyse war vor einiger Zeit noch ein mühsames Geschäft. Sieben Jahre brauchte der Amerikaner Robert Holley mit seinen Kollegen, um ein nur 77 Bausteine langes Erbmolekül aus Hefezellen zu sequenzieren. Heutzutage ist dies eine stumpfsinnige Arbeit für schlechtbezahlte Doktoranden, die, wenn sie fix sind, bis zu tausend Buchstaben pro Tag entschlüsseln können. Laboranten der Firma Genentech bringen es gar auf 1400 Lettern, „sind aber nach zwei Jahren völlig ausgebrannt“, wie Laborleiter Ellison Chen einräumt. Noch schneller sind nur jene neuartigen japanischen Vollautomaten, die pro Tag eine Computerfahne mit sage und schreibe 300 000 Buchstaben ausspucken sollen.

Mit Mensch und Maschine haben die Wissenschaftler bislang 15 Millionen Nukleotide – etwa 500 Gene –. der menschlichen Erbsubstanz aufgeklärt. Das aber ist den Gen-Durch-

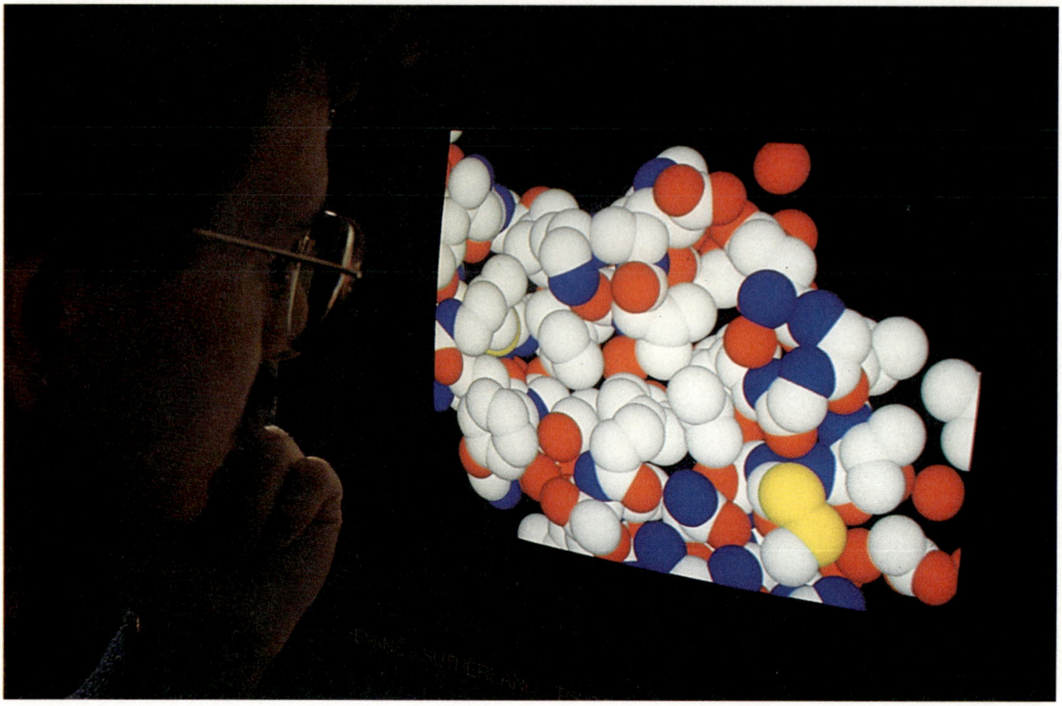

leuchtern noch lange nicht genug. Sie wollen in den nächsten Jahren, in einer Art Manhattan-Projekt der Gentechnik, alle drei Milliarden Buchstaben entziffern, die einen Menschen definieren. Diese Informationsmenge, die in jedem menschlichen Zellkern von einem hundertstel Millimeter Durchmesser Platz findet, hätte wahrhaft ungeheure Ausmaße: Würde man Buchstabe an Buchstabe reihen und jeden der Lettern nur einen Millimeter groß, also gerade noch lesbar, drucken – so würde dieses Schriftstück von Flensburg bis nach Sizilien reichen.

Der Amerikaner Walter Gilbert hat sich kürzlich an die Spitze der Gen-Entschlüsseler gesetzt. Gilbert ist eine der schillerndsten Figuren der Bio-Branche. In den sechziger Jahren gab er eine vielversprechende Karriere als Physiker auf und wechselte auf das Gebiet der Molekularbiologie. 1977 entdeckte er gemeinsam mit Allan Maxam an der Harvard Universität in Boston eine effiziente Sequenzierungsmethode, eine Arbeit die ihm später den Nobelpreis einbrachte. Dann wurde er Mitbegründer der Gentechnik-Firma Biogen, gab dafür seinen angesehenen Harvard-Posten auf, scheffelte Millionen, bis das Unternehmen in finanzielle Schwierigkeiten kam, massive Verluste machte und den im Management unerfahrenen Wissenschaftler vor die Tür setzte. Gilberts neuestes Abenteuer heißt „Genome Corporation“ und soll nichts anderes tun, als die menschliche DNA entziffern und diese Information dann vermarkten. Die Mittel für dieses Projekt – die Rede ist von drei bis sechs Milliarden Dollar – möchte Gilbert allerdings gerne aus dem öffentlichen Forschungstopf beziehen.

Davon sind verständlicherweise nicht alle Molekularbiologen begeistert. Viele, wie Ro-

Fiktion im Genlabor: Am Bildschirm lassen sich Reaktionen von Biomolekülen simulieren. Mit Hilfe dieses Einblickes in das Zellgeschehen wollen die Forscher künstliche Substanzen entwickeln, die sich womöglich als Medikamente nutzen lassen.

Alltag im Genlabor: Erbmoleküle wurden ihrer Größe nach in einem elektrischen Feld aufgetrennt und lassen sich unter UV-Licht sichtbar machen.

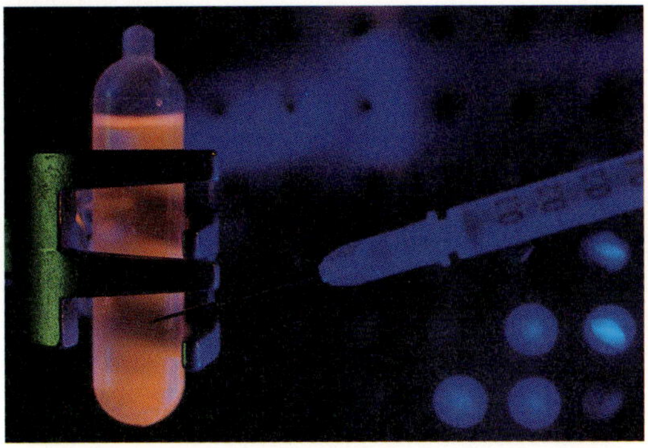

Verschieden große DNA-Fragmente (links) lassen sich durch Zentrifugieren isolieren und danach mit einer Spritze absaugen.

bert Weinberg, der Entdecker der Krebsgene, halten das Megaprojekt für ausgemachten Unfug, für Zeit- und Geldverschwendung. „Es erstaunt mich“, sagt Weinberg, „daß erwachsene Menschen über so etwas in der Öffentlichkeit reden. Es macht einfach keinen Sinn. Es gibt keinen Grund anzunehmen, daß es interessant sei, jeden einzelnen Buchstaben der Erbsubstanz zu kennen“.

Die Diskussion über Sinn und Unsinn der völligen genetischen Durchleuchtung des Homo sapiens ist wohl in jedem Fall müßig. Denn was Walter Gilberts Genome Corporation womöglich doch nicht zustande bringt, wird Akiyoshi Wada von der Universität in Tokio sicher schaffen. Er hatte schon 1981 erkannt, daß es mit herkömmlichen Methoden nie den totalen Gen-Durchblick geben würde. Es gelang dem agilen Japaner, die Fotofirma Fuji und das Elektronikunternehmen Seiko zusammenzuführen, um die aufwendige Laborsequenzierung dramatisch zu vereinfachen. Fuji lieferte die filmartigen Blätter, auf denen die Erbsubstanzfragmente aufgetrennt werden, Seiko die elektronischen Laboranten, die alle Handgriffe vollautomatisch und mit beeindruckender Geschwindigkeit ausführen. Mit drei dieser Maschinen will Wada jetzt das erste der 24 menschlichen Chromosomen knakken. Geschätzte Versuchdauer: 160 Tage.

Ein Effekt derartiger Erkenntnisflut ist, daß man zukünftig immer mehr Erbkrankheiten immer früher wird diagnostizieren können. Genauer gesagt: bereits in den frühesten Stadien der menschlichen Entwicklung – also in den ersten Tagen nach der Befruchtung einer Eizelle. In dieser Zeit, bevor sich die heranwachsende Zellmasse nach etwa sechs Tagen im Uterus der Frau einnistet, können die Mediziner ohne große Gefahr von dem Vorembryo ein paar Zellen abschneiden. Die darin enthaltene Erbmasse ließe sich dann analysieren und auf Fehler absuchen.

Eine pränatale Diagnose könnte demnach in Zukunft folgendermaßen aussehen: Eine Befruchtung sollte möglichst in vitro vorgenommen, Ei- und Samenzelle also im Reagenzglas vereinigt werden. Diese Urzelle teilt sich mehrfach und wächst zu einem Vorembryo heran. Der acht- oder 16-zellige „Mensch" ist in diesem Stadium noch ziemlich robust. Man kann ihn beispielsweise für längere Zeit einfrieren, in zwei Hälften teilen, um identische Zwillinge zu erhalten, oder ihm, wie gesagt, ein paar Zellen abschneiden. Diese tragen bereits die gesamte Erbinformation des zukünftigen Menschen in sich.

Die winzige DNA-Menge in diesen Zellen läßt sich künstlich vermehren, um darin mögliche Erbdefekte aufzuspüren. Wird der Embryo für gut befunden, können die Reproduktionsmediziner ihn letztlich einer Frau in den Uterus einsetzen. (Theoretisch wäre das sogar bei einem Mann denkbar, der zuvor allerdings kastriert oder hormonbehandelt werden müßte).

Welche Krankheiten aber sollen an einem Embryo untersucht werden? Welche Leiden gelten für Kind und Eltern als so unzumutbar, daß der Embryo verworfen wird?

Da gibt es beispielsweise das Down-Syndrom, auch Mongolismus genannt, eine schwere geistige Behinderung, die sich heutzutage auch ohne die Gentechnik in der achten bis zehnten Schwangerschaftswoche erkennen läßt. Ärzte raten bei Fällen von Down-Syndrom meist zu einer Abtreibung. Zum gleichen Zeitpunkt können mit gentechnischen Methoden andere gravierende Erbleiden erkannt werden. So die zystische Fibrose, eine tödliche Sekretionsstörung, die den Organismus innerlich mit einem zähflüssigen Schleim überschwemmt; die Huntington'sche Krankheit, die auf fatale Weise das Nervensystem schädigt; oder die Sichelzellanämie, eine Blutkrankheit, die oft zum Tode führt.

Doch auch „harmlosere" Erscheinungen sind zu einem gewissen Anteil genetisch bedingt – und können diagnostiziert werden: Bluthochdruck, Diabetes oder Arterienverkalkung; die Alkoholverträglichkeit und die Fähigkeit, bestimmte Umweltgifte abzubauen.

Mit anderen Worten: Die Genanalyse ermöglicht eine Art von Vorschau auf das ganze Leben. Diese Diagnose ist zwar alles andere als sicher, aber dennoch beängstigend. So befremdlich es klingt, Mediziner sehen darin auch Vorteile. Wer etwa weiß, daß sein Organismus zu Lungenkrebs neigt – so die Überlegung – wird vielleicht eher das Rauchen einstellen. Wer anfällig für Diabetes ist, könnte rechtzeitig seine Ernährung ändern und die Krankheit so vermeiden oder lindern. Und wem die Enzyme für den Abbau einer bestimmten Klasse von Chemikalien fehlen, wird kaum in einer Fabrik arbeiten, die diese Produkte herstellt.

Er wird dort womöglich auch gar keinen Job bekommen. Dann nämlich, wenn die Firma bei der Einstellung einen genetischen Test verlangt, um einer Berufskrankheit vorzubeugen. Solche Untersuchungen führen amerikanische Unternehmen bereits seit Jahren durch. Genauso interessant könnten die Daten einer genetischen Durchleuchtung für Versicherungen sein. Werden diese Gesellschaften genetisch kranken Menschen deshalb die Aufnahme verweigern, oder von ihnen erhöhte Prämien verlangen?

Ein alter Traum der Mediziner ist es, Erbkrankheiten an der Wurzel zu heilen – also: ein defektes Gen zu reparieren. Der Amerikaner Paul Berg war es, der 1979 erstmals mit zwei

Kollegen ein fremdes Gen in eine Säugetierzelle übertragen konnte. Seither ist der Erbmassentransfer an Versuchstieren längst zur Routine geworden. Die Forscher verpflanzen das Gen meist in ein Retrovirus und schleusen diesen „Vektor" dann in das Tier. Das Problem dabei ist, daß sie bisher nicht vorausbestimmen können, an welcher Stelle in der Gen-Bibliothek sich das Gen einnisten wird. Es kann beispielsweise passieren, daß es sich mitten in wichtigen, körpereigenen Erbsequenzen einfügt und so schweren Schaden anrichtet.
Zudem läßt sich durch die Genübertragung nur eine Erbkrankheit kurieren, die auf einem fehlenden Gen beruht. Den meisten Erbdefekten liegt jedoch ein gestörtes, aber aktives, Gen zugrunde. Noch kennen die Molekularbiologen keine Methode, diese Falschinformation gezielt aus der Bibliothek herauszuschneiden.
Vergleichsweise einfach hingegen ist es, Gene in die Keimbahn, also in eine befruchtete Eizelle oder in sehr junge Embryonen, zu verpflanzen. Die Experten benutzen dafür eine haarfeine Injektionsnadel und spritzen das fremde Erbgut unter dem Mikroskop in den Kern der Eizelle. Irgendwo nistet sich das Genmaterial dann von alleine ein.
So entstanden jene berühmt gewordenen „Supermäuse", die Ende 1982 das Titelblatt der amerikanischen Fachzeitschrift *Science* zierten. Die Wissenschaftler hatten den Mäuse-Embryonen die Erbinformation für ein Wachstumshormon aus Ratten eingesetzt. Einige der Mäuse, die das Gen aufgenommen hatten, wuchsen zu ungeahnter Größe heran. Und sie übertrugen diese neue Eigenschaft auch auf ihre Nachkommen.
Unter anderem weil die Manipulation von Eizellen heute noch recht viel „Ausschuß" – Embryonen, die früh absterben – produziert, schrecken die Forscher davor zurück, die gleichen Experimente auch an menschlichen Eizellen auszuprobieren. Sollte die „Keimbahntherapie" in Zukunft risikoärmer werden, eröffnet sich eine zweischneidige Perspektive: Erbdefekte ließen sich nicht nur für die betroffene Person, sondern für alle folgenden Generationen beseitigen. Die Tür wäre aufgestoßen zur genetischen Veränderung – zur Zucht – des Menschen.
Möglich wäre sie heute schon. Jeder Forscher, der Keimbahnzellen von Mäusen, Ratten oder Schweinen manipuliert, räumt ein: Was an Mäusen funktioniert, ist auch am Menschen machbar.

EXKURS

Klonieren für Anfänger

Jörg Albrecht

Gentechnik ist einfacher, als viele denken. Wie leicht ein Laie an Material und Methode herankommt, und was er damit ausrichten kann, beschreibt dieser Exkurs.

Klonieren – das klingt so geheimnisvoll. Wer imstande ist, mit Erbgut zu hantieren, gilt als moderner Dr. Mabuse. Dabei ist die Technik eigentlich simpel und alles andere als unzugänglich. Wer einige tausend Mark auszugeben bereit ist und über elementare Chemie- und Rechenkünste verfügt, kann sich die Grundstoffe bei Firmen besorgen und damit im Keller theoretisch seine eigene Genbank anlegen – keine besonders gute, aber immerhin.

An die Erbsubstanz Desoxyribonukleinsäure (DNA) kommt man auf unterschiedliche Weise heran; am leichtesten zu isolieren ist sie aus Blut- und aus Samenzellen. Für Übungszwecke tut es auch käufliche DNA aus Heringssperma – ein Gramm zu 70 Mark, zu beziehen zum Beispiel über die Firma Boehringer Mannheim.

Praktische Anleitungen für das Klonieren lesen sich ähnlich wie anspruchsvolle Kochrezepte. Die beste – und wohl am weitesten verbreitete – Sammlung findet sich in dem Buch „Molecular Cloning", zusammengestellt von den Autoren Maniatis, Fritsch und Sambrook und 1982 vom Cold-Spring-Harbor-Labor in Long Island herausgegeben. Ferner braucht der Hobby-Gentiker eine Reihe von Laborgeräten, angefangen vom Kühlschrank mit Gefrierfach über eine sogenannte „Eppendorf-Pipette" und eine kleine Tischzentrifuge, bis hin zu allerlei Meßzylindern und Reaktionsgefäßen. Am besten wendet er sich vertrauensvoll an eine Firma für Laborbedarf.

Schon kann es losgehen. Möglichst schonend wird die DNA aus den Zellen isoliert, damit sie ihre natürliche Größe behält; am Ende sollte sie die Konsistenz einer chinesischen Glasnudel besitzen und sich mit Hilfe eines Glasstabs aufwickeln lassen. Eine kleine Menge davon, etwa ein zehntel Milliliter, reicht für einen Versuch schon aus. Überhaupt ist es ein Kennzeichen der Gentechnik, daß nicht im Litermaßstab herumgepanscht wird, sondern winzige Substanzmengen eingesetzt werden. Die Herings-DNA – falls es sich um solche handelt – wird mit einer Art biochemischer Schere zerschnitten. Dies ist ein Restriktionsenzym, von denen inzwischen mehrere hundert bekannt und käuflich zu erwerben sind. Sehr empfehlenswert ist das Enzym Bam-HI (Boehringer Mannheim, kleinste Menge 1000 Einheiten, 60 Mark): Bam-HI ist nach dem Bakterium Bacillus amyloliquefaciens benannt, aus dem es isoliert wird. Das Enzym kann in gewisser Weise DNA „lesen" und kappt den DNA-Strang überall dort, wo es die „Buchstaben"-Reihenfolge GGATCC entdeckt.

Jetzt ist das Erbgut des Herings in handliche kleine Stücke zerlegt, die sich einzeln „klonieren", das heißt identisch vermehren lassen. Dazu klebt der Gen-Heimwerker die DNA-Bruchstücke am besten mit einem Plasmid zusammen.

Ein Plasmid ist eine Art Trojanisches Pferd, ein ringförmiges Stück DNA, das sich in Bakterien selbständig vermehren kann. Das bekannteste Plasmid heißt pBR 322, benannt nach den Gentechnikern Bolivar und Rodriguez (Boehringer Mannheim, 50 Mikrogramm 160 Mark). Schneidet der Gentechniker das Plasmid genau wie die Herings-DNA mit BamHI, haben beide die gleichen „klebrigen" Enden und lassen sich mit Hilfe eines weiteren Enzyms namens T4-Ligase (Sigma Chemie GmbH, Deisenhofen, 100

Einheiten ca. 98 Mark) mühelos zusammenfügen. Auf diese Weise läßt sich das Erbgut ganz verschiedener Lebewesen miteinander verschmelzen, egal ob Hering, Mücke, Erbse oder Mensch. Der Genmanipulation sind theoretisch keine Grenzen gesetzt. Doch um mit den einzelnen DNA-Fragmenten wirklich etwas anfangen zu können, müssen sie erst noch vermehrt werden. Dies geht am einfachsten mit Bakterien. Sehr beliebt ist es, sie in Bakterien der Art Escherichia coli einzuschleusen. E. coli, wie die Mikrobe oft kurz genannt wird, gehört zu den bestuntersuchten Lebewesen der Welt. Willig nehmen die Kolibakterien fremde DNA auf, sofern sie sich auf einem Plasmid befindet und die Bakterien zuvor einer Schockbehandlung unterzogen wurden. Quält man sie durch Unterkühlung und setzt ihnen ein Salz namens Kalziumchlorid vor, sind sie nach einer Weile „kompetent", das heißt sie schlucken fremde DNA. Wer sich die Mühe sparen will, bestellt tiefgefrorene kompetente Coli-Zellen bei der Firmen Gibco BRL in Eggerstein (ein Milliliter 245 Mark).

Unter günstigen Bedingungen teilt sich ein Bakterium alle dreißig Minuten und bringt es so innerhalb von zwölf Stunden auf knapp eine Million Nachkommen. Jedes Bakterium enthält ein Stück Herings-DNA, und aus jedem Bakterium wird durch Teilung und Vermehrung ein ganzer Klon – Hunderttausende identischer Kopien.

Bis zu diesem Punkt ist das Anlegen einer Genbank keine allzu große Kunst. Manipulieren und Klonieren bis zu einem bestimmten Grad kann auch der Bastler. Und das Schöne ist: Es ist auch nicht verboten. Zwar gibt es in der Bundesrepublik Richtlinien für den Umgang mit genmanipulierten Organismen, aber nur die Universitäten und staatlichen Forschungseinrichtungen sind daran gebunden. Die Industrie befolgt diese Regeln freiwillig; ein Privatmann, der sie ignoriert, macht sich nicht einmal strafbar. Ist also zu befürchten, daß demnächst ein findiger Unternehmer den „Kleinen Gen-Baukasten" auf den Markt wirft? Das nun doch nicht. Mit seinem Gemisch von Bakterien kann der Laie nämlich nichts anfangen. In der Praxis müssen – und damit ist der Hobby-Genetiker wohl überfordert – alle Klone voneinander isoliert werden. Erst dann finge die eigentliche Arbeit des Gentechnikers an: aus diesem Riesenhaufen von DNA-Bruchstücken ein einzelnes Gen herauszufischen.

Reiner Klingholz

Neues Leben für Stall und Acker

Die moderne Landwirtschaft steckt in einer Krise. Sie belastet die Umwelt, produziert Nahrung im Überfluß, läßt aber die Armen der Welt vor leeren Feldern stehen. Jetzt will die Gentechnik diese Probleme lösen.

Er ist ein Superbulle, sie eine preisgekrönte Kuh. Die beiden haben sich nie gesehen, doch Anfang 1988 bekamen sie ungewöhnlichen Nachwuchs: sieben Kälber, alle stramme Jungs, alle schwarz wie Vater und Mutter, und alle wachsen sie ganz prächtig – sieben kleine Klone. Heute sind sie schon größer, und bald werden sie stark sein wie Mutter Kuh und Vater Bulle. Schade nur, daß die stolzen Eltern ihre Sprößlinge nie zu Gesicht bekommen haben. Die Kälber erblickten das Neonlicht der Welt in Abwesenheit ihrer Zeuger in einem Stall der Granada Corporation in Houston, Texas, einer der größten amerikanischen Nutztierfabriken.

Die Veterinärmediziner der Firma hatten im April 1987 einer Preis-Kuh eine Portion Superbullensperma verabreicht. Dank einer Hormonbehandlung brachte diese Befruchtung nicht wie gewöhnlich eines, sondern zehn Embryonen zustande. Diese spülten die Veterinäre wenige Tage später aus der Kuh heraus. Einer der Embryonen, das zeigte eine Geschlechtsanalyse, sollte ein männlicher Nachkomme werden – er war damals fünf Tage alt und 32 Zellen groß. Mit einer Mikrooperation, die sehr viel Fingerfertigkeit verlangt, gelang es den Wissenschaftlern, aus der heranwachsenden Embryomasse 16 einzelne Zellen abzutrennen und daraus die mikroskopisch kleinen Zellkerne zu isolieren. Sie alle enthielten die identische Erbinformation für ein komplettes Kalb.

Kollegen hatten derweil aus normalen Durchschnittskühen unbefruchtete Eizellen entnommen und auch dort den Kern entfernt. In diese 16 leergeräumten Eizellen injizierten die Forscher jetzt je einen der isolierten Superkerne, ließen das Ganze zu kleinen Embryonen heranwachsen und pflanzten sie in den Uterus von Leihmütterkühen ein. Nach einer normalen Tragezeit wurden acht genetisch identische Kälber geboren, sieben überlebten. Sieben Klone, denen vermutlich allen eine preisgekrönte Bullen-Zukunft bevorsteht. Bullen für die normierte landwirtschaftliche Hochleistungs-Viehzucht – ein Gebiet, auf dem die moderne Reproduktionsmedizin und die Gentechnik zu einer abenteuerlichen Hybridwissenschaft verschmelzen. „Das Klonieren", kommentierte anschließend die *New York Times,* „liefert einheitliche Produkte für die Landwirtschaft, wie man sie bisher nur aus der Industriefertigung kennt."

Die Landwirtschaft steht vor einer Revolution. Es wird, nach der Mechanisierung und der Chemiewelle, die dritte innerhalb von hundert Jahren sein. Was sie bringen wird, ist schon heute abzusehen: geklonte Nutztiere, hormongesteuerte Schweine und Rinder, Kartoffeln und Weizen aus dem gentechnischen Design-Labor. Die Ziele dieser modernen Agrarwirtschaft sind dem Laien nicht immer verständlich. Einerseits bereitet die maßlose Produktivität der Landwirtschaft schon heute große Sorgen. Andererseits arbeiten Tier- und Pflanzenzüchter unablässig daran, die Erträge weiter zu steigern. Vor allem mit dem Argument, die wachsende Menschheit mit Nahrungsmitteln zu versorgen. „Schon im Jahr 2000", warnt beispielsweise Hoechst-Manager Hansgeorg Gareis, „müssen wir uns fragen, wie wir die Weltbevölkerung mit der herkömmlichen Landwirtschaft ernähren wollen. Da ist die Gentechnik gefordert."

Voraussichtlich werden sich gegen Mitte des nächsten Jahrhunderts auf Erden zehn Milliarden Menschen drängeln – das sind doppelt so viele wie heute.

Um diese zehn Milliarden Mäuler zu stopfen, werden sich in der Tat die Strukturen der Landwirtschaft ändern müssen. Wer glaubt, man könne einfach die heutigen Agrarflächen vergrößern, nimmt die schlimmsten ökologischen Katastrophen in Kauf: Die tropischen Wälder würden vollends verschwinden, Millionen von Hektaren würden verkarsten, versteppen oder zur Wüste werden, weil sie für eine landwirtschaftliche Nutzung nicht geeignet sind.

Wie aber kann die Gentechnik dies alles verhindern helfen? Wird sie mehr und bessere Nahrung liefern – vor allem in der Dritten Welt, wo es am nötigsten wäre, dann aber einer noch schlimmeren Bevölkerungsexplosion Vorschub leisten? Wird sie den Boden schonen, ihn nicht weiter auslaugen und vergiften? Oder wird sie, wie die Kritiker befürchten, die altbekannten Probleme der Landwirtschaft eher noch verstärken? Wird sie Monokulturen begünstigen, das Artensterben beschleunigen und noch gewaltigere Überschüsse für die Reichen bringen, noch mehr Hunger für die Armen?

Schon immer hat die Agrarwirtschaft dramatisch in den Naturhaushalt eingegriffen – und sie wird es weiter tun, denn es führt kaum ein Weg zurück zu einem technisch und ökologisch unbedenklichen Landbau. Nach Schätzungen wird sich im nächsten Jahrhundert die Hälfte aller Arten auf der Erde ein für allemal von uns verabschieden. Hauptschuldig daran wird erneut die Landwirtschaft sein.

Was wir also brauchen, sind Nutzpflanzen, die mit weniger Chemie und Düngemitteln auskommen, die mehr Nahrung und wertvolle Rohstoffe liefern und die eine natürliche Vielfalt nicht bedrohen. Die Pflanzen der Zukunft müssen sich den natürlichen Bedingungen besser anpassen können als bisher, Schädlinge und Trockenheit leichter überstehen und das Angebot an Licht und Wasser besser ausnutzen.

Mit konventioneller Pflanzenzüchtung, davon gehen viele Experten aus, ist dieses hochgesteckte Ziel nicht zu erreichen. Denn sie arbeitet im Prinzip noch immer so wie der alte Herr Mendel in seinem Klostergarten: Pflanzen mit interessantem Erbgut werden so lange gekreuzt, bis dabei irgendwann einmal eine neue Sorte herauskommt, die möglichst viele erstrebenswerte Anlagen in sich vereint.

Dieses Züchten ist ein mühsames Geschäft. Denn wer zwei Pflanzen miteinander kreuzt, der mischt nach dem Zufallsprinzip Tausende von erwünschten und unerwünschten Erbanlagen. „Fast dreißig Jahre hat ein ganzes Team von Züchtern gebraucht", schreibt der belgische Gentechniker Jozef Schell vom Kölner Max-Planck-Institut für Züchtungsforschung,

Züchtung in der Retorte: Pflanzen wachsen aus Zellklumpen, ohne Erde und unter Kunstlicht heran.

„um eine Gerste, die den Winter übersteht, erfolgreich mit einer Gerste zu kreuzen, die gegen Mehltau resistent ist."

Dies könnte, fügt der Experte Schell an, mit den modernen Methoden der Molekularbiologie weitaus schneller und einfacher gehen. Die Wissenschaftler bräuchten theoretisch nur ein bestimmtes Gen zu isolieren, beispielsweise jenes für die Resistenz gegen Mehltau, und in Wintergerste einzuschleusen, die bereits hohe Erträge liefert. Im Idealfall entsteht im Handumdrehen eine ertragreiche Pflanze – die zugleich winterfest und gegen den Mehltau gefeit ist.

Ganz so einfach ist die gentechnische Pflanzenzucht freilich nicht. So fehlte es den Forschern lange an dem wichtigsten Werkzeug, um das Erbgut ihrer Studienobjekte zu manipulieren: einem Vektor, der ein Stück Erbinformation in eine Pflanzenzelle einschmuggelt. Alle in der Pionierzeit der Genmanipulation als Fähren bekannten Plasmide oder Retroviren eigneten sich nicht für pflanzliche Organismen.

Eher zufällig und völlig unerwartet fanden die Wissenschaftler Mitte der siebziger Jahre eine geeignete Genfähre, als sie eigentlich eine besondere Art pflanzlicher Tumoren untersuchten. Diese unförmigen Zellwucherungen, sogenannte Wurzelhalsgallen, können bei bestimmten Pflanzen an Verletzungsstellen entstehen, wenn dort eine Mikrobe namens Agrobacterium tumefaciens eindringt. Wie sich später herausstellte, nötigt das Bakterium der Pflanze ein Stück neuer Erbsubstanz auf. Diese Gene lösen ein Krebswachstum aus und „versklaven" die Wirtszelle. Sie produziert fortan spezielle Substanzen, die nur das Bakterium als Nährstoff verwerten kann.

Wie aber gelangt das fremde Erbmaterial in die Pflanzenzelle? Die Antwort fanden die beiden belgischen Wissenschaftler Marc Van Montagu und Jozef Schell: Sie entdeckten im Agrobacterium eine Genfähre, ein Plasmid, das für den Einbau der Tumor-DNA in die Pflanzenzelle verantwortlich ist. Sie nannten es folgerichtig Ti-Plasmid (Tumorinduzierendes Plasmid).

Das neugefundene Gen-Taxi war allerdings ungewöhnlich groß und dadurch für künftige Experimente etwas unhandlich. Bald gelang es den Forschern, zwei Fliegen mit einer Klappe zu schlagen: Sie schnitten die tumorauslösenden Gene aus dem Plasmid heraus und schufen in der Genfähre neuen Platz für eine x-beliebige neue Erbinformation. Ein Vektor war entstanden, mit dem die Forscher erstmals Erbmaterial in eine Pflanzenzelle einschleusen konnten – ein ideales Mittel für die Züchtung. Jetzt brauchten die Genetiker nicht mehr die gesamte Erbmasse einer Pflanze mit ihren guten und schlechten Eigenschaften in eine zweite Pflanze einzukreuzen, sondern konnten sich gezielt an den Einbau ganz spezieller Anlagen machen. Um beim Züchten noch mehr Zeit zu sparen, verbesserten die Biologen in den vergangenen Jahren noch eine weitere ungemein wichtige Arbeitsmethode: die Laborkultur von einzelnen isolierten Pflanzenzellen.

Die Zellen aller höheren Lebewesen entwickeln sich im Laufe ihres Lebens von undifferenziertem Embryonalgewebe zu spezialisierten Organzellen mit besonderen Aufgaben. Dieser Weg ist bei tierischen Organismen

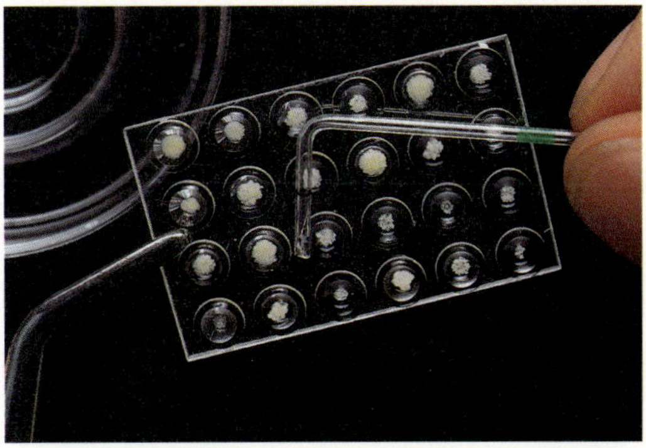

Am Kölner Max-Planck-Institut für Züchtungsforschung sind die Wissenschaftler in der Lage, aus einzelnen, mikroskopisch kleinen Zellen eine ganze Kultur genetisch identischer Pflanzen aufzuziehen. Dies ist eine wichtige Voraussetzung für die gentechnische Manipulation von Nutzpflanzen.

nicht rückgängig zu machen. Eine Blutzelle ist und bleibt eine Blutzelle und kann nie zu einer Nervenzelle werden. Bei Pflanzen ist das anders: Das spezialisierte Gewebe aus Blatt oder Wurzel kann sich sehr wohl wieder zu „totipotenten" Embryonalzellen zurückentwickeln und daraus können neue vollständige Pflanzen erwachsen.

Derartiges Gewebe bildet sich, wenn eine Pflanze verletzt wird. An der Wunde wächst ein „Kallus", eine wuchernde Masse, die die Verletzung verschließt. Diese Kalluszellen geben die Forscher in eine Kulturflüssigkeit mit Salzen, Zucker, Aminosäuren und pflanzlichen Wachstumshormonen. Die einzelnen Zellen beginnen sich zu teilen, und es entsteht zunächst ein unorganisierter Klumpen. Wenige Tage später sprießen daraus die ersten Blätter. Erfahrene Biologen schaffen es auf diese Weise, aus einer einzigen Zelle im Labor eine ganze Pflanze aufzuziehen. Das erfordert zwar eine Menge Fingerspitzengefühl, ist heutzutage aber bei vielen Pflanzenarten möglich.

Das Praktische ist, daß sich Zellkulturen gentechnisch viel einfacher manipulieren lassen als ausgewachsene Pflanzen. Ein jahrelanger Züchtungsaufwand auf einem großen Feld schrumpft so zu einer Laborarbeit in kleinen Glasschalen zusammen, die in ein paar Monaten zu bewältigen ist. Natürlich waren die Pflanzengenetiker begeistert, als sie vor einigen Jahren Zugriff zu dieser neuen Methode bekamen. Rasch waren die wichtigsten Züchtungsziele abgesteckt: Die Pflanzen sollten lernen, das Sonnenlicht besser auszunutzen, also aus Strahlungsenergie und Kohlendioxid mehr Kohlenhydrate aufzubauen. Sie sollten streßresistent werden – gegen Trockenheit, gegen brackiges und salziges Wasser und gegen Schädlinge und Krankheiten. Vor allem aber hatte es den Wissenschaftlern eine Eigenschaft bestimmter Bodenbakterien angetan: Diese Mikroorganismen, die in einer symbiotischen Gemeinschaft mit Leguminosen wie Bohne oder Erbse leben, können Dünger produzieren. Sie setzen den in der Luft reichlich vorhandenen, aber für Pflanzen nutzlosen Stickstoff in wertvolle Stickstoffverbindungen um. Diese Fähigkeit wollten die Forscher auf Nutzpflanzen wie Weizen oder Mais übertragen.

Die Ziele der Gentechniker waren also nicht gerade bescheiden. Entsprechend schwierig waren dann auch die Probleme, die es zu lösen galt. Zum einen fehlte ein Werkzeug, die auf Pflanzen übertragene Erbsubstanz auch „anzuschalten". Mit dem Ti-Plasmid ließen sich zwar Gene von Zelle zu Zelle übertragen, sie blieben aber in ihrem neuen Zuhause erst einmal stumm und funktionslos. Dieses Handicap konnten Jozef Schell und seine Mitarbeiter im Jahr 1983 ausräumen. Die Forscher bauten vor dem Fremd-Gen einen Promotor ein, ein kleines Stück Erbinformation, das dafür sorgt, daß die darauffolgende DNA-Sequenz von der Zellmaschinerie abgelesen wird.

Unüberwindbar aber blieb eine andere Hürde: Die meisten wirklich interessanten Eigenschaften wie Streßtoleranz oder Stickstoffixierung beruhen auf einer ganzen Serie von Genen, die alle einzeln und zu verschiedenen Zeitpunkten ab- und angeschaltet werden müssen. Unklar ist bislang, wie ein solches Sortiment von Erbinformationen mit all ihren Kontrolleinheiten in eine Pflanze übertragen werden soll. Die Stickstoffbindung beispielsweise ist einer der kompliziertesten symbiotischen Regelkreise, die Wissenschaftler bisher untersucht haben.

Deshalb beschränken sich die anwendungsorientierten Biologen vorerst auf das Machbare – und das ist, wie so vieles in der Gentechnik, heftigst umstritten: Die erste Züchtung, die aus dem Labor in das Freiland entlassen werden soll, ist eine Nutzpflanze, die resistent gegen Herbizide ist. Diese „Mittel gegen unerwünschten Pflanzenzuwachs", wie sie in den Werbebroschüren der Agrarchemie heißen, sind nichts anderes als industriell hergestellte Giftstoffe zum Abtöten von Pflanzen. Da sie auf verschiedene Pflanzen unterschiedlich stark wirken, lassen sie sich als Unkrautvernichtungsmittel nutzen. Ein Beispiel: Der Mais übersteht eine Dusche mit dem Pflanzengift Atrazin von Natur aus unbeschadet, andere Pflanzen auf dem gleichen Acker gehen binnen weniger Tage ein. Da die chemische Sense billiger und praktischer ist als mechanisches Unkrautjäten, greift der Landwirt gern zum Atrazin.

Die Herbizidspritzung aber hat zwei wesentliche Nachteile: Das Gift ist langlebig, und der Bauer kann im nächsten Jahr auf diesem Acker beispielsweise keine Sojabohnen anpflanzen. Außerdem reichert sich das Atrazin seit Jahren immer mehr im Grundwasser von Maisanbaugebieten an. Eine Tatsache, die den Wasserwerken zunehmend Sorge bereitet.

Die Bauern ärgert vorwiegend die erste Einschränkung. Denn auf dem atrazinbehandelten Feld wächst im wahrsten Sinne des Wortes kein Gras mehr. Hier soll jetzt die Gentechnik helfen. Mit einem künstlichen Resistenz-Gen gegen Atrazin, wie es der Mais natürlicherweise besitzt, könnte auch die Sojabohne auf einem chemisch bereinigten Feld überleben.

Die meisten großen Chemiekonzerne stellen Herbizide her. Dies ist bei einem Weltumsatz von jährlich etwa sieben Milliarden Mark zwar kein allzu großes Geschäft – aber es könnte bald schon größer werden. Alle Firmen haben rasch begriffen, welch wirtschaftliches Potential in den herbizidresistenten Pflanzen steckt. „Ein cleverer Weg, um in neue Märkte einzudringen", kommentiert das amerikanische Wissenschaftsblatt *Science*. Zum einen ließen sich generell mehr dieser Pflanzenschutzmittel absetzen. Zum anderen gingen Saatgut und Herbizid in Zukunft nur noch als Paket vom gleichen Hersteller über den Ladentisch. Nicht ohne Grund haben sich die meisten Agrarchemie-Produzenten in den letzten Jahren vorsorglich bei Züchtungsfirmen eingekauft.

Ein Resistenz-Gen läßt sich denkbar einfach herstellen: Die Forscher brauchen nur eine Bakterienkultur mit dem Gift zu überschütten, anschließend aus den zufällig überlebenden Mikroben das Gen für die Widerstandsfähigkeit zu isolieren und es dann via Ti-Plasmid in eine Nutzpflanze zu verfrachten. Der amerikanische Chemiemulti Monsanto, Ciba-Geigy in Basel oder die Hoechst AG in Frankfurt, alle haben sie bereits herbizidresistentes Saatgut in der Hinterhand und warten nur auf die Genehmigung, die genmanipulierten Pflanzen im Freiland testen zu dürfen. Kommen die neuen Pflanzen auf den Markt – und daran zweifelt zumindest in Amerika niemand –, könnte sich der Absatz von Breitbandherbiziden drastisch erhöhen.

Merkwürdigerweise behaupten die Hersteller, daß gerade das Gegenteil davon eintreten werde. Die Bauern, so heißt es, würden, schon allein um Geld zu sparen, fortan weniger, dafür aber hochwirksame Herbizide einsetzen. Die Industrie könnte sich dann vermehrt der Erforschung der momentan noch unbeliebten Totalherbizide widmen und in dieser Substanzklasse nach besonders umweltverträglichen Chemikalien suchen. „Die Gentechnik", frohlockt Howard Schneiderman, Chefwis-

senschaftler von Monsanto, „ermöglicht uns die Partnerschaft mit Mutter Natur".
Diese Argumente erscheinen selbst dem eher industrienahen amerikanischen Fachblatt *Technology Review* unglaubwürdig. David Pimentel, Agrarwissenschaftler der Cornell University, zählt dort eine ganze Reihe vernichtender Kritikpunkte gegen die herbizidresistenten Züchtungen auf: Seiner Meinung nach werden von der Unzahl der heute gebräuchlichen spezifischen Herbizide nur einige wenige hochpotente übrigbleiben. Da diese Gifte immer großflächiger zum Einsatz kommen, steigt die Gefahr, daß unerwünschte Wildkräuter gegen die Gifte resistent werden. Die Folge: noch mehr Gift, um das Unkraut im Zaume zu halten.
In dem einheitlichen Herbizidnebel bliebe zudem immer seltener die Möglichkeit, herkömmliche Pflanzen – also solche ohne Resistenz-Gen – anzubauen. Folge: weniger Vielfalt auf größeren Monokulturen; kein Platz mehr für den bunten Wildwuchs am Feldrain. Da in den Vereinigten Staaten Herbizide oft mit dem Flugzeug versprüht werden, müßten sich obendrein ganze Regionen für Einheitspakete aus Gift und Saatgut entscheiden. Keine schlechte Perspektive für die Hersteller. Aber trübe Aussichten für die Ökologie, denn je effektiver die Breitband-Herbizide den Acker unkrautfrei halten, desto leichter können Wind und Regen die nährstoffreiche Krume abtragen.
Letztlich, schreibt David Pimentel, werden Pflanzen durch Herbizideinsatz meist anfällig für Pilzkrankheiten oder Insektenbefall. Die Folge: Herbizidresistente Sorten bräuchten schlußendlich mehr chemischen Schutz vor

Der belgische Max-Planck-Biologe Jozef Schell (links, mit Brille) gilt als Pionier der „grünen Gentechnik". Er fand als erster Forscher ein Vehikel, um fremdes Erbgut in Pflanzen einzuschleusen.

Wissenschaftler des amerikanischen Chemiemultis Monsanto haben den Tabakpflanzen in der rechten Schale versuchsweise ein künstliches Gen eingepflanzt, das sie widerstandsfähig gegen ein Antibiotikum macht. In der linken Schale der Vergleich: Herkömmliche Pflanzen wachsen nicht in Gegenwart des Antibiotikums.

Schädlingen – also noch mehr Pestizide. Dies ist nicht gerade das, was die Propagandisten der gentechnischen Pflanzenzüchtung einst verkündet hatten: weniger Chemie und eine größere Artenvielfalt. Den meisten Forschern ist die Diskussion um die ersten Einsatzmöglichkeiten gentechnisch veränderter Pflanzen daher eher lästig und peinlich. Die Front verläuft beispielsweise mitten durch das Kölner Max-Planck-Institut für Züchtungsforschung, an dem auch der Pionier Jozef Schell arbeitet. Während „Mister Ti-Plasmid", wie Schell gerne genannt wird, von dem Sinn der herbizidresistenten Pflanzen überzeugt ist, hält Institutsleiter Klaus Hahlbrock das drohende Paket-Geschäft der Industrie für „nicht unbedenklich". „Ich werde auch nicht", sagt der Chemieprofessor, „an diesem Thema arbeiten."

Für wichtiger hält es Hahlbrock, die Widerstandskraft von Nutzpflanzen gegen Krankheiten und Schädlinge zu stärken. Dafür ergeben sich nach Meinung des Max-Planck-Forschers zahlreiche Möglichkeiten. So ist bekannt, daß Pflanzen schon wenige Stunden nach einem Pilzbefall als natürliche Schutzreaktion ein Enzym namens Chitinase synthetisieren. Damit versuchen sie die Chitin-Zellwände der angreifenden Pilze zu zerstören. Wehrt sich die Pflanze nach einer Infektion schnell genug mit der Massenproduktion des Anti-Pilz-Enzyms, so kann sie den Schädling abwehren und ist resistent. Verschiedene Wissenschaftler haben bereits mehrere Gene für die Chitinase isoliert. Der nächste Schritt wäre der Einbau dieser Erbsubstanz in pilzanfällige Pflanzen.

Vermutlich haben zahlreiche Pflanzen ähnlich einfache Abwehrmechanismen gegen diese und andere Feinde. Womöglich gibt es gar eine übergeordnete Strategie, die eine Verteidigung gegen die Widersacher steuert. Diesen Mechanismus will Hahlbrock mit seinen Mitarbeitern aufklären, das Erbgut dafür isolieren und in Nutzpflanzen einkreuzen.

Belgische Forscher der Firma Plant Genetic Systems haben vor einiger Zeit in eine Tabakpflanze ein Gen für ein Insektengift eingebaut: für das sogenannte BT-Toxin, einen Eiweißstoff aus dem Bakterium Bacillus thuringiensis, das seit Jahren als biologisches Schädlingsbekämpfungsmittel gegen bestimmte Raupen eingesetzt wird. Der Nachteil dieser für Säugetiere, Vögel und die meisten Nutzinsekten harmlosen Substanz war bisher, daß sie in der freien Natur rasch zersetzt und unwirksam wird. Die gentechnisch manipulierten Tabakpflanzen hingegen produzieren kontinuierlich kleine Mengen des Gifts und halten so unerwünschte Raupen von Blatt und Stengel fern. Derzeit sind die Biologen dabei, mit dem BT-Toxin-Gen Kartoffelpflanzen für Kartoffelkäfer ungenießbar zu machen. „Als nächstes", ergänzt Dieter Brauer von der Hoechst AG, „könnte man das Gen so verändern, daß es nicht nur für wenige Raupenarten, sondern auch für viele andere Schadinsekten giftig wirkt."

Ökologen, aufgeschreckt durch die oft unberechenbaren Folgen der modernen Landwirtschaft, haben allerdings gegenüber diesen allzu widerstandsfähigen Pflanzen gewisse Bedenken. Denn zwischen dem gentechnischen Züchten und dem herkömmlichen Kreuzen gibt es prinzipielle Unterschiede: Bislang konnten die Züchter nur die Erbeigenschaften nahe verwandter Arten miteinander vereinigen. Die Geningenieure hingegen können die Artgrenzen willkürlich überspringen und so das Erbreservoir der gesamten Evolution anzapfen. Es lassen sich theoretisch binnen weniger Monate Pflanzen züchten, die mit vielen äußerst wirkungsvollen Abwehrmechanismen ausgerüstet sind – Eigenschaften, die sich unter natürlichen Bedingungen erst in Millionen Jahren entwickeln würden. Normalerweise könnten sich pflanzenfressende Insekten mit der gleichen evolutionären Gemächlichkeit diesen veränderten Umständen anpassen. Das führte zu einer biologischen Ausgewogenheit von fressen und gefressen werden, die wir ökologisches Gleichgewicht nennen. Selbstverständlich stört jede Art von Landwirtschaft dieses Äquilibrium. „Doch je größer ein Feld mit widerstandsfähigen Pflanzen ist", schreibt die Zeitschrift *Bio Science,* „desto schneller bringt die Evolution angepaßte Schädlinge zustande." Die gentechnisch stark gemachten Feldfrüchte können sich so als ein „verhängnisvoller Segen" entpuppen: Die vor allem in Wildpflanzen natürlich vorkommenden Resistenz-Gene, die der Gentechniker für seine Manipulationen dringend braucht, könnten regelrecht verschlissen werden. Eine der wichtigsten genetischen Reserven der Pflanzenzüchter ginge damit fahrlässig verloren.

Genaue Prognosen, ob es zu derartig apokalyptischen Folgen kommen könnte, vermögen die Biologen mangels Erfahrungen kaum zu geben. Deshalb plädieren Experten wie der Kieler Ökologieprofessor und schleswig-holsteinische Umweltminister Berndt Heydemann für ein zehn- bis 15jähriges Moratorium aller Freisetzungsversuche. In dieser Zeit soll der Wissensrückstand der ökologischen Sicherheitsforschung gegenüber der Gentechnik zumindest teilweise aufgeholt werden. Mit anderen Worten: erst denken – dann freisetzen.

Doch die Zeit drängt. Denn in Zukunft wird eine ganze Reihe genmanipulierter Pflanzen ins Freiland drängen. Denkbar wäre vieles. Man könnte beispielsweise aus Tomaten wieder Tomaten machen. Diese köstliche Frucht haben Pflanzenzüchter in jahrzehntelanger Kleinarbeit zu uniformen dickfleischigen und blaßroten Wasserbehältern verunstaltet, die zwar lange Transportwege gefahrlos überstehen – aber leider ihren Geschmack verloren haben. Amerikanische Bio-Technologen haben jetzt sechs Tomaten-Gene entdeckt, die mitverantwortlich für den ursprünglichen Geschmack der roten Frucht sein sollen. Gegen diese Wiederauffrischung des Tomaten-Erbguts sollten auch den schärfsten Kritikern keine Argumente einfallen.

Ein anderes beliebtes Forschungsobjekt ist die Kartoffel. Die Nachtschattengewächse Tomate und Kartoffel sind bei den Pflanzengenetikern so beliebt, daß sie die beiden Arten schon einmal zu der berühmten Tomoffel gekreuzt haben. Der Erfolg war allerdings mäßig, da sich die Natur gegen die Zwangsverschmelzung wehrte: Die Hybriden blieben unfruchtbar und ließen sich somit nicht weitervermehren. „Ansonsten aber", erzählt Max-Planck-Forscher Helmut Uhrig, „kann man mit der Kartoffel gentechnisch nahezu alles machen." Eines der Ziele: Die Wissenschaftler wollen den Nährstoffgehalt der Knolle verbessern. Kartoffeln enthalten viel Stärke und vergleichsweise wenig Patatin-Protein. Man müßte also nur ein paar zusätzliche Patatin-Gene in das Kartoffel-Erbgut einschleusen.

Uhrig denkt aber noch viel weiter: Vielleicht ließen sich gar die Erbinformationen für seltene Rohstoffe auf die Kartoffel übertragen. Alles, was heute noch die winzigen Bakterien unter großem Aufwand und in bescheidenen Mengen produzieren – Insulin, Wachstumshormone oder Interferon –, könnte in zehn bis 15 Jahren in der braunen Knolle heranwachsen. Die Landwirte würden dann die Insulinkartoffeln gleich zentnerweise ernten.

Dieses Konzept der „nachwachsenden Rohstoffe" birgt interessante Perspektiven: Pflanzen wachsen mit Hilfe der Sonnenenergie – also ohne fossile Energiereserven aufzubrauchen. Sie binden zudem das Kohlendioxid, jenes Verbrennungsgas, das mitverantwortlich ist für den sogenannten Treibhauseffekt, eine langsame und unerwünschte Aufheizung der Erdatmosphäre. Je mehr grüne Pflanzen heranwachsen, um so langsamer steigt der Kohlendioxidgehalt.

Ein nachwachsender Rohstoff ist im einfachsten Fall das Brennholz. Wirtschaftlich wichtiger sind pflanzliche Öle als Chemie-Rohstoffe, Stärke und Zucker für die Herstellung von Bioalkohol oder Produkte wie Terpentin, Farbstoffe und Kautschuk. Bisherige Erfahrungen mit der Massenerzeugung der Bio-Rohstoffe sind allerdings eher abschreckend: Brasilien startete im Jahr 1975 sein „Proálcool-Programm", um von den Erdöl-Importen unabhängig zu werden. Inzwischen fährt ein Großteil der neuzugelassenen Fahrzeuge Brasiliens mit Bio-Sprit, der aus Zuckerrohr gewonnen wird. Bis zum Jahr 2000 sollen zwölf Prozent der landwirtschaftlichen Nutzfläche des Landes nichts als Treibstoff liefern – eine gigantische Monokultur, die einen immensen Düngemittel- und Pestizideinsatz erfordert. Zudem fallen bei der Bio-Sprit-Herstellung riesige Abfall- und Abwassermengen an, die nur schwer und unter großen Kosten entsorgt werden können. „Wenn wir uns auf so etwas einlassen", kommentiert der Max-Planck-Forscher Klaus Hahlbrock, „kommt die nächste Katastrophe auf uns zu."

So müssen die Molekularbiologen mit ihren

hehren Zielen vorerst weiter an den wissenschaftlichen Grundlagen arbeiten, während vor den Toren der Institute längst die Diskussion über Sinn und Unsinn der gentechnischen Experimente in der Landwirtschaft entbrannt ist. Die Kritiker haben derzeit gute Karten. Denn was die Befürworter momentan auf den Markt werfen wollen, ist wenig überzeugend: An der Schwelle zur Anwendung stehen die besagten herbizidresistenten Pflanzen und, womöglich noch unsinniger, ein gentechnisch hergestelltes Wachstumshormon für die Rinderzucht. Mit diesem Wirkstoff setzen die Tiere schneller Fleisch an und produzieren mehr Milch. Ein Ertragsziel, das angesichts der hochsubventionierten EG-Überschüsse geradezu aberwitzig anmutet. Obendrein scheint die Hormonkur den Rindern auf die Gesundheit zu schlagen. Bei Versuchen erlitten einige Tiere Stoffwechselstörungen und Leberschäden, andere verloren ihre Fruchtbarkeit. „Viel fehlt nicht", sagt der Biologe Adolf Weber von der Universität Hamburg, „und wir haben die Kuh mit verkrüppelten Beinen, die nur noch liegen kann, und der man das Kraftfutter mit dem Förderband ins Maul schaufelt. Dafür aber hat sie ein gigantisches Euter." Weniger sarkastisch sieht der Kieler Ökosystem-Forscher Berndt Heydemann die ersten Erfolge der Gentechnik in der Landwirtschaft: „Rinderwachstumshormone, noch größere Getreideerträge, Resistenzerzeugungen bei Pflanzen, die nur das Ziel haben, den Einsatz größerer Mengen von Herbiziden zu ermöglichen, sind das Gegenteil von umweltverträglich. Ziele, deren Realisierung schon im Ansatz erkennbar falsch sind, müssen mit einem Verbot belegt werden."

Auf einem winzigen Kohlfeld nahe Oxford setzt der englische Forscher David Bishop genmanipulierte Viren frei. Sie enthalten ein Giftgen und sind in der Lage, binnen einer Woche Kohlraupen abzutöten. Die Wirkung dieses Gens will Bishop verbessern, um die Viren als Schädlingsbekämpfungsmittel einzusetzen. Zusätzlich hat der Virologe den Mikroben jene Erbinformation entzogen, die sie vor dem UV-Licht der Sonne schützt. Dieser Trick soll verhindern, daß sich die manipulierten Viren über die Kohlraupen hinaus weiterverbreiten. Der Vergleich zeigt geschützte und ungeschützte Kohlpflanzen.

Christiane Grefe

Kein Brot für die Welt

Die Gentechnik taugt wenig zum Kampf gegen Hunger und Leid in der Dritten Welt

Eine unbarmherzige Sonne, ein unendlich weiter Horizont. Der Boden, sand- und steinfarben, bricht vor Trockenheit in rissigen Schollen auseinander. Doch aus den kargen Erdspalten wachsen, auf kräftigen Halmen, reich tragende Getreide-Ähren dem gleißenden Licht entgegen ... Eine Fata Morgana? Nein – ein Unternehmensprospekt. Auf Hochglanz-Papier fragt die amerikanische Saatgut-Firma Northrup-King: „Können ideale Wachstumsbedingungen gleich im Korn mitgeliefert werden?" Und das scheinbar Unmögliche, die reiche Ernte mitten in der Wüste, soll Wirklichkeit werden: „Wir forschen daran."

Für die amerikanischen Farmer schon von „revolutionärem Wert", seien die bio- und gentechnischen Verfahren „für die Bauern der Dritten Welt noch weit dienlicher", meint Nyle Brady, der frühere Direktor des Internationalen Reis-Instituts auf den Philippinen. Doch Howard Schneiderman aus der Forschungsabteilung des amerikanischen Chemiemultis Monsanto holt die Euphoriker auf den Boden zurück: „Niemand sollte sich hinreißen lassen, zu meinen, daß die Biotechnologie dem Welthunger-Problem ein schnelles wissenschaftliches Pflaster verpaßt".

Widersprüchliche Aussagen. Was also bringt die „zweite industrielle Revolution" der Dritten Welt? Werden Bio- und Gentechnik endlich den Hunger besiegen? Wird man schließlich die Infektionskrankheiten beherrschen können, die auf der südlichen Hemisphäre jährlich Millionen Menschenleben kosten – vor allem das Leben von Kindern?

„Jetzt beginnt das Zeitalter der biotechnologischen Industrie!", sagte der Mitbegründer der Firma Genentech, Robert Swanson, als er das gentechnisch hergestellte menschliche Wachstumshormon Protopin vorstellte. Dieses Medikament kommt derzeit etwa zehn-bis fünfzehntausend amerikanischen Kindern mit Wachstumsstörungen zugute. Andererseits gibt es jährlich 200 Millionen neue Malaria-Fälle; zwei Millionen Menschen sterben an der Tropen-Krankheit. Als die gleiche Firma Genentech 1983 von der Weltgesundheitsorganisation WHO gebeten wurde, die Entwicklung eines gentechnischen Impfstoffes gegen Malaria zu übernehmen, platzten die Verhandlungen. Die rein kommerzielle Begründung: Genentech verlangte die Exklusivrechte für das Präparat.

Die Industriemanager machen keinen Hehl daraus, daß die Entwicklung von Medikamenten gegen die großen Tropen-Infektionen für sie kein Thema sei. Die Malaria stellt da sogar noch eine Ausnahme dar – zum einen, weil die WHO die Impfstoffentwicklung auch finanziell unterstützt, zum anderen wegen der globalen Bedeutung: Das Präparat wird vor allem die Tropen-Touristen begeistern, die keine lästigen und belastenden Vorbeugungspillen mehr schlucken müssen, Mittel, die ohnehin die Resistenz des Krankheitserregers fördern und so ihre Wirkung verlieren. 1986 haben die Behringwerke angekündigt, dann doch zu tun, was Genentech abgelehnt hatte: Gemeinsam mit der Schweizer Firma Biogen arbeiten dort Forscher an einer Malaria-Vakzine.

In der Erprobung sind gentechnisch hergestellte Impfstoffe gegen die virusbedingte Lebererkrankung Hepatitis B. Mit diesem Virus sind weltweit 315 Millionen Menschen infiziert. Über die Hälfte davon lebt im Pazifischen Raum – ein großer Teil der Betroffenen aber auch in den Industrieländern. Dort zumindest könnten die Firmen mit einem sicheren Absatz rechnen.

Bei Krankheiten wie der Flußblindheit jedoch, die ausschließlich in den Tropen vorkommt, seien „die Unternehmen weitgehend uninteressiert", bestätigt Dietrich W. Büttner vom Hamburger Bernhard-Nocht-Institut für Schiffs- und Tropenkrankheiten. Die Entwicklung von Impfstoffen gegen die Lepra oder die Chagas-Krankheit läßt sich offenbar nur staatlich oder durch Spender finanzieren.

Ein 1979 noch konventionell entwickeltes Präparat gegen die Parasitenkrankheit Bilharziose beispielsweise, das die Firmen Bayer und Merck herstellen, können sich nur wenige Patienten leisten. Auch die betroffenen Länder selbst hatten nicht genügend Geld für den notwendigen Einsatz des Medikaments; 200 Millionen Menschen sind an Bilharziose erkrankt, 600 Millionen davon bedroht. Mittlerweile mußten die beiden Unternehmen die Preise für das Präparat senken – ein koreanischer Hersteller hatte es billiger auf den Markt gebracht.

Entsprechend klagt der Leverkusener Konzern denn auch in seiner Werkszeitung, man würde zwar gern mehr für die Tropen forschen – doch kämen die dafür notwendigen Kosten einfach nicht wieder herein. Und der Biotechnologie-Direktor Clifford Thompson erklärt für sein Unternehmen: „Dow ist ganz außerordentlich auf das Gesundheitswesen der nördlichen Hemisphäre konzentriert."

„Wenn Preis und Vertrieb bisher schon die zentralen Hindernisse für die Versorgung der Dritten Welt mit Medikamenten waren", meint Joachim Spangenberg, wissenschaftlicher Mitarbeiter bei der SPD-Bundestagsfraktion und Vorstandsmitglied beim Bundesverband Bürgerinitiativen Umweltschutz (BBU), „dann gilt das gleiche auch für die gentechnisch hergestellten." Größeren Nutzen traut Büttner den Diagnostika für tropische Infektionskrankheiten zu.

Insgesamt ist eine Impfung, ob mit oder ohne Gentechnik, ohnehin oft nur die Arbeit an Symptomen. In vielen Fällen wäre es sinnvoller, Krankheiten durch die rechtzeitige Vorsorge, durch Infrastrukturentscheidungen und eine erzieherische Gesundheitspolitik zuvorzukommen.

Nur durchschnittlich ein Drittel der Menschen in den Entwicklungsländern sind zum Beispiel an ein einwandfreies öffentliches Trinkwassernetz angeschlossen. 80 Prozent der Infektionskrankheiten werden durch verseuchtes Wasser übertragen. Auch in Europa half – mehr noch als die Entdeckung des Penicillin – vor allem die verbesserte Wasser-Hygiene beim Kampf gegen ansteckende Krankheiten. In vielen Entwicklungsländern sterben die Menschen an vermeidbaren, im allgemeinen heilbaren und scheinbar banalen Infektionen – Tuberkulose, Masern, Durchfall, oft sogar an Erkältung. Der Grund für die geringe Widerstandskraft sind Unter- und Mangelernährung. 700 Millionen Menschen ha-

ben nicht genug oder nur einseitig zu essen. 35 Millionen Menschen sterben im Jahr an den Folgen des Hungers. Das sind fast 100 000 jeden Tag – darunter täglich 40 000 Kinder.
Mehr als sechs Milliarden Menschen werden im Jahr 2000 auf der Erde leben. Sie alle wollen essen. Muß deshalb die „green revolution" durch die „gene revolution" abgelöst werden?
Die sogenannte „Grüne Revolution" trieb die Erträge dank neuer Reis-, Mais- und Weizensorten und dank der systematischen Verteilung von Pflanzenschutz- und Düngemitteln in die Höhe. Jetzt soll die Pflanzenzüchtung gentechnisch revolutioniert werden und die Ertragssteigerung bei der Nahrungsmittelproduktion noch übertreffen.
Neben der Ernteverbesserung bei der einzelnen Pflanze verfolgen die Forscher darüber hinaus weitere Ziele: Sie versuchen, sie ihrer Umwelt, auch der rigidesten, noch besser anzupassen. So sollen in Zukunft auch Flächen, die für die intensive Landwirtschaft bisher nicht nutzbar waren, der Lebensmittelerzeugung dienen. Allein in Südostasien verhindern schlechte Böden auf 86,5 Millionen Hektar Land, daß dort Hochertragssorten angebaut werden können. Die gezielte Pflanzenzüchtung und beschleunigte Vermehrung im Labor und die direkte Übertragung von Erbmaterial sollen gegen Krankheiten, Schädlinge und Herbizide, Hitze, Wind, Kälte und Dürre resistente Pflanzen hervorbringen. „Biotopia", wie die Zeitschrift *Natur* fragte?
Die Bilanz der „Grünen Revolution" ist eindrucksvoll: Von 1965 bis Anfang der 80er Jahre stieg die Weizenanbaufläche in Indien, Pakistan und Bangladesh von praktisch null auf 25 Millionen Hektar. In Lateinamerika wur-

Kann der Reis aus der Genküche die Dritte Welt retten? Seit einiger Zeit versuchen Wissenschaftler, diese wichtige Nutzpflanze im Labor zu verbessern. Sie lassen ein Reiskorn aufquellen und schleusen den Zellen über die Genfähre Plasmid ein Stück fremde DNA ein. In einer Nährlösung keimt der Samen, und es bilden sich sogenannte Kalluszellen, die bald zu einem unförmigen Gewebeklumpen heranwachsen. Der Kallus wird in einer Schale vereinzelt, wenig später entsprießen ihm zahlreiche junge Reispflanzen. Theoretisch lassen sich so Abertausende von Pflanzen aus nur einem Saatkorn ziehen.

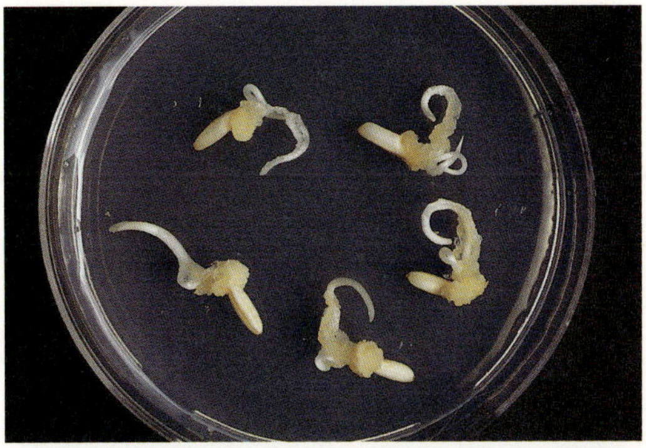

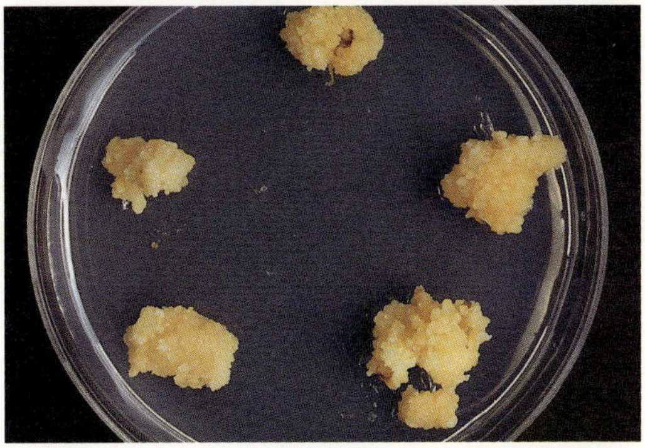

den von 1970 bis 1983 die Felder, auf denen die neuen Getreidesorten geerntet wurden, von 270 000 auf 9,6 Millionen Hektar ausgedehnt. Und während in den Entwicklungsländern die Anbaufläche für Reis und Weizen um insgesamt nur 20 Prozent stieg, wuchsen die Erträge der Züchtungen doch um 75 Prozent. Indien begann sogar, Getreide zu exportieren. Gleichzeitig hungern Millionen in Indien. Allein die Produktionssteigerung, allein die Menge löst also noch nicht das Problem. Es sind vor allem die politischen und organisatorischen Strukturen für die Nahrungsmittelverteilung, die fehlen. Ausgerechnet Monsantos Howard Schneiderman fordert „wirtschaftliche und politische Reformen, Bildung, die Lösung der Probleme der landlosen Bauern … und Dutzende von anderen Maßnahmen" – als Voraussetzung für den Erfolg neuer biotechnischer Eingriffe. Auch Joachim Spangenberg nimmt der Euphorie gegenüber der „Gen-Revolution" den Wind aus den Segeln: „Der Versuch, politisch-soziale Probleme technisch zu lösen, wird auch hier nicht gelingen."
Rund 230 Millionen kleinbäuerliche Betriebe in den Entwicklungsländern standen bei der Grünen Revolution nämlich ohnehin außen

vor: Die hohen Investitionen, die für den Einsatz neuer Sorten, für chemische Mittel und die notwendige Mechanisierung notwendig sind, konnten sich nur Großgrundbesitzer leisten. In die dringend förderungsbedürftige Selbstversorgerwirtschaft wird sich analog auch die Gen-Revolution nicht einbauen lassen. Im Gegenteil: Noch mehr Farmer könnten den Anschluß verlieren.

Auch ökologisch ist die Einführung der industrialisierten Anbauweise heftig umstritten: es entstehen anfällige Monokulturen, die immer mehr Pestizide und Düngemittel benötigen. Gerade in die Entwicklungsländer werden häufig die in den Industrieländern längst verbotenen Pflanzenschutzmittel geliefert. Laut Internationaler Organisation der Verbrauchervereine vergiften sich jährlich zwei Millionen Menschen durch überzogenen, unsachgemäßen Einsatz der Chemikalien. Angeblich sterben dabei 40 000 von ihnen. Sogar ein Hoechst-Manager fragte bei einem Pressegespräch nachdenklich nach den Langzeitwirkungen von Pestiziden: „Wie hoch ist die Menge, die ein Mensch tagtäglich sein Leben lang aufnehmen kann, ohne Schaden zu erleiden?"

Afrika hat von den Segnungen der neuen Hochertragssorten am wenigsten profitiert. Denn die 50 Millionen bäuerlichen Familien bauen kaum Reis oder Weizen an. Die „Grüne Revolution" war eher das Nebenprodukt einer Entwicklung in den Industrieländern. Erst vor wenigen Jahren haben internationale Agrarforschungsinstitute begonnen, auch Hirse, Yam und Cassava zu erforschen. Im Gegensatz zur Grünen Revolution, die vorwiegend von der Landwirtschaftsorganisation der Vereinten Nationen, der FAO, und von den dreizehn in der CGIAR zusammengeschlossenen internationalen Agrarforschungsinstitutionen vorangetrieben und gesteuert wurde, ist die Bio- und Gen-Revolution fest in der Hand multinationaler Konzerne. Um den Absatz von gentechnisch optimierten Pflanzen besser kontrollieren zu können, haben sich vor allem amerikanische Großunternehmen Saatgutfirmen einverleibt. So verschmelzen die Interessen der chemischen Industrie mit denen der Pflanzenzüchtung.

Für die Dritte Welt hat das fatale Konsequenzen: Zum einen interessieren sich die Multis kaum dafür, deren Nutzpflanzen zu erforschen. In den Industrienationen hingegen werden sich die Überschüsse dank der Neuzüchtungen noch weiter erhöhen, was schon jetzt zu einem absurden Konkurrenzkampf führt. Dessen Ergebnis: Getreide aus Europa und den USA wird auf den Märkten der Entwicklungsländer im Sonderangebot verhökert. Die lokale Landwirtschaft wird gelähmt und immer weniger konkurrenzfähig.

Zum anderen sind die Großunternehmen logischerweise daran interessiert, ihre Forschung möglichst schnell in Gewinne umzusetzen. So ist es beispielsweise interessanter und billiger, herbizidresistente Pflanzen zu entwickeln, als krankheitsresistente. Herbizidresistente Züchtungen haben folgenden Sinn: Ein Bauer kann auf einem Acker mit derart manipulierten Pflanzen wirksamere Unkrautvernichtungsmittel ausbringen, ohne dabei auch – wie sonst – die Nutzpflanze zu schädigen. Herbizidresistente Sorten gehören bezeichnenderweise zu den ersten gentechnischen Produkten der Agrarindustrie. Sie sind vergleichsweise einfach zu entwickeln. Schädlings- und krankheitsresistente Züchtungen hingegen stellen die Mikrobiologen vor wesentlich größere Probleme.

Schon jetzt liefert Ciba-Geigy Hirse-Saatgut in einem chemischen „Schutzmantel" in die Region am Horn von Afrika (wo Hirse ihren Ursprung hat) – Saatgut, das wie Smarties aussieht. Sogenannte Pellets mit einer Nährstoff- und Pflanzenschutzchemikalien-Umhüllung sind eine immer weiter verbreitete Verkaufsform. Die gentechnisch herbeigeführte Resistenz der Pflanze gegen die firmeneigenen Unkrautvernichtungsmittel würde dieses Verfahren noch raffinierter machen. So wären jene Bauern, die sich das Hochleistungs-Saatgut überhaupt leisten können, zum „Paketkauf" Saatgut-Dünger-Pflanzenschutz gezwungen. „Die Landwirtschaft der Dritten Welt wird nun gleichzeitig ‚chemisiert' und ‚biologisiert' werden", schreibt der Publizist Praful Bidwai in der *Times of India,* „in einer Weise, die selbst zum Zeitpunkt der allergrößten Euphorie über die Grüne Revolution völlig unvorstellbar gewesen wäre." Kritiker warnen davor, daß der Herbizid-Verbrauch durch die Gentechnik noch in die Höhe schnellen würde: „Wir beschäftigen die Wissenschaftler da, wo das Geld liegt", zitiert Bidwai einen Sandoz-Manager. Doch andere Industrie-Vertreter behaupten das Gegenteil: „In zwei Jahrzehnten werden wir überhaupt keinen Dreck mehr auf die Pflanzen sprayen", prophezeit Sam Dryden, der Präsident der amerikanischen Firma Agrigenetics.

Auch Klaus Hahlbrock vom Kölner Max-Planck-Institut, ökologisch engagiert und Gegner von Agrochemikalien, hält die Resistenz-Forschung „als Lösung für morgen" für einen sinnvollen Übergangskompromiß, der den Einsatz von weniger und von abbaubaren Agrochemikalien ermögliche. „Ohne Chemie kommen wir erst übermorgen aus", meint Hahlbrock. Für die devisenarmen Entwicklungsländer ist das eine Schlüsselfrage.

Allen technischen Bemühungen zur Verbesserung der Pflanzenleistung steht die traurige Tatsache entgegen, daß viele Tropenböden schneller auslaugen und verarmen, allein deshalb, weil es dort mehr regnet und das Wasser die Nährstoffe nach einem heftigen Guß hemmungslos fortspült. Unter diesen harten Klimabedingungen wird sich auch die Gentechnik schwertun.

Deshalb setzt Jochen de Haas, Agrarwissenschaftler im Bundesministerium für wirtschaftliche Zusammenarbeit (BMZ), auch darauf, landwirtschaftliche Anbausysteme zu fördern; dabei kann sich der Boden durch bestimmte Fruchtfolgen immer wieder regenerieren. Es komme darauf an, für die jeweilige Region „technologisches Handwerkszeug bereitzustellen, mit dem man besser angepaßtes Saatgut für einen sicheren Ertrag schafft", meint auch Andreas Büchting von der Kleinwanzlebener Saatzucht (KWS), dem größten deutschen Saatguterzeuger. Und sein Mitarbeiter Reinhard von Broock sagt: „Für die meisten Entwicklungsländer wäre das der richtige Weg: schrittweise über die Züchtung zu einer wissenschaftlich fundierten Landwirtschaft zu kommen. Da steht die Gentechnik absolut am Ende eines langen Prozesses."

Auf die übrigen großen Versprechungen der Geningenieure werden die Bauern der Dritten Welt vermutlich noch lange warten müssen. Eigenschaften wie Widerstandskraft gegen Trockenheit und Bodenversalzung sind nicht auf einem einzigen Gen lokalisierbar. Sie werden meist von einer Vielzahl von Erbfaktoren gesteuert. Das Gleiche gilt für den von den Protagonisten der Gentechnik besonders lautstark propagierten „Stickstoff-Käse", wie Andreas Büchting von der KWS das Wunschziel der Gentechniker beschreibt. Demnach sollen Nutzpflanzen so verändert werden, daß sie den Stickstoff direkt aus der Luft beziehen und nicht mehr gedüngt werden müssen. Büchting hält dieses Ziel, wie die meisten Experten, für reine Zukunftsmusik. Wenig bis gar nichts wisse man außerdem über die Lebensfähigkeit von Pflanzen, denen verschiedene Resistenzen „gleichzeitig" aufgepropft werden sollen. „Resistenz kostet eine Pflanze Kraft", sagt der Pflanzenzüchter Reinhard von Broock. Also kosten viele Resistenzen mehr Kraft: „Hochertrag *oder* Trockenresistenz ist machbar, Hochertrag *und* Trockenresistenz nicht", lautet Joachim Spangenbergs Schlußfolgerung. Gekrönt wird diese Entwicklung durch das Bestreben der Gen-Firmen und Konzerne, ihre gentechnisch entwickelten Produkte patentieren zu lassen. In den Augen Joachim Spangenbergs ist der Wunsch, Natur besitzen zu wollen, völlig absurd: „Wissenschaftliche Entdekkungen über das Leben als Eigentum zu definieren – das ist so, als ob ich ein fremdes Auto sehe, zufällig auch noch den Schlüssel dazu auf der Straße finde und dann sage: weil ich beides habe, ist es meins." Von 1078 amerikanischen Patenten im Bereich der Gentechnik gehören nur 21 Prozent Universitäts-Instituten – der Rest ist im Besitz von Firmen, vorwiegend multinationalen Unternehmen.

In Europa sind Pflanzen, Tiere und neue Lebensformen bisher noch nicht patentierbar – doch die Diskussion hat begonnen. Die Patentierung eines Pflanzengens könnte im Extremfall bedeuten, daß alle Sorten, in denen dieses Gen eingebaut ist, vom Patentbesitzer kontrolliert würden. Bauern dürften nicht einmal mehr einen Teil ihrer Ernte als Saatgut verwenden und wären gezwungen, es alljährlich neu zu kaufen – ähnlich wie heute schon bei den Hybridzüchtungen.

Dabei beziehen die Industrieländer die pflanzlichen Rohstoffe aus den Entwicklungsländern, ähnlich wie Gold, Kupfer und Zinn. Für die Züchtung bestimmter Pflanzeneigenschaften brauchen sie Genmaterial, das in den Tropen in viel größerer Vielfalt vorhanden ist. Rund 90 Prozent der gesammelten genetischen Reserven stammen aus der Dritten Welt. Doch in den Genbanken der Entwicklungsländer lagern nur rund 31 Prozent dieser Schätze. 55 Prozent haben die Industrieländer archiviert, den Rest internationale Organisationen.

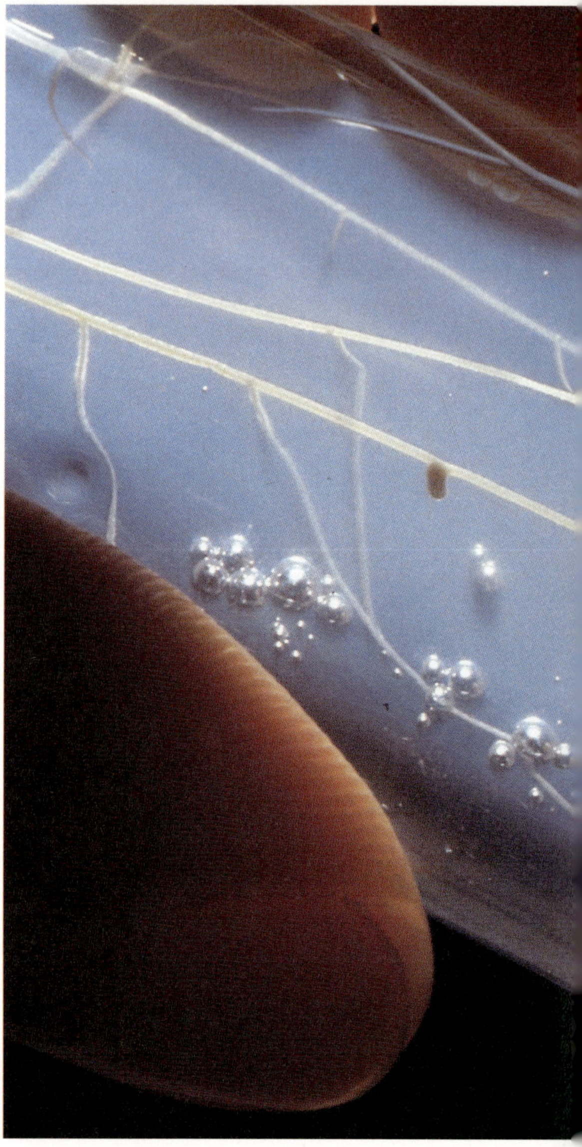

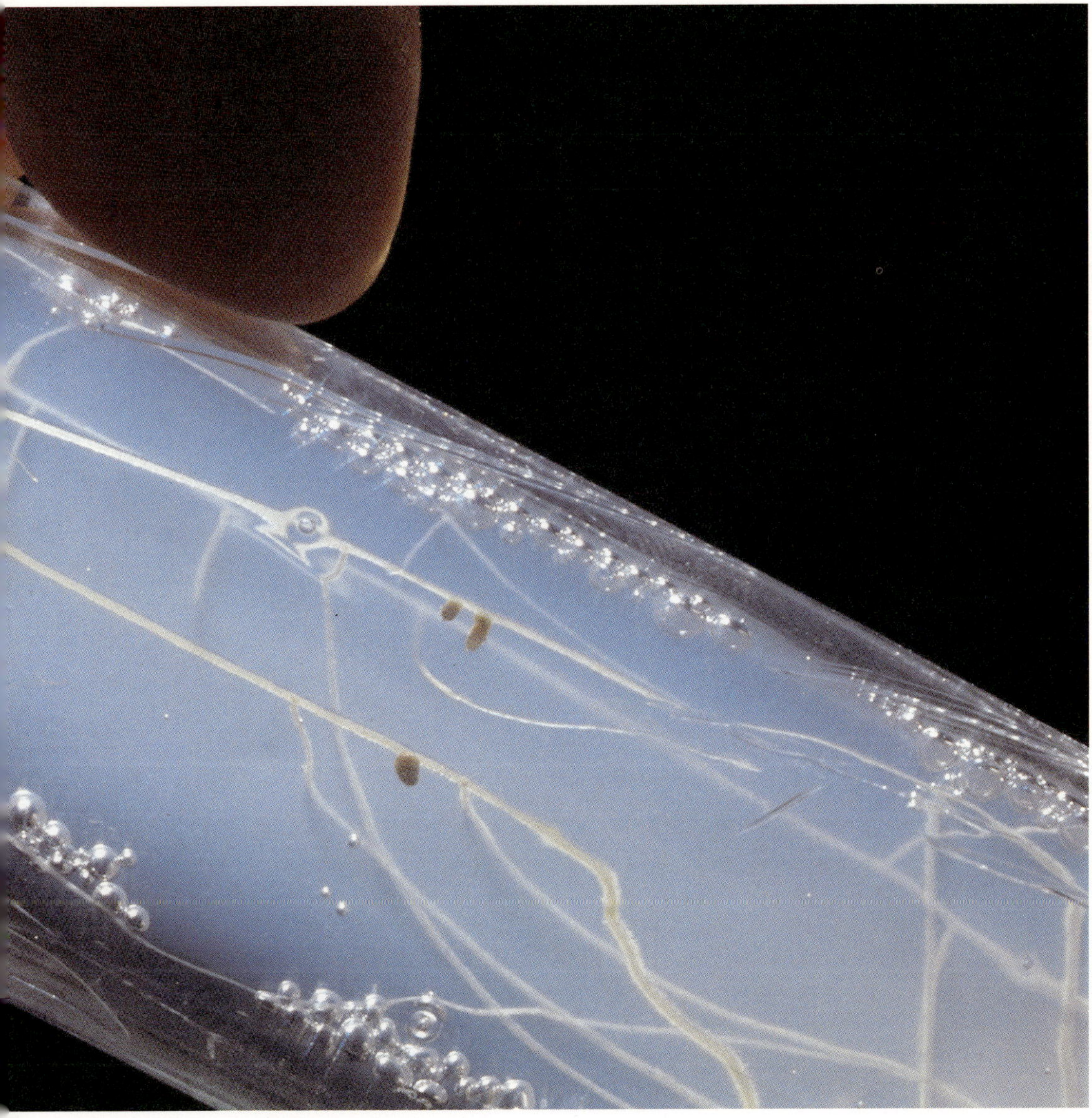

An den Wurzeln von Hülsenfrüchtlern wie Bohne oder Erbse leben in kleinen Knöllchen Mikroben, die den Stickstoff aus der Luft in Dünger verwandeln. Manche Molekularbiologen träumen davon, diese Eigenschaft auf andere Nutzpflanzen zu übertragen.

Der Austausch der Gene sollte offen sein, frei verfügbar für freie Forschung. Tatsache allerdings ist, daß die Entwicklungsländer zwar für die mit ihren eigenen Gen-Ressourcen gezüchteten Produkte nie einen Pfennig erhalten haben – daß sie für den Rohstoff Gen aber kräftig bezahlen müssen. Ein Beispiel: Mexiko produziert seit über siebzig Jahren Naturgummi aus der Pflanze Guayule. Doch die gesamte Forschung über diese Pflanze wird im Ausland durchgeführt. Die leistungsfähigsten Sorten kommen nicht aus Mexiko, sondern aus amerikanischen Genbanken. Das Land hat so die Verfügungsgewalt über seine Ressource vollständig verloren. Mittlerweile ist in der Dritten Welt das Bewußtsein für diese Problematik gestiegen. So haben beispielsweise Indien, Kenia, Indonesien und auch andere Länder damit begonnen, das Saatgut bestimmter, wertvoller Wildpflanzen zurückzuhalten.

Symptomatisch ist ein Konflikt zwischen der Bundesregierung und der Regierung Äthiopiens. Die äthiopische Genbank wurde von der Gesellschaft für Technische Zusammenarbeit (GTZ) im Auftrag des BMZ aufgebaut. Äthiopien besitzt wichtiges Erbgut zahlreicher Pflanzen – angefangen von Fingerhirse, Gerste und Hartweizen über Körner-Leguminosen bis hin zu Flachs, vielen Kohlarten und Kaffee. Trotz einer alten Vereinbarung, derzufolge die afrikanischen Wissenschaftler „Sicherheits"-Duplikate des äthiopischen Materials an die Gesellschaft für Biotechnologische Forschung in Braunschweig abgeben müssen, ist das bisher kaum geschehen. Kaffee stellen die Äthiopier prinzipiell nicht mehr zur Verfügung. Den im Informationsdienst des Rural Advancement Fund International (RAFI) erhobenen Vorwurf, die Bundesregierung habe die weitere Finanzierung des ausgelaufenen Projekts mit der Herausgabe des Genmaterials erpresserisch verknüpft, bestreiten sowohl GTZ-Mitarbeiter Jan Engel als auch Jochen de Haas vom BMZ: „Vielleicht ist die Tatsache, daß wir auf der Einhaltung der Vereinbarung insistiert haben, so verstanden worden", meint de Haas. „Das ist ja oft so in echten Partnerschaften – daß uns das Hartbleiben als Kolonialismus ausgelegt wird." Jan Engels ergänzt: „Viele Entwicklungsländer erhoffen sich jetzt als Gen-Besitzer einen großen Durchbruch. Doch das ist eine Fehleinschätzung. Denn in den meisten Ländern fehlten bisher die wissenschaftliche Infrastruktur und die technische Ausrüstung, um die Ressourcen überhaupt nutzen zu können."

Kritiker der Forschungs-Privatisierung warnen auch vor den großen Umwelt-Risiken, die mit der Gentechnik verbunden seien. Die ökologische Zerstörung, die durch freigesetzte veränderte Organismen angerichtet werden könne, schreibt Praful Bidwai, Autor der *Times of India,* könne „Bhopal als kleine Episode am Rande erscheinen lassen." Viele Länder der Dritten Welt haben völlig unzureichende oder gar keine Regelungen zur Kontrolle der Genforschung. In Indien beispielsweise, schreibt Bidwai, wo ausländische Biotechnik-Unternehmen mit Steuervorteilen angelockt werden, „braucht man ein Produkt nicht einmal im Feldversuch zu erproben. Man kann es verkaufen, wo und wie man will, ohne Zulassung oder Hindernisse – so wie viele Unternehmen das längst schon tun." Es bestehe die Gefahr, schreibt der Inder weiter, daß die Bewohner der Dritten Welt „unbemerkt und ohne gefragt zu werden, als Versuchskaninchen dienen." Ein Beispiel liefert die Firma Biogen: Sie testet das Interferon als Krebsmittel in chinesischen Krankenhäusern.

Die Kassandra-Rufer, die davor warnten, daß in Europa und den USA verbotene Freilandversuche in die Dritte Welt ausgelagert werden könnten, verweisen auf einen Fall in Argentinien: Dort hatten Wissenschaftler auf einer landwirtschaftlichen Versuchsstation der lateinamerikanischen Gesundheitsorganisation PAHO, die gemeinsam mit dem US-Forschungsinstitut Wistar betrieben wird, illegal zwanzig Rinder mit einem gen-technisch hergestellten Tollwut-Vakzin geimpft; es enthält lebende, wenn auch abgeschwächte Erreger. Das Experiment war nirgendwo angemeldet worden. Auch die elf Arbeiter, die sich über den Genuß der Milch mit den Erregern infizierten, wußten nichts von dem Versuch. Der größte Teil der Milch ist verkauft worden; wie viele Menschen insgesamt jetzt das Virus aufgenommen haben, ist unbekannt. „Das Problem ist“, meinte der argentinische Unterstaatssekretär Jorge Ahumada, „daß wir nicht wissen, was mit diesem Virus passieren kann. Theoretisch müßte es unschädlich sein. Aber wir wissen nicht, wie sich ein im Genlabor hergestellter Organismus in der Natur verändern kann und welche Gefahr er für die menschliche Gesundheit darstellt.“

Nicht nur die Grundnahrungsmittel wollen die Biotechnologen optimieren. Auch die devisenbringenden „Cash Crops“, die Exportpflanzen wie Kaffee, Kakao oder Ölfrüchte, sollen gentechnisch aufgerüstet werden. Zum Beispiel Kakao, das zweitwichtigste tropische Export-Produkt überhaupt. Seit 1986 haben die 15 größten amerikanischen Kakaofirmen wegen der Abhängigkeit von den in ihren Augen „politisch instabilen“ Kakao-Exporteuren ein großes Forschungs-Projekt an der Pennsylvania State University finanziert, das neue, biologisch hochwertige Ertragssorten hervorbringen soll.

Kakao ist für Krankheiten besonders anfällig. Oft fällt die Ernte bis zur Hälfte den Schädlingen zum Opfer. Das Bemühen der Biologen und Genetiker gilt also der Entwicklung von Resistenzen gegen Viren, Kälte und Schädlingsbekämpfungsmittel, aber auch der Zucht von größeren Früchten, möglichst einheitlich geformt. Außerdem soll die lange Wachstums- und Reifezeit abgekürzt werden.

Die Befürworter dieser Hochleistungs-Kakaobohne nach Maß argumentieren nun, die neuen Züchtungen würden eines Tages den Ländern der Dritten Welt zugute kommen; deren Exportraten und damit Deviseneinnahmen würden durch die höheren Erträge nach oben schnellen. Doch wahrscheinlich sind Verschiebungen, die wiederum zu Ungunsten der Kleinbauern ausgehen: So kann die immense Steigerung der Kakaoproduktion auch die Preise dramatisch sinken lassen. Die gentechnische Produktion begünstigt außerdem große Plantagen, deren Besitzer Know-how, Kapital und die nötigen Marktanteile besitzen. Nur sie werden durch die Ertragssteigerung ihre Gewinne zumindest auf gleichem Niveau halten können.

Ein weiterer Verdrängungswettbewerb ist auf internationaler Ebene denkbar: Auf der einen Seite könnten Malaysia, Indonesien und Brasilien als Sieger hervorgehen, weil dort die Plantagenwirtschaft vorherrscht – auf der anderen Seite könnten die afrikanischen Kakaoländer Nigeria, Kamerun, Elfenbeinküste und Ghana mit vorwiegend kleinbäuerlicher Struktur den Kürzeren ziehen.

Für Ghana wäre das eine Katastrophe: der westafrikanische Staat lebt zu drei Vierteln vom Kakao-Export.

Gleichermaßen fatal wirkt sich für große wie kleine Kakaofarmer aus, was auf der Schokoladenseite des Erdballs längst schon geplant wird: Das Kakaofett soll nämlich mit Hilfe gentechnischer Verfahren aus billigeren Fetten wie Palm-, Oliven- oder Rapsöl gewonnen werden. So wollen sich die Firmen vom Kakao-Weltmarkt gänzlich unabhängig machen. Daran arbeiten zum Beispiel Nestle, Hershey, Cadbury-Schweppes und eine Handvoll japanischer Unternehmen.

Auch die Palmöl-Story demonstriert die möglichen gravierenden Erschütterungen der Drit-

te-Welt-Ökonomien durch die Bio- und Gentechnik. Etwa ein Drittel des Weltmarktes kontrolliert ein einziges Unternehmen, der britisch-holländische Konzern Unilever. Unilever besitzt 90 000 Hektar Plantagen in sechs Entwicklungsländern. Bis zum Jahr 2000 soll diese Anbaufläche fast verdoppelt werden.
Der Grund für Unilevers Expansionskurs: In den Londoner Labors wurde ein Verfahren entwickelt, Ölpalmen in Zellkulturen zu vermehren, dreißigmal schneller als bei der natürlichen Züchtung. Die besten dieser Klone liefern bis zu einem Drittel mehr Ertrag und sollen nun in soldatisch gleicher Kopie millionenfach zur Anpflanzung in der Dritten Welt hergestellt werden. Das Verfahren wurde patentiert – der Konzern sitzt auf dem Saatgut-Monopol.
Ärgerlich ist für die Firma bisher, daß sich die Natur dem Experiment noch verweigert: Auf den Feldern wollten die gleichen Palmen einander nicht gleichen und wuchsen unerwartet zu vielfältiger Größe und Form.
„Gute Nachricht für die Bauern in der Dritten Welt?“ fragt Henk Hobbelink. Seine Antwort: wohl nicht – oder zumindest wieder nur für wenige. Denn wenn irgendwann die Palmöl-Flut den Markt überschwemmt, dann werden die Konsequenzen für die Hersteller anderer Öle und Fette fatal sein – für die Erdnußfarmer im Senegal zum Beispiel, oder für die rund 700 000 Bauern, die auf den Philippinen kleine Kokospalm-Plantagen besitzen. Ein Viertel der Bevölkerung dort ist ganz oder teilweise vom Kokosfett-Handel abhängig. Er brachte dem Land bis zu einem Fünftel seiner Export-Erlöse ein. „Erinnern Sie sich noch an Indigo?“ fragt Praful Bidwai in der *Times of India,*

Bisher durften die Geningenieure ihre mani pulierten Pflanzen nur in kontrollierten Gewächshäusern erproben. Doch die Forscher drängen ins Freiland. Sie wollen ihr gentechnisch verändertes Saatgut unter Naturbedingungen auf dem Acker testen. Ökologen halten das für verfrüht. Sie fordern, erst die möglichen Risiken der neuartigen Lebewesen zu ergründen. Motto: erst denken – dann freisetzen. Diese Gegner der Gentechnik werden es schwer haben mit ihrem Gebot der Langsamkeit, denn die Industrie sucht dringend neue Märkte. So für die in eine Hülle von Wachstumsfaktoren eingekapselten Pflanzenembryos (unten). Aus ihnen sollen Super-Sellerie-Hybridpflanzen heranwachsen.

„Indigo, die traditionelle Textilfarbe?“ Ganz sicher, schreibt er, wüßten die meisten Menschen nicht mehr, daß die Pflanze einst auf Hunderttausenden von Hektar Land in Nord- und Ostindien angebaut wurde – und nur wenigen sei ihre Bedeutung für die europäische Textilwirtschaft des 19. Jahrhunderts bewußt. Noch weniger Menschen wüßten, fährt Bidwai fort, was mit den indischen Indigo-Züchtern geschah, als die deutsche chemische Industrie synthetischen Ersatz für die Farbe entwickelte und das künstliche „Blau“ in Massenproduktion herzustellen begann. In nicht einmal fünfzehn Jahren brach der gesamte Indigo-Markt zusammen. Die Anbaufläche in Indien schrumpfte innerhalb kürzester Zeit auf ein Sechstel. Die Bauern waren ruiniert: „Plötzlich lag ihre Welt verwüstet da“, schreibt der Journalist: „äußerstes Elend, bittere Not, chronische, schwere Verschuldung und neue Leibeigenschaft waren ihr Los.“

Der noch weiter voranschreitende, noch billigere, noch ausgefeiltere Ersatz von Rohstoffen und deren Überproduktion in den Industrieländern nimmt vielen Entwicklungsländern auch jetzt wieder das Wenige, das sie überhaupt in die ungleichen Tauschbeziehungen mit dem Norden einbringen können.

Ein Beispiel: Thaumatin. Dies ist ein Süßstoff-Protein, das zur Zeit noch arbeitsintensiv und teuer aus einer westafrikanischen Regenwald-Pflanze gewonnen wird. Unilever-Wissenschaftlern und ihren amerikanischen Kollegen bei der Firma Ingene gelang es vor zwei Jahren, Thaumatin auf gentechnischem Wege künstlich herzustellen. Dieser Stoff ist 100 000 Mal süßer als Zucker – ein ideales Diätmittel. Die Gentechnik könnte damit auf längere Sicht den Zucker überflüssig machen. Labortüftler planen sogar, das Thaumatin-Gen direkt ins Erbmaterial der Kakaobohne einzuschleusen: Das würde so „natürlich“ süß. Schon jetzt haben sich Zucker-Ersatzprodukte auf dem Markt etabliert; sie demonstrieren die Geschwindigkeit, mit der billige Substitute den Weltmarkt erschüttern. Der fructosehaltige Mais-Extrakt HFCS (High Fructose Corn Sirup) zum Beispiel siegte auf der ganzen Linie: 1983 stieg der größte amerikanische Zuckerverbraucher, die Coca Cola Company, auf das bis zu ein Drittel billigere HFCS um. Die Zukkerimporte der USA sanken seit der Einführung Ende der siebziger Jahre von 6,1 Millionen Tonnen auf nur noch 1,5 Millionen im Jahr 1985. In diesem Zeitraum gingen die Einnahmen der Philippinen aus dem Zucker-Verkauf um rund vierzig Prozent zurück. Sie werden womöglich, dank Thaumatin, noch weiter sinken. Hier zeigt sich allerdings ein typisches Dilemma. Denn ökologisch wäre der Süßstoff-Trick ein Geniestreich, würde er doch gewaltige, heute genutzte Agrarflächen entlasten. Sozial und ökonomisch hingegen könnte die Umrüstung auf den Zuckerersatz einer Katastrophe gleichkommen. Insgesamt wären auf dem Zucker-Markt der Entwicklungsländer 15 bis 20 Millionen Arbeitsplätze bedroht.

Oder Vanille: Wissenschaftler der Universität Delaware sind auf dem besten Weg, die Kosten für die Herstellung des Aromastoffs durch Zellkultur-Produktion um ein Drittel zu verringern. 70 000 Kleinbauern würden allein in Madagaskar ruiniert, weitere in Reunion, auf den Komoren und in Indonesien.

„Echten Vanille-Geschmack im Labor zu entwickeln, könnte eine Ergänzung zum traditionellen Anbau-Prozeß sein“, sagt Skip Rosskam von der Hersteller-Firma David Michael & Co., „oder eine Alternative zur traditionellen Produktion. Damit könnte man die kartellartige Kontrolle umgehen, die die Vanille produzierenden Länder jetzt ausüben.“

„Wenn Sie Mist sammeln wollen, müssen sie dem Elefanten folgen, nicht dem Spatzen" – kommentiert ein Manager von der US-Genfirma Mycogen. Wenn also die Bio-Fabriken von morgen erst die Arbeit aufnehmen, dann wird sich die Lebensmittelproduktion endgültig zur Fließband-Montage entwickeln. Nicht mehr Roh-Materialien werden gefragt sein, sondern nur noch ihre Inhaltsstoffe: Fette, Öle, Stärke, Protein. „Die Fischer in Peru, die Sojabohnen-Produzenten in Brasilien und die Fertigungs-Stätten von ICI und Hoechst werden dann auf dem gleichen Proteinmarkt konkurrieren", schreibt Henk Hobbelink – und genauso „die Zuckerrohr-Arbeiter in Kuba, die Kartoffelbauern in Holland, die Hersteller synthetischer Süßmittel in Fabriken des Nordens, die thailändischen Tapioca-Farmer und die Maisbauern in der ganzen Welt um den gleichen Süßstoff-Markt."

Was es für die Verhandlungs-Stärke der Dritte-Welt-Länder bedeutet, wenn andere ihre Waren produzieren, ist leicht vorstellbar. Internationale Rohstoff-Abkommen, die den Entwicklungsländern bestimmte Preise und Abnahmemengen garantieren, würden dann hinfällig.

Jochen de Haas vom BMZ hält dieses Szenario für übertrieben: Der Zeitgeist, die öffentliche Diskussion gingen doch genau in die andere Richtung; Natürlichkeit sei wieder gefragt. Wer, meint de Haas, hätte denn beispielsweise vor zehn Jahren noch gedacht, daß Flachs und andere Naturfasern wieder in Mode kommen? Auch Gerd Junne, Hochschullehrer in Amsterdam, sieht mögliche Gegenentwicklungen. Die Attraktivität natürlicher Rohstoffe müsse herausgestellt werden.

Skeptisch ist jedoch Ernst Ludwig Winnacker vom Münchner Gen-Zentrum. „Ich sehe das als sehr problematisch an", meint der stellvertretende Vorsitzende der Deutschen Forschungsgemeinschaft, der im Bericht der Enquetekommission „Chancen und Risiken der Gentechnik" den Abschnitt „Dritte Welt" verfaßt hat. Und er fühlt sich an die Stahlkrise in Rheinhausen erinnert: „Das sind Prozesse des Strukturwandels", meint der Professor. „Die gibt es auch bei uns. Und die sind nicht aufzuhalten – wir wollen nun mal immer besser werden." Angesichts der Notlage, die in Asien, Afrika und Lateinamerika entstehen könnte, wird er nachdenklich: „Unsere Stahlarbeiter müssen wir bei solchen Strukturveränderungen eine Generation lang bezahlen – und das sollten wir dann im Grunde auch mit den Kleinbauern dort tun, wenn wir Vanille plötzlich nicht mehr aus Schoten machen." So wenig realistisch das auch sein mag – Winnacker insistiert: „Die Firma Henkel darf diese Länder nicht zerstören, indem sie sich von ihren Fetten langfristig unabhängig macht!"

Beispielsweise dürften Substitutionsprozesse „nicht von heute auf morgen passieren" – was freilich ohnehin nicht möglich sei. Damit „die Entwicklungsländer nicht immer Entwicklungsländer bleiben", sieht Winnacker außerdem große Chancen darin, daß die Rohstoffproduzenten eine eigene bio- und gentechnologische Forschung und Produktion aufbauen – daß sie „einen Wettbewerb eingingen", so Winnackers vielleicht etwas utopische Vorstellung, „der die Kolonisation zerstört."

Das New Yorker Autoren-Team Dembo, Morehouse und Dias schlägt für die Entwicklungsländer optimistisch den Aufbau einer eigenen Zellkultur-Produktion als mögliche Gegenstrategie vor. Nur so könnten sie der grotesken Situation entgehen, „den Produzenten der entwickelten Länder eines Tages Rohstoffe abkaufen zu müssen, die sie einst selbst angebaut haben". Freilich ist die Aussicht, sich mit der biotechnischen Herstellung von „nachwachsenden Ressourcen“ womöglich selbst Konkurrenz gegenüber dem gleichzeitig weiterlaufenden natürlichen Anbau zu machen, nicht weniger absurd.

Ein möglicher Ausweg aus dem Dilemma wäre die Suche nach anderen Nutzungsmöglichkeiten für manche Rohstoffe. So könnte sich beispielsweise Zucker, wenn schon nicht mehr als Süßstoff, dann doch als Ausgangsbasis bestimmter biotechnischer Produkte einen neuen Markt erobern. Im Bundesforschungsministerium schwört man darauf, daß die Energiegewinnung aus kohlehydrathaltigen Pflanzen Länder mit zerrütteten Staatsfinanzen von teuren Öl-Importen unabhängig machen könnte.

Das brasilianische „Proalcool“-Programm zeigt die Probleme dieser Strategie: Als Mitte der siebziger Jahre der Ölpreis stieg, und der Zuckerpreis sank, begann man in Brasilien, aus gegorenem Zuckerrohr Alkohol als Benzin-Ersatz zu destillieren. Doch die ökologischen Folgen waren erheblich: Monokulturen und ein immens hoher Wasserverbrauch bei der Herstellung – pro Liter Alkohol braucht man vierzehn Liter Wasser, die zudem noch hochgradig verschmutzt werden. Auch die ökonomische Bilanz ist ernüchternd: Nach Untersuchungen der Universität Sao Paolo hat sich das ganze Unternehmen Proalcool nicht rentiert. Die Effizienz des Verfahrens ist extrem gering: Weit über die Hälfte der Alkohol-Energie ist schon für die Herstellung des Biosprits notwendig.

Mehr Gewinn versprechen sich die Wissenschaftler bei der Alkoholfermentation von Holz. Denn die Photosyntheseleistung von Bäumen läßt sich – mit biotechnischen Methoden – voraussichtlich steigern; und durch die enzymatische Spaltung der verschiedenen Zellulose-Arten kann, teils mit Hilfe der Gentechnik, die Ausbeute noch weiter erhöht werden.

Auch Energieholz-Plantagen würden aber als Monokultur wieder in Konkurrenz zum Nahrungsmittel-Anbau treten. Eine sinnvolle Energiequelle scheint die biotechnische Nutzung von Abfallstoffen aus dem Pflanzenanbau zu sein – doch auch nur dann, meint Joachim Spangenberg, wenn die Abfälle nicht besser als Dünger ausgebracht werden könnten. Robert Goodland vom Büro der Weltbank für Wissenschaft und Umwelt schränkt diese Nutzung ein – ökologisch ausgedrückt: „Es gibt eben nichts umsonst. Wenn man beispielsweise“, sagt Goodland, „Abfälle aus der Land- oder Forstwirtschaft in Treibstoffe umwandelt, dann kann das der Bodenstruktur und der -fruchtbarkeit schaden, weil man organische Materie aus dem Kreislauf herausgenommen hat.“

Dezentral eingerichtete, kleine Biogas-Anlagen liefern schon seit langem einen wichtigen Beitrag zur ländlichen Entwicklung. Auch dieses Beispiel macht deutlich, wie komprimiert der Einsatz neuer Techniken sein kann: Gentechnisch entwickelte Hochleistungs-Organismen etwa, die den Wirkungsgrad solcher Biogas-Einrichtungen steigern würden, komplizieren die gerade für die Dritte Welt sinnvolle Technologie und machen sie von neuer Technik abhängig. Solche High-Tech-Anlagen benötigen konstante Temperaturen und Luftfilter, aufwendige Regelsysteme und spezialisiertes Personal. „Die Einführung einer solchen Technik ist jedenfalls nicht sinnvoll, wenn man eine umweltverträgliche Low-Input-Landwirtschaft fördern will, die vielen zugute kommt“, meint Spangenberg. Einige Schwellenländer haben längst eigene gentechnische Forschungszentren aufgebaut. In

China gilt die Gentechnik schon seit 1978 als eines der acht „Nationalen Projekte mit Priorität". Schwerpunkte sind die Suche nach einem Hepatitis-B-Impfstoff, die Entwicklung von Impfstoffen gegen Nutztierkrankheiten und Verbesserungen in der Landwirtschaft. Brasilien betreibt vorwiegend Agrarforschung; Kuba arbeitet an der Interferon-Entwicklung, will ertragreiche Zuckersorten züchten und Möglichkeiten erforschen, Nebenprodukte der Zuckerherstellung in Futtermittel umzuwandeln. Die Kubaner sind auf dem biotechnischen Pfad inzwischen so weit vorangeschritten, daß – allen ideologischen Grenzen zum Trotz – auch amerikanische Universitäten am Austausch mit kubanischen Wissenschaftlern interessiert sind.

Kontakte mit Wissenschaftlern aus der Dritten Welt und die Ausbildung von Biologen und Gentechnikern hält Ernst Ludwig Winnacker für eine wichtige Aufgabe. „Wir dürfen den Entwicklungsländern nichts vorenthalten", fordert er. „Es muß Leute geben, die wissen, was es überhaupt gibt, und die dann Entscheidungen fällen können. Sonst bestimmen wir allein darüber, was in Südostasien geschieht."

Solange aber in den meisten Ländern grundlegende Infrastruktur-Voraussetzungen wie Labors und ein entwickeltes Bibliothekswesen fehlen, solange werden es vor allem internationale Institutionen wie das CGIAR sein, die die Bio- und Gentechnik an die Bedürfnisse der Entwicklungsländer anpassen.

In Triest und Neu Delhi wurde ein von der Entwicklungsorganisation der Vereinten Nationen, UNIDO, angeregtes Internationales Genforschungszentrum (ICGEB) eingerichtet. Doch der Etat für Forschungsprojekte, Ausbildung und Informationsaustausch ist niedrig, und unter den 43 Förderländern ist keine einzige große Industrienation. Der Bundestags-Enquete-Bericht zur Gentechnologie empfiehlt die Unterstützung des ICGEB. Doch im Bundesforschungsministerium und im Ministerium für wirtschaftliche Zusammenarbeit ist die Haltung gegenüber „derartig unflexiblen internationalen Einrichtungen" eher negativ.

Ganze zwölf Seiten hat der Enquete-Bericht des Bundestages den Konsequenzen der Gentechnologie für die Dritte Welt gewidmet; er hat sich fast nur auf die Forschungsförderung konzentriert. Er ignoriert „die gewachsenen historischen Entwicklungen, die ungleichen Tauschbeziehungen, den technischen und kulturellen Imperialismus" zwischen Industrieländern und Entwicklungsnationen, kritisierten die Grünen in ihrem Sondervotum. Wenn man berücksichtigt, wie sehr die Gentechnik das Ungleichgewicht zwischen Nord und Süd noch verstärken kann, dann zeugt die zentrale Schlußfolgerung der Kommission von einem kräftigen Nachholbedarf in Sachen Information: „Die Kenntnisse", heißt es da, „sind derzeit noch sehr gering."

Wolfgang Gehrmann

Das Geschäft mit den Genen

Die Industrie will sich die biotechnische Innovation nicht entgehen lassen

Im Fahrstuhl geht es in den Frühling. Während draußen grimmiger Frost die weite, winterliche Ödnis des amerikanischen Corn Belt beherrscht, sprießen oben im sechsten Stock des Forschungszentrums Baumwolle und Mais. Auf dem Hochhausdach wachsen im wohligen Klima von zwei Dutzend Gewächshausreihen neben Tomaten und Tabak, Kartoffeln, Weizen und Sojabohnen. Die fahle Wintersonne von Missouri, die über den Glasdächern steht, leistet einen ganz überflüssigen Beitrag zum Gedeihen der jungen Pflanzen.

Ein Stockwerk tiefer sind Wetter und Jahreslauf erst recht ausgeschaltet. Zu beiden Seiten kahler Gänge reihen sich schwere Stahltüren aneinander, hinter jeder eine hermetisch dichte Klimakammer. In den Räumen können Forscher mit Computerhilfe jedes Klima der Welt schaffen – feuchtschwüle Dschungelatmosphäre oder trockenheiße Wüstenluft.

Nichts als Pflanzen auch hier. Vertrautes aus dem Vorgarten darunter, aber auch amorphe grüne Wucherungen in Hunderten von Petrischalen und bläßliche Fadenbündel, die in Reihen von Reagenzgläsern stecken.

Die technische Isolation entzieht die Tomaten oben auf dem Dach, die bizarren Gewächse hinter Panzertüren nicht nur dem lästigen Wechsel der Jahreszeiten und bewahrt sie vor ungünstigem Klima. Sie sichert auch – umgekehrt – die Natur gegen diese Pflanzen, die den geltenden Regeln der Biologie trotzen. Ihre Erbanlagen sind von Forschern mit den Methoden der Gentechnik verändert worden. Die Pflanzen sollen so neue nützliche Eigenschaften bekommen, aber die Umwelt muß vorerst vor ihnen geschützt sein.

Die artifiziellen Gewächse gedeihen im Life Science Research Center des amerikanischen Chemiekonzerns Monsanto in St. Louis. Sie sind Sproß einer neuen Liaison: der Geschäftsverbindung von Big Business und Biotechnik. Seit vor eineinhalb Jahrzehnten Molekularbiologen in Kalifornien und Neuengland das „genetic engineering“ entwickelten, verfolgt die Industrie gespannt jeden Schritt der neuen Technik. Wer immer mit biologischen Produktionsprozessen zu tun hat – Chemie- und Pharmaindustrie, Lebensmittelkonzerne und Landwirtschaft, Ölmultis und Minengesellschaften – rechnet mit einer industriellen Revolution ohne Beispiel.

Wenn etwa Howard Schneiderman, Monsantos Forschungschef, über das ökonomische Potential der neuen Techniken spricht, schwärmt er: „Stellen wir uns einmal die Erde in tausend Jahren vor: Dampfmaschine, Elektroenergie, Atomkraft, Fusionsenergie, Transistoren, Mikroprozessoren – das werden dann längst Neuerungen von nur noch historischer Bedeutung sein. Biotechnik aber wird es dann immer noch geben. Indem sie natürliche Me-

thoden anwendet, wird die Menschheit die Natur als zuverlässigen Partner bei einem großen Projekt gewonnen haben: der Zivilisation der Erde."

Wenigstens ebenso wie der zivilisatorische Nutzen all dieser Verheißungen interessieren die Industrie deren geschäftliche Potentiale.

Schon sind die Prognostiker mit gewagten Hochrechnungen zur Hand. Bis zum Jahr 2000 tut sich danach für neue Methoden der Biotechnik weltweit ein Markt von fünfzig Milliarden Mark auf – es könnten auch 350 Milliarden sein.

Eine mittlere Schätzung des seriösen Stanford Research Institute (SRI) nimmt an, daß gegenwärtig der globale Wert der Biotechnik-Produktion gut vier Milliarden Mark beträgt; bis zur Jahrtausendwende könnten das dank Gentechnik 100 Milliarden Mark werden.

Die Industrie wartet auf das große Geld: Mit neu entwickelten Pflanzen aus dem Labor wollen die multinationalen Konzerne die Landwirtschaft revolutionieren.

Das größte Potential steckt zunächst im Pharmamarkt. Bis zum Jahr 2000 erwartet SRI hier einen Weltumsatz von achtzig Milliarden Mark. In der Landwirtschaft sollen zum gleichen Zeitpunkt acht, in der Nahrungsmittelproduktion dreizehn Milliarden Mark umgesetzt werden. Auf längere Sicht aber, da sind alle Experten sich einig, bietet die Agroindustrie die weitaus größten Chancen, aus Genen Geld zu machen.

Die Manager auf den Chefetagen der Chemieindustrie nehmen solche Zahlen nicht für bare Münze – der Geschäftsführer einer deutschen Pharmafirma: „Das ist Science-fiction". Gleichwohl haben die Konzerne rund um den Globus, teils im stillen, teils unter lautem PR-Getöse, ihre „claims" in der Gentechnik abgesteckt.
Keiner fehlt: Aus der Bundesrepublik sind die Chemiegiganten Bayer, Hoechst und BASF ebenso dabei wie etliche Pharmafirmen von Boehringer Ingelheim und Schering bis zu noch namenlosen Familienunternehmen aus der Provinz. Wo immer auf der Welt eine Neuerung die Genlabors verläßt, sind die Basler Pharmariesen Hoffmann-La-Roche und Ciba Geigy nah. Nicht weniger wachsam sind die britische ICI, die französische Rhône-Poulenc und die Arzneimitteltöchter der großen japanischen Industriekonglomerate. Daß Amerikas Chemie-Establishment, von Dow Chemical bis Eli Lilly, längst tief in der Gentechnik steckt, versteht sich.
Kein Unternehmen der Welt aber setzt so auf die neue Technik wie Monsanto. Nirgends ist die ökonomische Schubkraft der Gentechnik spürbarer als im weitläufigen Hauptquartier des Multis in der Midwest-Metropole St. Louis. Erfahren läßt sich dort, daß die schlichte Chiffre vom Profitstreben als Treibsatz prekärer Innovationen den Blick auf die komplexen Motive und Reaktionsschemata industrieller Wandlungsprozesse trübt. Sichtbar werden dort die Strukturen internationaler Konkurrenz und Verflechtung, die dem technischen Fortschritt Momentum und Richtung geben. Die vielgestaltige Taktik, mit der Konzerne den öffentlichen Bedenken gegen ihr Tun begegnen, ist dort zu erkennen. Vorläufig prüfen lassen sich dort auch die Hoffnungen und Befürchtungen, welche die Gentechnik weckt.
Monsanto – das war für Ökonomen bis vor kurzem Paradigma jenes Vergreisungsprozesses, der allen großen Industrien Amerikas und Europas zu schaffen macht. Jahrzehntelang war die 1901 gegründete Chemiefirma aus Missouri unter günstigen Bedingungen zum weltweit operierenden Multi gewachsen. Preiswertes Erdöl aus heimischen Quellen bot den Rohstoff, aus dem sich leichtverkäufliche Chemieprodukte destillieren ließen: Pflanzenschutzmittel für die riesigen Farmen des amerikanischen Mittelwestens, Chemiefasern für Amerikas Textilfabriken, Verpackungskunststoffe, billige Plastikprodukte und Allerweltsarzneien wie Aspirin.

Doch der Preisverfall auf dem Weltölmarkt und aufkommende Konkurrenten aus den Schwellenländern, die Fasern und Kunststoffe günstiger herstellen konnten, änderten Anfang der siebziger Jahre die Spielregeln gründlich. Behäbige Multis wie Monsanto gerieten unter Druck. Ohne neue Produkte und Techniken drohte ihnen der Untergang. Einem Mann wie Monsantos Chef Richard Mahoney kam die Gentechnik da gerade zur rechten Zeit. Mit vollem Einsatz steuerte er den Industriegiganten in Richtung Biotechnik. Schon Ende dieses Jahrzehntes soll ein Drittel des Konzernumsatzes – er betrug 1986 dreizehn Milliarden Mark – aus dem Biobusiness kommen.
Monsanto hat sich seine Zukunft bis heute weit über fünf Milliarden Mark kosten lassen. Allein 250 Millionen Mark – die größte Sachinvestition in der Firmengeschichte – wurde in das 1984 eröffnete „Life Science Research Center" gesteckt.
Der Konzern verleibte sich etliche Firmen ein, die für den Einstieg in die Gen- und Biotechnik von Nutzen schienen. Teure Beteiligungen an Forschungsfirmen wie Genentech, Genex

und Invitron sollen steten Zugriff auf das neueste Know-how der Gentechnik sichern.
Monsantos massives Engagement in der neuen Technologie ist eine Strategie der Verzweiflung. Anantha Raman, Chef einer auf Chemieaktien spezialisierten Brokerfirma urteilt: „Monsanto gibt wahnsinnig viel Geld für seine Forschung aus. Die ganze Zukunft der Firma hängt davon ab. Es ist ein Spiel um alles oder nichts."
Der kommerzielle Erfolg der Gentechnik ist für den Giganten deshalb ein Muß. Doch er ist alles andere als sicher.
Ein Mann, der den Markt übersieht, ist Jon Miller vom Stanford Research Institute: „Bislang sind vielleicht zwanzig Produkte erkennbar, die voraussichtlich marktreif werden, vor allem Arzneimittel. An jedem dieser Produkte arbeiten wenigstens zwanzig Firmen. Mehr noch – alle wirklich starken Unternehmen haben sich auf drei Entwicklungslinien geworfen: Immunstoffe, Hormone und Blutfaktoren. Das sind zum Teil sehr kleine Märkte. Da können nur wenige überleben."
Der Biotech-Wettbewerb ist scharf, weil das Wissen um die Genmanipulation und ihre ökonomischen Möglichkeiten sich weltweit so rapide vermehrt und ausgebreitet hat wie Bakterien in einem idealen Medium. Die Keimzellen dafür sind die Bioboutiquen von Kalifornien und Boston. Ermuntert durch die Beispiele der jungen Informatik-Wissenschaftler, die Anfang der siebziger Jahre mit ihrem frischen Uni-Wissen erfolgreich eigene Mikroelektronik-Firmen gründeten und zu Millionären wurden, versuchten auch die Genforscher, ihre Kenntnisse zu Geld zu machen.
Am 26. Oktober 1985 wurde weithin sichtbar, daß sie damit erfolgreich waren. Es war ein schöner kalifornischer Herbsttag, und doch mußte abends der Flughafen von San Francisco den Betrieb einstellen. Der Grund war ein verschwenderisches Feuerwerk am Himmel über der Bay.
Mit dem Spektakel feierte eine Firma den Höhepunkt ihres beispiellosen Aufstiegs: Genentech, ein gerade neun Jahre altes Gentechniklabor, hatte am nämlichen Tag von der Food and Drug Administration (FDA) die Zulassung für das Medikament „Protropin" bekommen. Das war ein menschliches Wachstumshormon, gentechnisch hergestellt, und es sollte die erste Arznei sein, welche die Firma selbst vermarkten wollte. Ein Wachstumsfaktor für die Firma selbst: Genentech, das schien nun möglich, konnte von einer kleinen Forschungsfirma zu einem großen Pharmaunternehmen werden.
Die Hoffnung darauf wurde drei Jahre später bestätigt, als die Firma abermals Grund zum Feiern hatte: am 13. November 1987 ließ die FDA das Genmedikament „Activase" zu – ein Blutfaktor, der völlig neue Wege in der Behandlung von Herzinfarkten eröffnet. Das Wachstumshormon Protropin war lediglich zur Behandlung zwergwüchsiger Kinder gedacht, ein kleiner, kaum umsatzträchtiger Markt. Mit dem Infarktmittel Activase aber war Genentech ein großer Wurf gelungen: Allein in den USA erleiden jährlich 1,5 Millionen Menschen einen Herzinfarkt.
Als Genentechs Chef Robert Swanson Anfang des Jahres 1988 die Bilanz für 1987 in den Händen hielt, kommentierte er deshalb überschwänglich: „Unsere Verkaufszahlen sind um 225 Prozent gestiegen, auf 141 Millionen Dollar. Mit der Zulassung von Activase wird nicht nur die Lebensqualität von Millionen Amerikanern verbessert – es sind damit jetzt auch die Verheißungen der Biotechnologie Wirklichkeit geworden."
Das stimmt wohl. Genentechs Weg dahin ist

eine Success-Story, wie sie die Wirtschafts-Geschichte selten gesehen hat. Sie begann eines Nachmittags im Jahr 1976, als ein smarter junger Mann im gedeckten Anzug mit Weste das Labor von Herbert Boyer in Berkeley betrat. Boyer war einer der jungen Stars der Gentechnik, der die Anwendung von Restriktionsenzymen zur Aufspleißung der DNA vorangetrieben hatte – aber lassen wir die wissenschaftlichen Details.

Der Besucher war Robert Swanson, 28 Jahre alt und Teilhaber der Anlageberater, Kleiner, Perkins, Caufield & Byers, die vor allem Wagniskapital für junge High-Tech-Firmen vermittelten. Er überredete Boyer, 500 Dollar Kredit aufzunehmen und mit ihm gemeinsam eine Firma zu gründen, die gentechnische Methoden und Produkte entwickeln und verkaufen sollte: Genentech.

Swanson, wer sonst, war fürs Geschäftliche zuständig. Boyer für die Wissenschaft. Wie man heute weiß, verstanden beide ihren Job. Boyer scharte bald ein Team von Top-Wissenschaftlern um sich, die das Genentech-Konzept reizvoll fanden. Natürlich hatten die Akademiker Vorbehalte gegen den Kommerz, aber andererseits war Geldverdienen so schlecht auch wieder nicht.

Die Bezahlung erfolgte zum Teil in Aktien der Firma, die auch nur dann weiterverkauft werden durften, wenn das Unternehmen bestimmte Planziele erreicht hatte. Das war Swansons Trick: Er schonte die Kasse und interessierte die Eierköpfe am Erfolg der Firma. Sie waren die ersten, die das Erbmaterial für menschliches Insulin und Wachstumshormon klonierten. Auf der Liste ihrer Coups stehen Interferone, das potentielle Krebsmittel Tumornekrosefaktor, der Blutgerinnungsfaktor VIII und tPA – die Wirksubstanz des Infarktmittels Activase.

Genentechs wissenschaftliche Erfolge erleichterten Bob Swanson das Geschäft – es bestand vor allem darin, Geld aufzutreiben. Die erste Million Dollar machte er bei Großunternehmen locker, die sich an der Gentechnik interessiert zeigten – zum Beispiel beim Chemiekonzern Monsanto und bei der Bergwerksgesellschaft International Nickel. Weitere Millionen kamen über „Venture capital"-Fonds herein.

Vier Jahre nach der Gründung schließlich, im Oktober 1980, brachte Swanson die junge Firma an die Börse. Es wurde eine Aktienemission, von der man in der Wall Street noch lange reden sollte. Der Ausgabetermin wurde wieder und wieder verschoben, weil die Börsenaufsicht fand, daß Swanson im Prospekt zu dick aufgetragen hatte. Schließlich wurde der Ausgabekurs auf 35 Dollar festgesetzt und der Handel konnte beginnen. Binnen zwanzig Minuten war der Kurs auf 89 Dollar hochgeschossen – ein Debut wie dieses hatte die New York Stock Exchange selten gesehen. Am Abend des Emmissionstages war der einstige 500-Dollar-Unternehmer Herbert Boyer, der selbst ein ordentliches Aktienpaket hielt, ein Mann, den man auf gut achtzig Millionen Dollar zu taxieren hatte.

Die Genentech-Plazierung heizte einen aberwitzigen Bioboom an. Überall in den Vereinigten Staaten gründeten jetzt Professoren Genlabors, denn die Finanziers rannten ihnen die Türen ein. Am Ende gab es 200 solcher Fir-

Stolze Forscher: Mit einem gentechnisch hergestellten Wachstumshormon lassen sich Rinder zu einer noch höheren Milchproduktion treiben. Doch wird der Verbraucher die Milch der Hormonkuh auch kaufen?

FEED
FEED

men, es mögen auch 300 gewesen sein. Rund fünf Milliarden Mark steckten Banken, Pensionsfonds, Industrieunternehmen und private Anleger, die dafür Steuervergünstigungen erhielten, in die Bioboutiquen.

Der Genrausch hielt aber nicht lange an. Mitte 1983 begann der Aktien-Index für Biotechnik-Papiere, den die Investmentfirma Kidder Peabody mittlerweile führte, rapide zu sinken. Ende 1984 – die Börsen setzten gerade zum tollsten Höhenflug der Finanzgeschichte an – war der Biotech-Index hoffnungslos im Keller. Die Anleger waren aus gutem Grund verbiestert. Die Professoren verbrauchten in ihren Firmen zwar jede Menge Geld und meldeten auch wacker wöchentlich neue Patente an. Nur eines erbrüteten ihre geklonten Bakterien leider nicht: Profite.

Von den rund vierzig börsennotierten Genlabors hatte Anfang 1986 keines Umsätze von mehr als zweihundert Millionen Mark vorzuweisen. Nicht eines machte mehr als zehn Millionen Mark Gewinn, im Gegenteil: Verluste, hohe Verluste, waren die Regel. Die bescheidenen Einnahmen kamen zudem nicht etwa aus dem Verkauf von Genprodukten, Geld kam nur in die Kassen, weil die US-Regierung über die National Institutes of Health immense Forschungssubventionen verteilte, weil die Großindustrie Forschungsaufträge gab und gegen Gebühr Lizenzen nahm.

Schnell zeigte sich, daß die Professoren zwar gute Forscher, aber miserable Manager waren. Die meisten Genlabors waren darauf aus, neue Pharmazeutika zu entwickeln. Doch sie hatten den Aufwand völlig unterschätzt, den jahrelange Zulassungsverfahren für Arzneimittel erfordern. Und sie hatten keine Ahnung, mit welchen Methoden man ein Medikament auf dem schwierigen Pharmamarkt durchsetzt.

Die Entwicklung eines neuen Medikaments kostet leicht 300 Millionen Mark und dauert fast eine Menschengeneration – mit Gentechnik ist da wenig zu machen. Die eigentliche Erforschung des Wirkstoffs – das konnten die Genlabors – erfordert nur ein Viertel dieser Kosten und zwei Drittel der Zeit. Die kurze Schlußphase vor der Marktreife aber ist teuer, und an dieser unerwarteten Kostenbelastung mußten viele Bioboutiquen scheitern.

Etliche gingen in Konkurs. Andere wurden von Großunternehmen geschluckt – die darauf nur gewartet hatten. Der Pharmariese Eli Lilly etwa verleibte sich die Genfirma Hybritech ein, Bristol Myers kaufte Genetic Systems. Selbst jene vier Genlabors, die sich inzwischen als top four der Branche etabliert hatten – Genentech und Cetus in San Francisco, Biogen in Boston und Genex in Rockville, Maryland – gerieten in ernste Schwierigkeiten.

Am härtesten traf es Biogen. Weil die Verluste zeitweise fünfzig Prozent des Umsatzes erreichten, verloren die Geldgeber die Geduld. Firmengründer Walter Gilbert, ein Nobelpreisträger, der für seine Unternehmerkarriere einen Harvard-Lehrstuhl verlassen hatte, mußte gehen. Die europäische Biogen-Niederlassung in Genf wurde an den britischen Pharmakonzern Glaxo verkauft, der Schweizer Chemiemulti Hoffmann-LaRoche kam in den Besitz der Biogen-Labors im belgischen Gent.

Biogens Probleme alarmierten die Branche. Es sah ganz so aus, als könnten die kapitalstarken Pharmariesen vom Kaliber Roche, Hoechst und DuPont in aller Ruhe zusehen, wie den innovativen Genlabors die Luft ausging, um sie dann zum Discountpreis zu kaufen.

Lange nämlich hatten sich die Großunternehmen mit dem Einstieg ins Gengeschäft zurückgehalten und sich dem Vorwurf ausgesetzt, eine technologische Revolution zu verschlafen. Stanley T. Crooke, Forschungschef der US-Pharmafirma Smith, Kline & French, sprach vielen Experten aus der Seele, als er auf dem Höhepunkt des Biobooms meinte: „Das Aufkommen so vieler unabhängiger Biotech-Unternehmen stellt den etablierten Pharmafirmen ein sehr schlechtes Zeugnis aus."

Doch nun schien es so, als hätte das Pharma-Establishment sich ziemlich clever verhalten. Die Laborfirmen hatten die neue Technologie durchgesetzt, aber die ökonomischen Früchte schien Big Business einzuheimsen, weil die konkursreifen Labors den mächtigen Multis zu Dutzenden in den Schoß fielen.

Die Manager der Pionierfirmen witterten diese Gefahr. Niemandem war entgangen, was 1982 mit dem ersten gentechnischen hergestellten Produkt überhaupt, Humaninsulin, geschehen war: Die manipulierten Bakterien, die das Insulin produzierten, stammten aus den Genentech-Labors. Doch das fertige Produkt – Markenname Humulin – hatte der Pharmakonzern Eli Lilly, lizensiert von Genentech, auf den Markt gebracht. Die Laborfirma hatte keine Chance, das Produkt selbst auf dem hart umkämpften Insulin-Markt durchsetzen zu können. Mit dem zweiten marktreifen Produkt war es Genentech nicht anders ergangen. Das in San Francisco klonierte Alpha-Interferon verkaufte unter der Marke Roferon Hoffmann-LaRoche.

Die Labors entdecken die Produkte, Big Business macht damit die Profite – Genentech und Co. mißfiel das schon lange, und nun schickten sich die Multis auch noch an, die Pioniere zu schlucken. Genentechs Robert Swanson machte vor zwei Jahren klar, daß es so eigentlich nicht gedacht war: „Ich habe immer gesagt, daß wir selbst eine richtige Pharmafirma mit einer Milliarde Dollar Umsatz werden wollen. Daran hat sich nichts geändert. Ich füge aber neuerdings hinzu, daß wir eine unabhängige Firma bleiben wollen." Cetus' Marketingchef James E. Rurka sah das nicht anders: „Wir bleiben kein Labor, wir werden eine Pharmafirma. Wenn es eines gibt, das wir nicht tun werden, dann ist es dies: unser Know-how den Großen geben und sie damit davonziehen lassen."

Wenn das gelingen sollte, war eine neue Strategie vonnöten. Um die Biobaisse der frühen achtziger Jahre durchzustehen, mußten die Erfinderfirmen ihr Geschäft stark einschränken. Genentech etwa konzentrierte sich deshalb darauf, nur noch wenige Produkte selbst zu entwickeln und zu vermarkten. Weniger wichtige Teile des Geschäfts werden heute in Kooperation mit anderen Firmen betrieben. Mit Unternehmen wie Travenol, Corning Glass und Hewlett Packard wurden Gemeinschaftsfirmen gegründet.

Was Firmen wie Genentech aber von allem brauchten, das waren erfahrene Pharmamanager, die wußten, wie man Produkte auf dem Markt durchsetzt. Genentech heuerte deshalb Kirk Raab als neuen Präsidenten an, der zuvor den Arzneimittelhersteller Abbott Laboratories, eines der führenden Unternehmen in den USA, geleitet hatte. Raab sorgte als erstes dafür, daß nicht mehr Unsummen in die Forschung flossen, sondern investierte statt dessen kräftig ins Marketing. Als Genentech Ende 1987 das Infarktmittel Activase einführte, konnte die Firma dafür 200 Pharmavertreter einsetzen, die sie zuvor für viel Geld bei der Konkurrenz abgeworben hatte.

Andere Genfirmen folgten Genentechs Strategie. Cetus zum Beispiel war vor allem deshalb stets nur die Nummer zwei der Branche hinter Genentech geblieben, weil Firmengründer Ronald Cape – auch er ein Molekularbiologe mit hohen Meriten – an zu vielen Produkten auf einmal arbeiten ließ. Heute setzt Cetus vor allem auf die Entwicklung von Medikamenten zur Krebsbekämpfung – auch das noch eine ausreichende riskante Strategie.

Wall Street honorierte die neue Bescheidenheit der Bioboutiquen. Die Kurse stiegen wieder. Anfang 1987 lag der Kidder Peabody-Index so hoch wie nie. Den entscheidenden Schub hatte erkennbar die Zulassung von Genentechs Wachstumhormon Protropin gegeben – jenes Ereignis, das Anlaß zu dem spektakulären Feuerwerk in San Francisco gewesen war.

Doch der Feuerzauber hat zugleich wohl auch dem letzten Manager in der Großindustrie signalisiert, daß der Bioboom weitergeht, vielleicht erst jetzt so richtig beginnt. Die Kurse der Genaktien sind auch deshalb gestiegen, weil Big Business offenbar mächtig dabei ist, sich in die Labors einzukaufen.

Kein Zweifel – der harte Kampf um die Erträge der neuen Technologie hat gerade begonnen. Der Fight findet nicht allein zwischen Pionierfirmen und Industrie-Establishment statt. Die Gentechnik heizt auch die Konkurrenz der Chemie- und Pharmagiganten untereinander an. Schließlich wird es auch ein Wettbewerb zwischen ganzen Volkswirtschaften um neue Wohlstandsquellen: Die Konkurrenz zwischen den Vereinigten Staaten, Europa und Japan, schon bekannt aus der Mikroelektronik, erlebt eine spannende Neuauflage.

Die Frage ist, ob sich das Entwicklungsmuster der Mikroelektronik wiederholt: Amerika darf stolz sein auf die Basiserfindung, aber Japan kopiert und erobert mit reifen Produkten die Märkte und Europa schaut staunend zu.

Die ersten Erfahrungen mit den neuen Biotechniken sprechen nicht zwingend für eine Reprise.

Anders nämlich als die Mikroelektronik braucht die Entwicklung der Bioprodukte viel Zeit, und die Anwendungen der neuen Technik sind vielfältig. Niemand erzielt deshalb einen dauernden Wissensvorsprung, in dessen Schutz er bequem sein Schäfchen ins Trockene bringen könnte. Kapitalkraft und traditionell starke Marktstellungen werden ausschlaggebend für unternehmerische Erfolge in der Gentechnik.

Europas Chemiekonzerne brauchen deshalb die amerikanische und japanische Konkurrenz nicht zu fürchten. Die drei deutschen Multis Bayer, Hoechst und BASF etwa werden in der Weltrangliste der Chemiegesellschaften nur noch vom US-Giganten DuPont übertroffen – sie können sich auf ihre Stärke verlassen. Das sieht man auch in Amerika so. Das Wirtschaftsmagazin *Business Week* urteilt: „Anders als in der Mikroelektronik, wo Europa hinter den USA und Japan immer weiter zurückfällt, hat die alte Welt in der Biotechnik eine vielversprechende Zukunft. Die Fertigkeiten, gentechnische Methoden für die Herstellung kommerzieller Produkte zu nutzen, wachsen dort rapide. Dank großer Erfahrung in der Vermarktung von Arzneimitteln, dank ehrgeiziger Wissenschaftler und dank üppiger Investitionen von Regierungen, Unternehmen und ‚venture funds' ist Europa ein heißer Tip in der Biotechnik."

Keinesfalls auch ist heute schon klar, daß Japans Industriekonglomerate am Ende das Ren-

Züchter versuchen, immer einheitlichere Pflanzen zu entwickeln, die sich nach Industrienormen anbauen, ernten und verarbeiten lassen. Vom Saatgut bis zum Produkt kann letztlich alles von einer Firma kontrolliert werden.

Campbell's
CONDENSED
Tomato
SOUP

nen in der Biotechnik machen. Befürchtet worden ist das oft genug, und Anlaß dazu gab es schon.

Zum Beispiel 1981 auf einem Gentechnik-Seminar in San Francisco. Genentech-Forscher zeigten zum ersten Mal ein Dia mit der chemischen Blaupause für das potentielle Krebsmedikament Gamma-Interferon. „Da holten sie die Kameras heraus", erinnert sich David Goeddel, einer der Forscher-Stars von Genentech. Sie – das waren japanische Kollegen, die für den Nahrungsmittelkonzern Suntory arbeiteten. Sechs Wochen später gab die Firma bekannt, daß sie Gamma-Interferon synthetisiert hatte.

Die Japaner ließen nichts unversucht, schon früh den Anschluß an die Gentechnik zu finden. Während die amerikanische Großindustrie anfangs nur zögernd bereit war, die Forschung in den Bioboutiquen zu fördern, zeigten japanische Unternehmen sich stets spendabel – und bekamen im Gegenzug Knowhow.

Das Office of Technology Assessment (OTA), das für den US-Kongreß technologische Entwicklungen analysiert, kam 1983 in der bislang gründlichsten Untersuchung des internationalen Biotechnik-Wettbewerbs zu dem Schluß, daß Japan ein gefährlicher Konkurrent der amerikanischen Industrie zu werden drohe. Hauptargument: Japanische Unternehmen hätten lange, überlegene Erfahrung mit Bioprozessen, weil viele Nahrungsmittel wie Sojasoße, Reiswein oder der Sojabohnenquark Tofu biotechnisch hergestellt würden. Zudem sei Japans Industrie schon Ende der siebziger Jahre weltweit führend in der Enzymtechnik gewesen – von 26 Enzymen, die kommerziell hergestellt wurden, kamen tatsächlich allein 21 aus Japan. Außerdem beherrschten die Japaner den Weltmarkt für synthetische Aminosäuren, und von den Antibiotika, die seit 1980 neu auf den Markt gekommen waren, stammten zwanzig Prozent aus Japan – absolut waren das mehr, als die USA, Großbritannien und die Bundesrepublik zusammen entwickelt hatten.

Noch eines schürte die Sorge des OTA: Das Ministerium für Internationalen Handel und Industrie (Miti) hatte die Entwicklung der Biotechnik zur nationalen Aufgabe erklärt und in einem 260-Millionen-Mark-Subventionsprogramm die Forschung der vierzehn führenden Chemie- und Pharmaunternehmen zusammengeführt. Das alles sprach dafür, daß Japan schon bald die Nummer eins in der Biotechnik würde.

Doch nüchtern betrachtet verliert die Japan AG viel von ihrem Schrecken. Die Miti-Subventionen machen nur ein Zehntel dessen aus, was die US-Regierung ihrer Industrie im gleichen Zeitraum an Forschungshilfen zukommen ließ. Erfahrung mit Biotechnik haben auch deutsche Bierbrauer – ohne daß sie deshalb als Geheimtip der Gentechnik gehandelt würden. Das Können der Japaner in der Fermentierung und Reinigung von Aminosäuren und Antibiotika ist anerkannt – die Herstellung großer Proteine für revolutionäre neue Therapeutika ist aber eine andere Sache. Vor allem aber haben japanische Pharmaunternehmen bislang auf den Arzneimittelmärkten der Welt noch keine Rolle gespielt. Marketing – sonst ihre Stärke – ist hier nur mühsam zu erlernen und zugleich von entscheidender Bedeutung; es scheint ihnen zu fehlen.

Die internationale Konkurrenz um die kommerzielle Ernte der Gentechnik ist jedenfalls noch offen. Nicht zu übersehen ist aber, daß ausgerechnet die deutsche Industrie – seit hundert Jahren Weltspitze auf den Märkten

für Agrochemie und Arzneien – mit schweren Handicaps an den Start gegangen ist.
Die Bioboutiquen von San Francisco und Boston, die in den siebziger Jahren die fruchtbare Kreuzung von Kommerz und Forschung zustande brachten – sie fehlen hierzulande. Ermuntert durch das Beispiel der amerikanischen Kollegen haben zwar auch deutsche Bioprofessoren mittlerweile eigene Forschungsfirmen gegründet. Der Hamburger Biochemiker Hubert Köster etwa machte schon 1982 sein Laborunternehmen Biosyntech auf. In Heidelberg, dem führenden Zentrum der deutschen Genforschung, gibt es inzwischen bald ein Dutzend Wissenschaftlerfirmen mit so klingenden Namen wie Progen, Organogen, Fermigen, Gen-Bio-Tec oder Denagen. Doch gemessen an den Genentechs und Biogens der Branche sind die deutschen Labors bescheidene Hobbywerkstätten.
Weil jenseits der Grenzen das große Geld lockte und weil anderswo die Forschungsbedingungen eben besser waren als zu Hause, gingen begabtere deutsche Molekularbiologen erklärlicherweise lieber ins Ausland. Die Kolibakterien für das erste gentechnische Produkt auf dem Markt, humanes Insulin, klonierte der deutsche Biologe Axel Ullrich – nicht in Heidelberg, sondern in den Labors von Genentech in San Francisco. Sein Landsmann und Kollege Peter Seeburg manipulierte für Genentech die Bakterien, die das Wachstumshormon Protropin erbrüten sollten. Den Deutschen Georges Köhler, der zusammen mit dem Briten Cesar Milstein die monoklonalen Antikörper entwickelte, erreichte 1984 die Nachricht von der Verleihung des Nobelpreises in Basel, wo er am Hoffmann-LaRoche-Institut für Immunologie arbeitete.
Daß die Bundesrepublik in der Gentechnik Provinz war, machte der Chemiekonzern Hoechst 1982 mit einer spektakulären Geste klar: Er dotierte ein Hochschulinstitut mit fünfzig Millionen Dollar, um im Gegenzug den Zugriff auf Ergebnisse der Grundlagenforschung zu bekommen. Der Empfänger der Hoechst-Millionen saß nicht in der Bundesrepublik, sondern im fernen Boston. Er war der renommierte Harvard-Professor Howard Goodman am Massachussetts General Hospital. Die Hoechst-Aktion – sie signalisierte zugleich den vehementen Einstieg des Multis ins Gengeschäft – machte deutlich, daß die deutsche Industrie eine Zukunftstechnik zu verschlafen drohte.
Doch das hat sich geändert. Seither ist viel geschehen. Drei Dutzend deutsche Unternehmen sind mittlerweile in der Gentechnik aktiv. Sie mischen kräftig mit im internationalen Biobusiness, auch wenn sie wenig Ehrgeiz zeigen, das nach außen sichtbar zu machen. Der Grund dafür, daß sie lieber in der Stille ihrer Labors arbeiten, ist am Main zu besichtigen.
Die Anlage ist imposant. Sechs Stockwerke hoch reckt sich im Block D 741 der Hoechster Farbwerke ein undurchschaubares Geflecht blanker stählerner Rohre. Alles wirkt aseptisch. Wände und Böden sind lückenlos gekachelt, die Fugen sorgsam mit Dichtungsmasse gefüllt. Fenster und Türen sind hermetisch dicht, alle Luftöffnungen mit sicheren Filtern versehen. In der Mitte ein haushoher Kessel, ein Fermenter, der 60 000 Liter faßt. Im regelmäßigen Rhythmus soll er Chargen einer trüben Nährlösung hergeben, in der Kolibakterien gewachsen sind. Die Einzeller sollen prall gefüllt sein mit einem Stoff, den sie nur dank genetischer Manipulation synthetisieren können: menschliches Insulin, ein wichtiges Medikament für die Behandlung Zuckerkranker. Doch Europas größte gentechnische Anlage

Der Kanadier Alex McIntosh hat sich auf Embryoübertragungen bei Rindern spezialisiert. Er verhalf vier Mietmütterkühen zu Kälbern, deren genetische Mutter (Foto) längst gestorben war.

steht seit Monaten still. Hoechst kann die siebzig Millionen Mark teure Apparatur nicht in Betrieb nehmen – Denkmal eines ökonomischen Desasters.

Der Regierungspräsident in Darmstadt hat die Betriebserlaubnis zurückgezogen, weil die „Hoechster Schnüffler und Maagucker", eine Umweltschutzinitiative, Einsprüche geltend gemacht haben. Sie halten den Umgang mit gentechnisch veränderten Bakterien für riskant, fürchten, die Mikroben könnten trotz aller Sicherheitsvorkehrungen in die Umwelt gelangen und dort ökologischen Schaden stiften.

Die Hoechst-Wissenschaftler versuchen, mit einer Fülle von Argumenten die Sicherheit der Anlage zu belegen. Danach sind die Kolibakterien vom Sicherheitsstamm K 12 genetisch eigens so manipuliert, daß sie in der natürlichen Umwelt gar nicht überleben können – was über Jahre in unzähligen Experimenten nachgewiesen sei. Die technischen Sicherheitsvorkehrungen in der Anlage – Filter, Dichtungen, Sterilisation aller bakterienhaltigen Flüssigkeiten – seien mit Absicht überdimensioniert worden. Die Zentrale Kommission für biologische Sicherheit, ein Expertengremium beim Bundesgesundheitsamt, habe der Firma das ausdrücklich bescheinigt.

Die Rechtslage ist unklar, weil das Immissionsschutzgesetz von 1974, nach dem Chemieanlagen genehmigt werden, die Besonderheiten gentechnischer Produktionen nicht berücksichtigt. Hoechst muß auf ein jahrelanges Verfahren gefaßt sein – mit bitteren wirtschaftlichen Folgen.

Der Weltmarkt für Insulin – Wert 1,5 Milliarden Mark – ist hart umkämpft. Traditionell wird das Hormon, mit dem sieben Millionen Diabetiker behandelt werden, aus den Bauchspeicheldrüsen geschlachteter Rinder und Schweine gewonnen. Doch seit 1982 verkauft der amerikanische Pharmariese Eli Lilly Insulin, das gentechnisch nach einer Genentech-Lizenz hergestellt wird. Lilly hat mit dem neuen Produkt schon fast den halben Weltmarkt erobert. In der Bundesrepublik gehören Hoechst mit herkömmlichem Insulin noch sechzig Prozent des Marktes. Doch Lilly holt dank seines Genprodukts auf, und auch der dritte große Konkurrent, die dänische Novo Industri, wird bald mit einem Bakterien-Insulin auf dem Markt sein. Hoechst droht seinen heimischen Markt zu verlieren. Vor allem aber bleibt die deutsche Firma auf dem sehr viel größeren amerikanischen Markt ohne Chance, wenn die Genproduktion in Frankfurt stillgelegt bleibt.

Härter als etwaige Einbußen auf dem Insulinmarkt träfen den führenden deutschen Pharmakonzern allerdings die langfristigen Folgen, wenn ihm jetzt der Einstieg in die Gentechnik nicht gelänge. Die Hoechst-Tochter Behringwerke hat eine Reihe von Genprodukten – zum Beispiel den Blutgerinnungsfaktor VIII –, die bald marktreif sind. Behrings Forschungs-Vorstand Ernst-Günter Afting: „Was wir jetzt dringend brauchen sind genehmigte Produktionsanlagen."

Doch der Pharmakonzern, der entschlossener als alle europäischen Konkurrenten in die Gentechnik eingestiegen ist, droht weiter zurückzufallen – er liegt schon heute weit hinten, abgehängt auch von deutschen Wettbewerbern. Zwei Unternehmen nämlich betreiben seit 1986 Gen-Anlagen in der Bundesrepublik – ohne daß es Widerstand von Kritikern gegeben hätte. Im bayerischen Flecken Laupheim, nahe Ulm, stellt die Firma Bioferon den Wirkstoff Gamma-Interferon her. Der Pharmahersteller Thomae – eine Tochterfirma von Boehringer Ingelheim produziert im schwäbischen Biberach das Infarktmittel tPA. Beide Firmen weisen den typischen Weg, auf dem die etablierte Industrie den Anschluß in der Gentechnik sucht: durch Kooperation mit den Pionierunternehmen. Boehringer Ingelheim hatte schon 1985 für vierzig Millionen Mark eine Fünf-Prozent-Beteiligung an Genentech in San Francisco erworben. Ergebnis: Die Boehringer-Tochter Thomae wird das Infarktmittel Activase, das für Genentech den Durchbruch auf dem Pharmamarkt brachte, in Lizenz herstellen und weltweit verkaufen – mit Ausnahme von Nordamerika, dort will Genentech selber verdienen, und Japan, wo der Chemiekonzern Mitsubishi die Vertriebsrechte hat.

Ob das neue Medikament – deutscher Markenname Actilyse – einen ausreichenden Teil der Boehringer-Investitionen in die Gentechnik von über 250 Millionen Mark je einspielen wird, ist freilich zweifelhaft. Während Genentech in den USA sechs Wochen nach der tPA-Zulassung über 60 Millionen Mark eingenommen hatte, kam Thomae in den ersten acht Verkaufswochen in der Bundesrepublik gerade auf kümmerliche 2,5 Millionen Mark. Grund: die Finanzprobleme im deutschen Gesundheitssystem. Eine einzige Actilyse-Be-

handlung kostet 4200 Mark. Dem Infarkt-Patienten bringt sie den Vorteil, das Krankenhaus schnell verlassen zu können. Doch die Klinik, deren Ärzte über die tPA-Therapie entscheiden, ist aus ökonomischen Gründen interessiert, Patienten lange bei sich zu behalten – und das gewährleisten nur traditionelle Infarkttherapien ohne das Genmedikament tPA.
Auch Bioferon, die zweite deutsche Firma an der Biotechnikfront, setzt auf Kooperation mit einem der großen Laborunternehmen. Doch hier ist die Kapitalbeteiligung umgekehrt: Die Bostoner DNA-Boutique Biogen hält seit 1984 fünfzig Prozent an Bioferon. Das Engagement war den Amerikanern vierzehn Millionen Mark wert, weil sie Bioferons Fähigkeiten brauchten, Bioprodukte in großen Mengen herzustellen und zu reinigen. Neben gentechnischem Gamma-Interferon wird auch Bioferon das Infarktmittel tPA produzieren – der manipulierte Organismus dafür kommt von Biogen, das fertige Produkt will der US-Pharmakonzern Smith Kline vertreiben.
Boehringer und Bioferon – die Beispiele belegen, daß das Gengeschäft global ist. Nie zuvor ist eine technologische Neuerung über international so verflochtene ökonomische Strukturen verbreitet worden wie die Gentechnik. Den Grund dafür – er ist wiederum in den Bioboutiquen zu suchen – nennt Bioferon-Chef Johann-Friedrich von Eichborn: „Ausgelöst durch ihren notorischen und unersättlichen Finanzbedarf sehen sich die Genfirmen genötigt, aus allem Kapital zu schlagen, was sich irgendwie vermarkten läßt. Das hat zur notwendigen Konsequenz, daß sie mit mehreren Firmen gleichzeitig in regen Geschäftsbeziehungen stehen."
Von seinem Partner Biogen etwa kennt von Eichborn ein Dutzend namhafter Geschäftspartner: die japanischen Firmen Suntory, Shionogi, Yamanouchi, Fujisawa und Green Cross; aus der Bundesrepublik Schering, die Behringwerke und die BASF-Tochter Knoll; dazu noch die Pharmariesen Roche, Smith Kline, Novo und Kabi Vitrum.
Beim Biogen-Konkurrenten Genentech sieht die Liste der Partner nicht anders aus: die Schweizer Konzerne Roche und Ciba Geigy sind dabei; Boehringer Ingelheim und Chemie Grünenthal aus der Bundesrepublik; die Japaner Mitsubishi, Fujisawa, Kyowa Hakko und Toray; aus den USA schließlich Hewlett Packard, Eli Lilly und die Cutter Laboratories – eine Tochter des deutschen Bayer-Konzerns.
Die Pioniere stehen also in regem Austausch mit Pharmagiganten, die sonst weltweit hart gegeneinander konkurrieren. Dem Industrie-Establishment gefällt das wenig, doch es hat keine andere Wahl. Von Eichborn: „Die anfängliche Entschlußlosigkeit und Unbeholfenheit der klassischen Pharmaunternehmen haben es den jungen Genfirmen der USA ermöglicht, mit wenigen energischen Forschungsanstrengungen einen Vorsprung zu erlangen, der nun die Großfirmen auf Jahre von den kleinen Neugründungen abhängig macht."
Der Multi Hoechst hat im Vertrauen auf die eigene Größe diese Abhängigkeit vermeiden wollen und die Gentechnik weitgehend aus eigener Kraft zu entwickeln versucht – mit deprimierendem Ergebnis. Deutlich geschickter hat Hoechst-Konkurrent Bayer sich die Gentechnik angeeignet. Der Weltkonzern aus Leverkusen wird vermutlich die deutsche Nummer eins im Biobusiness werden.
Seit Jahren schon steckt Bayer per anno weltweit 200 Millionen Mark in seine Bioforschung, ein Viertel davon in reine Gentechnik. Laute Kommentare war den Leverkusener Konzernlenkern das nie wert. Nüchtern urteilt der Bayer-Forschungsmanager Wolf-

Dieter Busse: „Unsere Strategie war konservativ, aber solide."

Vor allem war sie auf Amerika gerichtet. Schon 1981 gründete der Konzern zusammen mit drei Yale-Professoren in West Haven, Connecticut, die Genfirma Molecular Diagnostics. Vier Jahre später folgte die Firma Molecular Therapeutics. Als Glücksfall erwies sich, daß Bayer in den siebziger Jahren sein traditionelles Pharmageschäft in den USA stark ausgebaut und die leicht angeschlagenen Unternehmen Miles und Cutter aufgekauft hatte. Der Alka Seltzer-Hersteller Miles war immer schon stark im Enzym-Geschäft, Cutter stellte Blutplasmaprodukte her – beides wurden strategisch wichtige Felder, als die Gentechnik aufkam.

Gelassen und mitleidig verfolgen die Bayer-Leute deshalb den Trouble, den Konkurrent Hoechst mit der Genehmigung seiner Insulinanlage hat. Die sonst bei solcher Gelegenheit gern aus Managermund gehörte Drohung – „Wenn die Standortbedingungen in Deutschland nicht mehr stimmen, müssen wir die Arbeitsplätze leider ins Ausland verlegen" – können sie sich sparen – sie sind längst kommentarlos in die USA abgewandert. Wenn alles planmäßig läuft, wird Cutter 1990 im kalifornischen Berkeley mit der gentechnischen Produktion des Blutfaktors VIII beginnen – das Know-how stammt, wie auch sonst, von der nahebei residierenden Firma Genentech. Zwar ist das Präparat als Verkaufsprodukt unbedeutend. Für die Behandlung der weniger als 30 000 Hämophilen in den USA und der Bundesrepublik genügen jährlich 230 Gramm der Substanz, der Weltumsatz beträgt nicht mehr als 250 Millionen Mark. Doch entscheidend ist, daß Bayer damit der Einstieg in die Fertigung gelingt. Dem ersten gentechnischen Produkt werden bald weitere folgen, und die 200 neuen Jobs in Berkeley werden nicht die letzten sein – daran lassen die Leverkusener Manager keinen Zweifel.

Sie können sicher sein, daß ihre US-Produktion in zwei Jahren läuft. Ein Bayer-Forscher: „In Deutschland brauchen Sie drei Jahre, ehe Sie ein Verfahren genehmigt bekommen – wenn Sie Glück haben. In den USA ist das problemlos, da laufen schon etliche gentechnische Produktionen. Das ganze Klima gegenüber der Gentechnik ist dort günstiger."

Das war nicht immer so. Doch die US-Industrie hat mit Geduld, Geschick und viel Geld auf Sicherheitsbedenken gegen die Gentechnik bei Genehmigungsbehörden, Politikern und Publikum reagiert. Ein gutes Beispiel bietet auch dafür Amerikas Bioriese Monsanto. Was bei Hoechst die nicht genehmigte Insulinanlage ist, das war bei Monsanto vor zwei Jahren Ps-3732. In sechs Jahren Arbeit war es dem Wissenschaftler Robert Kaufman gelungen, dem Bodenbakterium Ps-3732 ein Gen einzupflanzen, das aus einem anderen Bakterium, dem „Bacillus thuringiensis", isoliert worden war. Das Gen kodiert für ein Insektengift. Ps-3732-Bakterien, die an den Wurzeln von Maispflanzen siedeln, konnten dadurch das Toxin synthetisieren und damit Mais gegen verschiedene Schädlinge schützen. Monsanto hofft, später einmal Saatgut verkaufen zu können, das mit den insektenkillenden Bakterien besprüht war – Pflanzenschutz ohne Chemie.

Robert Kaufman hatte lange in den Gewächshäusern des Monsanto-Forschungszentrums experimentiert. Doch als er seine Bakterien auf einem Ackerstück in St. Charles, Missouri, ausprobieren wollte, verhinderte das amerikanische Umweltschutzamt EPA den Feldversuch. Der Environmental Protection Agency genügten die von Monsanto vorgelegten Studien nicht, die belegen sollten, daß die genetisch veränderten Bakterien harmlos für die Umwelt wären. Die Hauptbefürchtung – sie wurde vor allem von dem Gentechnik-Kritiker Jeremy Rifkin öffentlich propagiert – war, daß die manipulierten Mikroben sich im Boden verbreiteten, ihr Erbgut mit anderen Organismen vermischten, und dadurch womöglich neue, gefährliche oder ökologisch schädliche Mikroben entstünden.

Nach langem hin und her hat Monsanto den Versuch aufgegeben. Das gescheiterte Vorhaben hat die Firma eine Million Dollar gekostet. Dennoch will Leonhard Guarraia, Direktor für Technologiepolitik bei Monsanto, Groll weder gegen die Umweltbehörde noch gegen Gen-Gegner Rifkin zeigen: „Diese Million war gut angelegt. Sie hat uns gelehrt, daß wir anders vorgehen müssen. Die Zeiten, wo die Wissenschaft einfach sagen konnte „Traut uns", sind vorüber. Wir sind überzeugt, daß die Gentechnik sicher ist. Aber wir haben die verdammte Pflicht, das der Öffentlichkeit auch zu beweisen. Recht zu haben reicht nicht. Wir müssen auch überzeugen. Eins muß allerdings auch klar sein – wir müssen uns an wissenschaftlich prüfbare Fakten halten. Wir wollen eine faire Chance. Daß Leute die intellektuelle Freiheit einschränken wollen, daß man aus purer politischer Absicht, aus ideologischen Gründen Entwicklungen stoppen will, das ist ‚bullshit' – mit dem Wort zitieren Sie mich besser nicht."

Die Konsequenzen aus dieser Einsicht, von der die meisten Manager in der Bundesrepublik noch meilenweit entfernt sind, hat Monsanto längst gezogen. Im November 1987 startete die Firma zusammen mit der Clemson University in Blackville, South Carolina, einen Feldversuch, der einzig den Zweck hat zu beweisen, daß genetisch manipulierte Mikroben sich nicht unkontrolliert im Boden ausbreiten – diesmal kam die EPA-Genehmigung prompt. Bakterien vom Stamm „Pseudomonas fluorescens" sind zwei Markierungsgene von gewöhnlichen Kolibakterien eingesetzt worden. Werden Bodenproben mit einem Testreagens besprüht, leuchten die veränderten Bakterien strahlend blau auf.

Drei Monate nach Versuchsbeginn hatten die Bakterien sich nicht weiter als fünfzehn Zentimeter im Boden bewegt – zumindest für Monsanto-Forscher David Drahos der Beweis, daß sie unter Kontrolle bleiben: „Das ist wirklich ein Durchbruch. Zum erstenmal haben wir mit Bakterien im Freien arbeiten können, denen fremde Gene eingesetzt sind." Zwar hatte die Laborfirma Advanced Genetic Sciences schon im April 1987 genetisch veränderte Bakterien ins Freie bringen dürfen, mit denen Erdbeeren vor Frost geschützt werden können. Doch diesen Eis-Minus-Mikroben war nur ein Gen entfernt, kein fremdes eingesetzt worden.

Bei kostspieligen wissenschaftlichen Beweisen hat Monsanto es nicht bewenden lassen, um die Gentechnik in den Vereinigten Staaten akzeptabel zu machen. Die Abteilung für Public Relations war nicht weniger fleißig als die Forscher in den Labors und auf den Äkkern. Schon 1985 hieß es in einem firmeninternen Papier: „Es gibt eine ernsthafte Gefahr: Nachdem Monsanto Hunderte von Millionen Dollar für die Genforschung ausgegeben hat, könnte am Ende ein gewichtiges Hindernis den Markteintritt blockieren. Potentielle Kunden könnten sich den Produkten der Gentechnik verweigern – vor allem wenn es den Kritikern gelingt, das öffentliche Wissensvakuum auf diesem Feld mit faktisch unbegründeten, emotionsgeladenen Kontroversen zu füllen."

Das Unternehmen hat das Seine gegen das Va-

Die Tabakpflanze ist im Labor leicht zu handhaben. Bei Nutzpflanzen wie Weizen oder Mais, die letztlich die erhofften Milliarden einbringen sollen, tun sich die Geningenieure weitaus schwerer.

kuum getan. In zwei Kampagnen in Columbus, Ohio, und Columbia, South Carolina, wurde drei Monate lang getestet, wie sich die öffentliche Einstellung zur Gentechnik verändern ließ. Pressekonferenzen, Postwurfsendungen, eine Ausstellung, von Monsanto gedrehte Filme in lokalen Fernsehprogrammen und häufige Auftritte von Wissenschaftlern und Managern der Firma in Talkshows und bei öffentlichen Veranstaltungen hatten die erwünschte Wirkung.

Die Meinung, daß die Biotechnik in der Landwirtschaft segensreich sei, verbreitete sich unter 86 Prozent der Bevölkerung von Columbia und unter 81 Prozent in Columbus – vor der Kampagne waren es nur 73 und 71 Prozent gewesen. Nach drei Monaten waren nur noch 21 und vierzehn Prozent jener Leute in beiden Städten, welche die Monsanto-PR nachweislich wahrgenommen hatten, gegen Freilandexperimente mit genetisch veränderten Mikroben – vorher waren es 27 und 25 Prozent gewesen.

In der Bundesrepublik zöge so ein Public-Relations-Feldzug schnell den Vorwurf auf sich, daß da ein mächtiges Industrieunternehmen die öffentliche Meinung zu seinen Gunsten beeinflusse. Die Amerikaner verstehen das eher unbekümmert als legitime Interessenwahrnehmung. Sie ziehen dieses Verfahren allemal dem deutschen vor, nach dem die In-

dustrie im allgemeinen wenig Wert darauf legt, ihre Vorhaben öffentlich zur Diskussion zu stellen.
Statt aus eigenem Antrieb den öffentlichen Kenntnisstand über die Gentechnik zu verbessern, beschränken sich deutsche Manager lieber aufs Nörgeln: darüber etwa, daß die Schulen zu wenig naturwissenschaftliche Grundkenntnisse vermitteln und zur Wissenschaftsfeindlichkeit beitrügen, oder darüber, daß man hierzulande „immer erst Hinz und Kunz fragen muß, ehe man eine neue Produktion einrichten darf" – so ein Chemiemanager. Typisch auch die Äußerung eines Pharmamanagers zum Thema öffentliche Risikobedenken: „Das ist doch aussichtslos, die Öffentlichkeit in alle Tiefen der Gentechnik einführen zu wollen, die Menschen können das doch gar nicht verarbeiten. Das einzige, was wir tun können, ist dies: bessere, neue Arzneimittel machen. Das wird die Leute dann schon vom Segen der Gentechnik überzeugen."
Einstweilen sieht es nicht so aus, als ob das gelänge. Die diffuse Furcht vor wildgewordenen Chimären, geklonten Menschen und Killerbakterien aus den Genlabors scheint in der Bundesrepublik eher zu wachsen. In den Vereinigten Staaten dagegen ist die erste Welle der Anti-Gen-Bewegung längst verebbt, die Debatte dreht sich mittlerweile um eher handfeste Fragen. Näher als die Angst vor gentechnisch verursachten Seuchen und Ökokatastrophen liegen nämlich möglicherweise Zweifel am ökonomischen Nutzen der jüngsten technologischen Revolution.
Gegen die medizinischen Segnungen neuer Arzneien – wenn sie denn halten, was sie versprechen – wird niemand argumentieren wollen. Viel spricht aber einstweilen dafür, daß die gentechnische Innovation in der Medizin nur zu immensen Kosten zu haben sein wird. Die Vermutung, daß die neue Biotechnik die Arzneimittelherstellung verbilligen werde, hat sich bisher jedenfalls nicht bestätigt. Gentechnisches Insulin kostet nicht weniger als traditionell produziertes. Interferone, das Wachstumsmittel Protropin, das Infarktmittel Actilyse – alle diese Arzneien sind sehr teuer. Die Preise mögen schnell fallen, wenn mehr Anbieter auf die Märkte kommen und die Monopolrenten der Pioniere drücken. Doch dann wird geschehen, was der *Economist* schon vor zwei Jahren prophezeite: „Es sieht so aus, als würden große Überkapazitäten drohen. An vielen potentiellen Medikamenten forschen zehn und mehr Firmen – und sie alle bauen Fermentationsanlagen, von denen jede einzelne ausreicht, den gesamten Weltbedarf für den Wirkstoff zu decken. Der finanzielle Druck auf die Industrie wird ungeheuer werden."
Statt satter Profite haben deshalb viele Firmen eher die Pleite zu erwarten. Von den Milliarden, die in die neue Technik geflossen sind, sind etliche à fonds perdu investiert. Die Gentechnik – ein gigantischer volkswirtschaftlicher Irrsinn? Auszuschließen ist das nicht.
Was für die Arzneimittelindustrie gilt, trifft auch auf die Landwirtschaft zu. Ertragreichere Pflanzen, wirksamere Pestizide, genetisch gedrillte Schlachtschweine und Milchkühe – ein Effekt der neuen Biotechniken ist gewiß: Die Produktivität in der Landwirtschaft wird steigen. In den entwickelten Ländern – mit Sicherheit werden die Neuerungen hier zuerst, wenn nicht sogar ausschließlich eingeführt – ernten die Bauern schon heute von allem zuviel. Höhere Produktivität bedeutet entweder noch mehr Überschüsse an Getreide, Fleisch, Gemüse, Milch und Wein – oder aber gleiche Erntemengen von weniger Erzeugern. Beides versuchen die Agrarpolitiker in Amerika und

Europa seit Jahren und mit immensen volkswirtschaftlichen Kosten zu verhindern.
Schon bald wird die Gentechnik die Probleme in der Landwirtschaft verschärfen. In zwei Jahren nämlich wollen die amerikanischen Konzerne Monsanto, Eli Lilly, American Cyanamide und Upjohn bovines Somatotropin (BST) auf den Markt bringen. Das Rinderwachstumshormon – dank Gentechnik kann es neuerdings billig hergestellt werden – steigert die Milchleistung von Kühen um bis zu zwanzig Prozent. Zwar müssen die Bauern auch mehr Kraftfutter einsetzen, der Nettogewinn erhöht sich durch BST nach Angaben der Hersteller aber um rund sechs Prozent.
Für die Monsanto-Wissenschaftler ist die Sache einfach: Das Mittel ist so billig, daß jeder Bauer es sich leisten kann. Er wird also mit weniger Kühen, kostengünstiger mithin, die gleiche Milchmenge produzieren können. Allenfalls dies will Monsanto-Manager Rick Ryan zugestehen: Ein guter Farm-Manager mag von BST mehr profitieren als ein schlechter.
Was sich dahinter verbirgt, hat der Hohenheimer Agrarökonom Jürgen Zeddies in einer gründlichen Untersuchung für den deutschen Markt analysiert. Er kommt zu dem nüchternen Ergebnis, „daß sich bei begrenzter Milchmenge und fehlenden Produktionsalternativen produktivitätssteigernde Maßnahmen ... vorwiegend negativ auswirken. Der strukturelle Wandel würde durch den Einsatz von Wachstumshormon in der Milchproduktion gestärkt." Im Klartext: Noch mehr kleine Bauern müßten aufgeben, die Konzentration in der Landwirtschaft würde verschärft. Zeddies urteilt deshalb mit für einen Wissenschaftler bemerkenswerter Klarheit: „BST paßt zur Zeit nicht in die agrarpolitische Landschaft".
Der Milchmarkt wird nicht der einzige Sektor bleiben, auf dem die Gentechnik den Trend vom Bauernhof zur Agrarindustrie fördern wird. Schon experimentieren Monsanto und Co. auf ihren Versuchsfarmen mit dem Schweinewachstumshormon PST – mehr Fleischmasse, fettärmere Koteletts sind das Ziel. Auch die Schweinemäster werden deshalb abspecken müssen. Und schon ist zu erkennen, daß die Argrarindustrie auf die Märkte für Saatgut vordringt.

Die Gentechnik nämlich berührt ein wichtiges Geschäft von Konzernen wie Monsanto: den Absatz von Pflanzenschutzmitteln. Gelingt es, Getreide, Baumwolle oder Sojabohnen genetisch so zu verändern, daß die Pflanzen gegen Schädlinge und Krankheiten resistent werden, dann werden weniger Chemiegifte auf den Äckern benötigt.
Die Hersteller dieser Agrochemikalien sind deshalb stark daran interessiert, diese Entwicklung unter Kontrolle zu halten. Bisher scheint ihnen das zu gelingen. Statt mit äußerstem Einsatz an der Entwicklung von schädlingsresistenten Pflanzen zu arbeiten, haben sich ihre Wissenschaftler auf Näherliegendes geworfen: die Entwicklung herbizidresistenter Sorten.
Eine Reihe der marktgängigen Unkrautvernichtungsmittel ist nämlich höchst unvollkommen: Sie vernichten alles, was grün ist, ausgenommen die eine Nutzpflanze, zu deren Schutz sie eingesetzt werden. Ein Farmer, der in einem Jahr Mais anbaut, kann deshalb in der nächsten Saison auf dem gleichen Acker keine Sojabohnen säen – die Rückstände des maisfreundlichen Herbizids vom Vorjahr ließen Soja nicht gedeihen. Gelänge es aber, die Sojabohnen genetisch so zu verändern, daß sie wie der Mais den Unkrautvertilger vertrü-

Auf Blättern von Pflanzen siedeln normalerweise Bakterien, die bei Frost die Bildung von Eiskristallen fördern. Der amerikanische Biologe Steven Lindow hat die Mikroorganismen gentechnisch umgezüchtet: Es entstanden die sogenannten Eis-Minus-Bakterien. Sie verhindern, daß im Laborversuch das rechts abgebildete Blatt im Wasser von minus vier Grad gefriert. Die Hersteller hoffen auf den Durchbruch ihrer Neuzüchtung: Allein amerikanische Bauern beziffern ihre Frostschäden auf jährlich drei Milliarden Dollar.

gen, dann eröffneten sich ganz neue Marktchancen für dieses Herbizid.

Alle großen Chemiekonzerne haben heute solche Breitbandherbizide im Programm: bei Hoechst heißt es Basta, bei DuPont Glean, bei Monsanto Round up, Ciba Geigys Aatrex wurde auch außerhalb der Landwirtschaft bekannt, weil seine Wirksubstanz Atrazin ein Fischsterben im Rhein verursachte.

Der weltweite Umsatz mit Herbiziden kommt auf sieben Milliarden Mark und den größten Teil davon werden sich jene Hersteller sichern, die als erste ganze Anbau-Pakete auf den Markt bringen: Pflanzenschutzmittel zusammen mit den eigens daran angepaßten Saaten. Seit längerem ist deshalb zu sehen, daß die Großen der Agrochemie überall auf der Welt kleine Saatgutfirmen aufkaufen. Ciba Geigy etwa hat schon in den siebziger Jahren Funk Seeds in den USA gekauft, Shell die Firmen Nickerson Seeds, Plant Breeder und Wilson Hybrids, Hoechst hat sich an der Kleinwanzlebener Saatzucht beteiligt.

Konzernstrategen wie Monsantos Forschungschef Howard Schneidermann bestreiten zwar, daß dies als genereller Konzentrationsprozeß, als Industrialisierung der Landwirtschaft zu interpretieren ist. Aber was sonst mag wohl gemeint sein, wenn ein gewiß nicht allzu industriekritischer Kenner des Geschäfts wie Roger H. Salquist, Chef der auf Agrargenetik spezialisierten Laborfirma Calgene im kalifornischen Davis, von einem „Trend zur vertikalen Integration in der Landwirtschaft" spricht?

Klar zu erkennen ist jedenfalls gegenwärtig, da die ersten Gentechnik-Produkte sich auf den Märkten durchzusetzen beginnen, daß die neuen Biotechniken weitreichende ökonomische Folgen haben werden. All die Verheißungen einer schönen, neuen Welt, welche

In diese Schweine haben Wissenschaftler das menschliche Gen für ein Wachstumshormon eingebaut. Die Supersau liefert mehr Fleisch als gewöhnlich – kann aber kaum noch stehen und verliert ihren Sexualtrieb.

die Gentechnik bereithält, mögen ebenso übertrieben sein wie die Horrorszenarien von gezüchteten Menschen und Killermikroben. In so nüchternen Institutionen wie den Bilanzen der Krankenversicherungen und den Subventionsetats für die Landwirtschaft aber wird die biologische Revolution schon bald ihre Wirkungen zeigen.

Welcher Art und wie stark sie sein werden, darüber läßt sich bestenfalls spekulieren. Sicher ist diese banale Einsicht: Die industrielle Umsetzung der vielleicht wichtigsten Innovation dieses Jahrhunderts wird von den Regeln der Konkurrenz und des Marktes gesteuert, angetrieben von den chaotischen Motiven einzelwirtschaftlicher Interessen. Nie zuvor scheint eine so starke kommerzielle Schubkraft die Entwicklung einer technischen Neuerung angetrieben zu haben. Nie zuvor auch hat sich diese Kraft derart global verflochten entfaltet. Für die deutsche Industrie heißt das, daß sie im Gengeschäft gewiß dabei sein wird – mit Produktionen in Amerika und Japan.

Die Vorstellung, daß irgendwelche Formen öffentlicher Kontrolle auf die Entfaltung der Gentechnik merklich steuernden Einfluß nehmen könnten, wirkt jedenfalls seltsam hilflos.

EXKURS

Patente auf das Leben

Wolfgang Gehrmann

Forscher und Firmen streiten um das Eigentum an der Natur

Zehn Tage nur hätten fast genügt, und eine Jahrhundertentdeckung wäre nicht patentiert worden. Als die Molekularbiologen Herbert Boyer und Stanley Cohen Anfang November 1974 ihre Methode, Bakteriengene mit Hilfe von Plasmiden in artfremde Zellen zu übertragen, beim amerikanischen Patent and Trademark Office anmelden ließen, sahen sie demnächst schon reichliche Lizenzeinnahmen auf ihre Konten fließen.

Doch sie hatten etwas übersehen, einen kleinen Aufsatz, der in der Ausgabe des *New Scientist,* vom 25. Oktober 1973 erschienen war. Boyer hatte kurz zuvor auf einem Kongreß über seine Experimente berichtet. Ein Kollege, Edward Ziff, hatte mitgeschrieben und die Neuigkeit für bescheidenes Honorar als Story an das Wissenschaftsmagazin verkauft.

Cohens und Boyers Pech: Das amerikanische Recht schreibt vor, daß ein Patent spätestens ein Jahr nach der Erstveröffentlichung der Erfindung angemeldet werden muß. Die Anmeldung der Wissenschaftler aber kam exakt ein Jahr und zehn Tage nach dem Ziff-Artikel. Cohens und Boyers Glück: Nach zehn Jahre währenden juristischen Auseinandersetzungen obsiegten die Anwälte der Stanford University, die die beiden Forscher vertraten, doch noch und erhielten das Patent. Zum Dank traten die beiden Biologen ihre Rechte an die Universität ab. Stanford rechnet jetzt mit jährlich zehn Millionen Dollar Lizenzeinnahmen aus dem ersten und wichtigsten Patent der Gentechnik.

Der zehnjährige Streit um das Cohen-Boyer-Patent war der längste, doch beileibe nicht der einzige um Eigentumsrecht an gentechnischen Forschungsresultaten. Seit gewiß ist, daß die neuen Methoden der Biotechnik sich kommerziell verwerten lassen, haben Forscher und Firmen allein in den Vereinigten Staaten 7000 Gentechnik-Patente angemeldet – und hundertfach ist es darüber zu Konflikten gekommen.

Der jüngste und ökonomisch interessanteste Fall nahm 1987 seinen Gang durch die Instanzen der britischen Justiz. Der Streit ging um kein anderes Produkt als das Infarktmittel tPA. Genentech hatte im Februar 1986 vom Londoner Patent Office ein generelles Schutzrecht auf jede Art des Wirkstoffes bekommen, die mit gentechnischen Methoden gewonnen wurde. Doch das britische Pharmaunternehmen Wellcome hatte längst mit Methoden, die denen von Genentech glichen, eigenes tPA produziert – so wie etliche andere Firmen auch. Wellcome focht deshalb das Genentech-Patent an.

Im Juli 1987 fällte der High Court in London seine Entscheidung, die von den Pharmafirmen überall auf der Welt mit Spannung erwartet wurde: Genentechs Patent wurde aufgehoben. Hauptargument in Richter Whitfords neunzigseitiger Urteilsbegründung war, daß Genentechs Patentanspruch zu breit war – man könnte auch sagen: zu unverschämt. tPA-Gene in fremde Zellen zu übertragen – so die Quintessenz des Spruchs – sei keine neue besondere Technik, sondern längst wissenschaftliches Allgemeingut.

Genentech kündigte an, das Urteil anzufechten und zugleich seine Patentansprüche auf tPA in allen Ländern der Welt weiterzuverfolgen – koste es, was es wolle. Die Reaktion war so sympto-

matisch wie der ganze Fall. Die Unternehmen versuchen mit allen Mitteln, nicht nur bestimmte Produkte, sondern möglichst generelle gentechnische Verfahren patentieren zu lassen. Sie werfen damit Fragen auf, die das herkömmliche Patentrecht – sei es in Amerika, sei es in Europa – nicht leicht beantworten kann.
Im Kern nämlich geht es um das ethische Problem, ob Natur, ob Leben überhaupt patentfähig ist.
Im Prinzip ist ein Patent ein Abkommen zwischen Erfinder und Staat. Weil der Forscher sein Wissen nicht für sich behält und die Allgemeinheit daran teilhaben läßt, belohnt ihn der Staat: Zwanzig Jahre lang darf der Erfinder Lizenzgebühren von jenen kassieren, die sein Wissen ökonomisch nutzen wollen. Dafür muß die Erfindung freilich Bedingungen erfüllen. Sie muß wirklich neu und nützlich sein, darf nicht selbstverständlich sein, und die Möglichkeit, sie patentieren zu lassen, darf nicht ausdrücklich vom Recht ausgeschlossen sein.
Das europäische Patentrecht zum Beispiel verwehrt Eigentumsrechte auf Pflanzensorten und Tierrassen sowie auf biologische Verfahren zu ihrer Züchtung.
Anders in den Vereinigten Staaten – dort ist die Frage nach der Patentierbarkeit des Lebens schon Anfang der siebziger Jahre aufgekommen. Anlaß war eine Mikrobe, die imstande war, Erdöl zu verdauen – ökonomisch hoch interessant etwa für die Beseitigung von Ölverschmutzungen auf See und im Boden. Der indische Genetiker Ananda Mohan Chakrabarty hatte den Organismus in den Labors von General Electric entwickelt, indem er Erbmaterial verschiedener Bakterien miteinander verschmolz.
Als er die Mikrobe 1972 zum Patent anmeldete, löste er eine Auseinandersetzung aus, die erst acht Jahre später mit einem Grundsatzurteil des Supreme Court endete. Kern des Richterspruchs: Alles unter der Sonne der Vereinigten Staaten, belebt oder unbelebt, was von Menschenhand war, sollte auch patentierbar sein.
Chakrabartys Bakterien-Patent mit der Nummer 4.259.444 öffnete den Weg zur Lizensierbarkeit des Lebens. Inzwischen gibt es in den USA schon über 200 Patente auf genetisch veränderte Mikroben. Auch das Deutsche Patentamt in München hat schon etliche Mikroben geschützt, denn sie fallen nicht unter das europäische Patentverbot für Tiere.
Die amerikanischen Behörden haben unterdessen klargemacht, daß sie auch auf höhere Tiere Schutzrechte vergeben werden. Zwar hat das Patent and Trademark Office (PTO) im April 1987 einen Antrag der University of Washington abgewiesen, der sterile Austern aus den Labors der Universität patentiert haben wollte – die manipulierten Austern sind größer und saftiger als ihre Schwestern aus dem Pazifik. Doch Grund der Ablehnung war allein der fehlende Neuigkeitswert des Sterilisationsverfahrens für die Tiere – das PTO gab zugleich bekannt, daß es keine grundsätzlichen Bedenken gegen Tierpatente habe.
Die Entscheidung löste eine gründliche Debatte aus. Anhörungen im Kongreß führten das Pro und Contra von Patenten auf Tiere vor. Industrievertreter argumentierten, daß ohne Patentschutz der Fortschritt der Biotechnik gebremst würde. Niemand würde Millionen in die Forschung stecken, wenn er die Resultate unentgeltlich mit jedermann teilen müßte. Ohne wirksame Schutzrechte könnten vor allem ausländische Konkurrenten Genprodukte auf den amerikanischen Markt bringen – hergestellt nach Verfahren, die sie zuvor bei der heimischen Industrie abgekupfert hätten.
Die Gegner der Tierpatente trugen sowohl ethische als auch ökonomische Argumente vor. „Wenn wir Patente auf Tiere zulassen", meinte etwa Robert Nelson vom Institute of Religion am Texas Medical Center, „dann werden wir bald auch Patente auf Menschen erlauben." Der Präsident der Tierschutzgesellschaft, Michael Fox, pflichtete dem bei: „Pflanzen und Mikroben zu patentieren, das ist die eine Sache. Tiere sind etwas anderes. Wir scheinen zu vergessen, daß das Wesen mit Empfindungen sind."
Zur Zeit liegen dem PTO siebzehn Anträge auf Tierpatente vor. Größte Sorge der amerikanischen Industrie ist nun, daß Europa bei seiner restriktiven Haltung gegen Tier- und Pflanzenpatente bleibt. Schon haben die Emissäre von Monsanto und Co die EG-Kommission in Brüssel ermuntert, die europäische Patentkonvention zu ändern.
Worum es geht, sagt Monsantos Justitiar Bill Duffey, der vielleicht versierteste Bio-Patentrechtler der Welt: „Wenn wir unsere globalen Patentgesetze und -verfahren nicht schnellstens harmonisieren, und die Hersteller neuartiger Pflanzen vor Nachahmern zu schützen, dann wird die enorme Verheißung der Biowissenschaften erstickt. Investitionen werden versiegen. Die ganze Menschheit wird der Verlierer sein." Da wird man der Industrie ein paar patentierte Profite schwer versagen wollen.

EXKURS

Größer, Schöner, Schlanker

Jörg Albrecht

Ein Stoff sucht seinen Markt. Auch unsinnige und gefährliche Produkte der Gentechnik finden ihre Käufer

Die meisten Eltern wünschen sich, daß ihre Kinder sie einmal überragen. „Iß, damit du groß und stark wirst", bekommen die Kleinen zu hören. Mit dem Essen hat die Körperlänge verhältnismäßig wenig zu tun – wichtiger ist, daß die Hirnanhangdrüse funktioniert. Diese kirschgroße, Hypophyse genannte Drüse produziert eine Reihe von Hormonen, darunter auch das Wachstumshormon Somatotropin. Kommt das vom Hypothalamus gesteuerte Organ dieser Aufgabe während der kindlichen Entwicklung nicht nach, so kann „hypophysärer Zwergwuchs" die Folge sein. Das ist eine recht seltene Form von Wachstumsstörung: In der Bundesrepublik, so schätzt man, leiden rund 400 Kinder darunter. Wird der Zwergwuchs nicht ärztlich behandelt, werden die Betroffenen nicht größer als 1,40 Meter.

Seit einigen Jahrzehnten wird menschliches Wachstumshormon aus den Hirnanhangdrüsen von Leichen gewonnen und mit einigem Erfolg gegen Zwergwuchs eingesetzt. Doch die Gewinnung des Stoffes ist mühsam und teuer: Eine Behandlung kostet pro Jahr mehr als 15 000 Mark. Sie ist obendrein nicht ganz ungefährlich: Einige der Patienten, die die Hormonkur über sich ergehen ließen, erkrankten am sogenannten „Jakob-Creutzfeld-Syndrom", einer Nervenkrankheit, die durch ein Virus übertragen wird und sonst nur bei älteren Menschen auftritt. Offensichtlich kann das auf natürlichem Wege gewonnene Hormon mit Viren verunreinigt sein.

Es lag deshalb nahe, das menschliche Wachstumshormon durch gentechnische Methoden herzustellen; von Bakterien produziertes Hormon, so argumentieren die Gentechniker schon in der Frühphase ihrer Arbeit, könne unmöglich Viren enthalten, sei außerdem in beliebigen Mengen verfügbar und darüber hinaus spottbillig. 1978 schlossen die schwedische Firma KabiVitrum, bis dahin größter Lieferant des Wachstumshormons, und das neugegründete Unternehmen Genentech in San Francisco einen Forschungsvertrag mit dem Ziel, die Substanz auf gentechnischem Wege zu erzeugen. Den Wissenschaftlern gelang es, das entsprechende Gen zu isolieren, auf Bakterien zu übertragen und die Einzeller schließlich auch zur Produktion nennenswerter Mengen von menschlichem Wachstumshormon zu bringen. Doch wer gedacht hatte, das Problem sei damit schon aus der Welt, sah sich gründlich getäuscht. Die Geschichte des Wachstumshormons zeigt, daß auch in der Gentechnik die Bäume nicht ohne weiteres in den Himmel wachsen. Erstens stellte sich heraus, daß die gentechnische Produktion des Hormons ebenso teuer war wie dessen Gewinnung aus Leichnamen. Zweitens mußte das Mittel ähnlich aufwendig getestet werden wie alle anderen Medikamente; 1985, sieben Jahre nach Beginn der intensiven Forschungsarbeiten, wurden die ersten Zulassungen erteilt. Drittens erwies sich auch das gentechnische Produkt, das als „körpereigenes Medikament" gepriesen wurde, nicht als nebenwirkungsfrei: Eine Studie der japanischen „Stiftung für Wachstumsforschung" entdeckte bei neun Kindern, die mit dem Wachstumshormon behandelt worden waren, schwerwiegende Formen von Blutkrebs. Viertens schließlich blieb für die beteiligten Firmen fraglich, ob ein solch großer Aufwand für ei-

Die zehnjährige Tracy Moreno aus Kalifornien leidet an Zwerg wuchs. Dank einer Behandlung mit gentechnisch hergestelltem Wachstumshormon legte sie binnen eines Jahres zwölf Zentimeter zu.

nen Markt von weltweit wenigen tausend Patienten überhaupt lohnt. Der Verdacht liegt nahe, daß im Geschäft mit dem Wachstumshormon andere Ziele verfolgt werden als die Behandlung einer seltenen Form von Zwergwüchsigkeit. Ehrgeizige Eltern könnten leicht auf die Idee kommen, daß ihrem Sprößling ein paar Zentimeter mehr als normal in seinem späteren Leben nicht schaden könnten. Soll er gar ein Basketball-Star werden, scheint der Griff zur Hormonspritze fast unausweichlich. Leistungssportler haben im übrigen längst die muskelfördernde Wirkung des menschlichen Wachstumshormons entdeckt; in den Vereinigten Staaten gibt es einen regelrechten Schwarzmarkt. Wenn erst die Kosmetikindustrie dahinterkommt, daß Wachstumshormone auch die Bildung von Fältchen und die charakteristische Fettverlagerung im Alter verzögern können, tut sich ein gewaltiges Absatzpotential auf; tatsächlich hat es entsprechende Überlegungen in der Branche schon gegeben. Und da das Hormon offenbar auch dafür sorgt, daß der Körper bei Fastenkuren Fett und nicht Muskeln abbaut, scheint ein Einsatz als Diätmittel ebenfalls denkbar.

Das Beispiel des Wachstumshormons macht das Dilemma pharmazeutischer Gentechnik deutlich: Erst entdeckt man eine seltene Substanz, dann spekuliert man über ihren möglichen Nutzen, stellt sie mit gentechnischen Methoden her und sucht zuletzt nach einer Einsatzmöglichkeit. Daß dabei nicht immer etwas Sinnvolles herauskommt, liegt auf der Hand.

Jörg Albrecht

Aids-Mäuse und Schlimmeres

Die Genforschung ist zu riskant geworden

Biowissenschaftler sind den Anblick von Mäusen gewohnt. In den meisten Labors dieser Welt spielen die Nagetiere die Rolle von Versuchskaninchen; da gibt es nackte Mäuse, Mäuse ohne Schwänze und Mäuse mit allerlei exotischen Krankheiten. Auch die Experten der amerikanischen Gesundheitsbehörden NIH (National Institutes of Health) experimentieren mit Mäusen. Am Institut für Allergie- und Infektionskrankheiten in Bethesda, Maryland, lassen jährlich Tausende von Mäusen ihr Leben im Dienste der Wissenschaft. Gelegentlich entwischt auch mal eine, und kein Forscher wundert sich, wenn er einem der Tiere des Nachts unverhofft auf dem Gang begegnet.

Den Mäusen des Virusforschers Malcolm Martin allerdings möchte niemand zu nahe kommen: Unter seiner Regie wurde im November vergangenen Jahres das Erbgut des menschlichen Aids-Virus in 108 befruchtete Mäuseeier eingeschleust. Die Eier entwickelten sich im Bauch von Mäuse-Leihmüttern zu jungen Tieren, von denen tatsächlich vier das vollständige Aids-Erbgut enthielten, und zwar in jeder einzelnen Körperzelle. Krank wurden die Jungmäuse bislang nicht. „Sie sehen eigentlich ganz normal aus“, meint Malcolm Martin.

Seinen Kollegen war jedoch nicht ganz wohl bei dem Gedanken an die neugeschaffenen Aids-Mäuse. Bevor Martin sein Experiment beginnen durfte, mußte er die Genehmigung eines Komitees für biologische Sicherheit einholen. Freiwillig hatte er bereits eine Reihe vorbeugender Maßnahmen angeordnet: Die Mäuse leben unter Sicherheitsstufe vier, der höchsten Vorsichtsmaßnahme beim Umgang mit gefährlichen Organismen. Das bedeutet: Sie leben in einem geschlossenen Gebäude mit Unterdruck, ausgestattet mit Luftfiltern, Duschen für das Personal und Druckgefäßen, in denen jeder Abfall vor dem Verlassen des Labors sterilisiert wird. Nur etwa ein halbes Dutzend solcher Labors existiert in der westlichen Welt. Ursprünglich wurden sie für den Umgang mit Bakterien oder Viren konstruiert, die dem Menschen gefährlich werden können.

Mäuse sind bekannt für ihre sprichwörtliche Gewitztheit, und so sperrte Malcolm Martin die Nager zusätzlich in einen Glaskasten ein. Dieser ist von außen nur durch eingebaute dikke Gummihandschuhe zugänglich und ringsherum von Tanks umgeben, die eine Chloroformlösung enthalten. Und weil das alles noch nicht sicher genug erschien, wurden – sicher ist sicher – rundherum ein paar konventionelle Mausefallen aufgestellt.

Einige Wissenschaftler finden diese letzte Vorsichtsmaßnahme gar nicht komisch. „Also wirklich: soll das mit den Fallen ein Scherz sein?“ fragt der Molekularbiologe Liebe Cavalieri vom New Yorker Sloan-Kettering-Institut.

Cavalieri, der selbst seit mehr als dreißig Jahren auf dem Gebiet der Krebsforschung arbeitet, ist einer der wenigen aktiven Wissenschaftler, die sich öffentlich gegen bestimmte gentechnische Versuche wenden: „Worüber ich mir Sorgen mache: Es gibt überhaupt keine verbindlichen Regeln für diese Art von Forschung. Nun gut. Martin mußte seinen Versuch von einem Komitee genehmigen lassen, und soviel ich weiß, fühlten sich einige von den Mitgliedern dieses Gremiums unbehaglich. Dann haben sie es schließlich doch genehmigt. Ich meine, es sollte ein Gesetz geben, das solche Versuche verbietet. Selbst wenn sie in Bethesda vorsichtig sind – wer weiß denn schon, was die Leute in Kansas machen? Oder in Spanien? Diese Technik breitet sich doch über jede Grenze hinaus aus!"

In der Tat: Nirgends scheint es im Augenblick Grenzen für die Gentechnik zu geben. Das war vor wenigen Jahren noch anders. Ausgerechnet die Forscher selbst sorgten 1973 für allerhand Aufregung, als sie auf mögliche Risiken ihres Tuns hinwiesen. Die öffentliche Auseinandersetzung über die Gefahren der Gentechnik begann in New Hampshire, wo sich die Elite der Molekularbiologen alljährlich zur sogenannten „Gordon-Konferenz" trifft. Am Fuß der White Mountains diskutieren dort rund einhundert Wissenschaftler in angenehmer Atmosphäre und unter striktem Ausschluß von Politikern und Pressevertretern den neuesten Stand ihrer Forschung.

Anfang der siebziger Jahre herrschte auf diesen Konferenzen stets großer Enthusiasmus, der von den triumphalen Erfolgen bei der Entschlüsselung des genetischen Codes herrührte – und zugleich ein Klima außergewöhnlicher Sensibilität in Fragen der Politik. Protestnoten gegen den Vietnamkrieg waren an der Tagesordnung. Diese einmalige Kombination von Pioniergeist und Verantwortungsgefühl war es wohl auch, die die Teilnehmer der Gordon-Konferenz im Juni 1973 einen Brief an den Präsidenten der einflußreichen National Academy of Sciences verfassen ließ: „Wir schreiben an Sie in einer Angelegenheit, die uns tief besorgt macht. Einige der wissenschaftlichen Berichte dieser Konferenz deuten darauf hin, daß wir gegenwärtig die technischen Fähigkeiten besitzen, DNA-Moleküle verschiedener Herkunft miteinander zu verbinden. ... Einige von diesen Hybridmolekülen könnten für das Laborpersonal und für die Öffentlichkeit möglicherweise ein Risiko darstellen ... Wir schlagen vor, ein Komitee zu gründen, das dieses Problem studiert ... und Richtlinien verabschiedet, sofern das notwendig sein sollte."

Daß Naturwissenschaftler vorbeugend auf mögliche Gefahren ihrer Arbeit hinwiesen, war so ungewöhnlich, daß einige Mitglieder des wissenschaftlichen Establishments den Kopf schüttelten. „Wollen Sie wirklich, daß wir diesen Brief veröffentlichen?" fragte entgeistert der Redakteur der Fachzeitschrift *Science,* als ihm Maxine Singer, eine der Verantwortlichen des Appells, die Kopie des Schreibens schickte. Der Brief wurde abgedruckt und rief heftige Reaktionen hervor. Die Zeitungen und Fernsehanstalten bombardierten die Öffentlichkeit mit Horrorstorys von neugeschaffenen Mikroorganismen, die unvorhersehbare Epidemien auslösen könnten. Was vor allem Sorgen bereitete, war die Tatsache, daß das Arbeitspferd der Gentechniker Escherichia coli hieß. Dieses Bakterium ist ein Bewohner des menschlichen Darms. Zwar stellt es im allgemeinen nicht mehr als ein Prozent der natürlichen Darmflora dar; doch das enge Zusammenleben mit dem Menschen

macht den Einzeller nicht gerade zum idealen Objekt gentechnischer Versuche.
Das war auch den Wissenschaftlern klar. Das schlimmste, was man sich in den Jahren nach 1973 vorstellen konnte, war ein Koli-Bakterium, das fremde Gene enthielt, neuartige Proteine herstellte und sie im menschlichen Darm an denkbar unpassender Stelle ausschied. Auf diese Weise, so dachte man, könnte eine Epidemie mit unvorhersehbaren Folgen entstehen – etwa, wenn menschliches Insulin (dessen Gen sehr bald isoliert wurde), plötzlich im Darmtrakt statt in der menschlichen Bauchspeicheldrüse produziert würde.
Sheldom Krimsky, ein Soziologe von der Tufts-Universität nahe Boston, hat die Debatte um die Sicherheit von Koli-Stämmen in der Gentechnik aufmerksam verfolgt. Detailliert beschreibt er, welchen Ausgang die Diskussion nahm: Die Wissenschaftler einigten sich sehr bald darauf, einen bestimmten Koli-Stamm namens K12 chi 1776 zu verwenden. Von diesem wurde angenommen, daß er sich außerhalb des Labors nicht vermehren könne. Zudem sollte er unfähig sein, fremde Gene, die ihm auf gentechnischem Wege eingepflanzt würden, an wildlebende E. coli-Bakterien weiterzugeben. Um diese Annahme zu rechtfertigen, unternahmen die Wissenschaftler ein paar Versuche an Freiwilligen: Die Testpersonen schluckten einen Bakteriencocktail, und tatsächlich verdrängten die wilden Koli-Stämme ihre verkrüppelten Labor-Vettern aus dem Darm. Spätestens nach einigen Wochen waren die Kunst-Stämme im Darm der Versuchspersonen nicht mehr nachweisbar.
Allerdings: Eine Reihe von Faktoren beeinflußten die Überlebensfähigkeit der Laborbakterien erheblich. Wenn die Versuchsperson zum Beispiel ein Antibiotikum wie das Penicillin zu sich nahm, wurde ihre Darmflora gestört. Medizinern ist dieser Effekt wohlbekannt: Während einer Antibiotika-Behandlung verändert sich die Zusammensetzung der Mikroorganismen im Verdauungstrakt erheblich – empfindliche Stämme werden verdrängt, resistente Stämme treten an ihre Stelle. Da gentechnisch manipulierte Kolibakterien in aller Regel auch ein oder mehrere zusätzliche Resistenzgene gegen Antibiotika besitzen, könnte dies ihre Überlebenschancen in freier Wildbahn verbessern.
Sherwood Gorbach, Professor für Medizin und Mikrobiologie an der Tufts-Universität und Berater der amerikanischen Gesundheitsbehörden während der entscheidenden Phase der Risikodiskussion, wies in einer Stellungnahme auf die vorhandenen Unsicherheiten hin: „Es ist klar, daß weitere Experimente durchgeführt werden müssen, um all diese Faktoren zu untersuchen." In die Öffentlichkeit drang diese vorsichtige Bemerkung nicht vor. Statt dessen machte ein anderer Satz aus Gorbachs Stellungnahme die Runde: „Die Konferenzteilnehmer stimmen einmütig darin überein, daß E. coli K 12 durch Labormanipulationen mit DNA nicht in ein epidemisches Pathogen verwandelt werden kann." Mit anderen Worten: Das Horrorszenario war vom Tisch. Daß sich die Wissenschaftler gar nicht so sicher waren, geriet in Vergessenheit. Liebe Cavalieri schreibt rückblickend: „Die wissenschaftlichen Daten waren bruchstückhaft und unsicher, aber sie wurden so präsentiert, daß das nicht weiter auffiel."
1975, ein Jahr zuvor, hatten gut einhundert Molekularbiologen im kalifornischen Asilomar eine Reihe von Sicherheitsmaßnahmen und Richtlinien zum Umgang mit gentechnisch manipulierten Organismen vorgeschlagen. Jetzt bereuten viele schon den Schritt und drängten auf einen möglichst lockeren Um-

gang mit den neuen Methoden. Sie bombardierten den amerikanischen Kongreß, der sich mit dem Gedanken trug, strenge Gesetze zu verabschieden, mit Briefen, Stellungnahmen, persönlichen Telefongesprächen und geschickt plazierten wissenschaftlichen Artikeln.

Stanley Cohen und Annie Chang, zwei Pioniere der Gentechnik, veröffentlichten das Ergebnis einer Untersuchung, nach der ein Kolibakterium unter bestimmten Umständen Bruchstücke fremder Erbsubstanz aufnehmen und zusammenschweißen kann. Der schwer verständliche Fachartikel wurde sogleich in handfeste Argumente übersetzt: „Es hat sich herausgestellt", schrieb die *Washington Post,* „daß Mutter Natur all das, was Wissenschaftler heute tun können, auch allein kann." Selbst Senator Edward Kennedy, der damals zu den schärfsten Kritikern gehörte und bereits einen Gesetzentwurf vorbereitet hatte, ließ sich überzeugen: „Es stellt sich ernsthaft die Frage, ob die Gentechnik überhaupt jemals so etwas wie einen neuen Organismus schaffen kann." Cohen und Chang hatten mit ihrem kleinen Experiment eine große öffentliche Debatte entscheidend beeinflußt. Roy Curtiss, ein Molekularbiologe von der Alabama-Universität, kommentierte ihre Arbeit: „Es war das herrischste und verachtenswerteste Beispiel politischer Wissenschaft, das ich kenne."

Die Kampagne zeigte Erfolg. Sämtliche Gesetzentwürfe wurden zurückgezogen; statt dessen verabschiedete das NIH einen Richtlinienkatalog, der alles andere als streng war, und lockerte in den folgenden Jahren mehrmals die Beschränkungen. Die meisten westlichen Staaten schlossen sich den Richtlinien der amerikanischen Behörden an, und das Interesse der Medien an wildgewordenen Kolibakterien erlosch nach und nach.

Um auch die letzten Zweifel zu zerstreuen, entschlossen sich die Wissenschaftler, eine Art Show-Experiment durchzuführen. Die beiden Wissenschaftler Wallace Rowe und Malcolm Martin – der gleiche Malcolm Martin im übrigen, der zehn Jahre später die Aids-Maus kreieren sollte – taten das, was man 1977 noch für äußerst gefährlich hielt: Sie übertrugen das gesamte Erbgut des sogenannten Polyoma-Virus auf Kolibakterien und infizierten mit diesen gentechnischen Neuschöpfungen ein paar Versuchsmäuse. Polyoma-Viren können Nagetiere befallen und lösen bei ihnen Krebs aus. Koli-Zellen dagegen, die einen Polyoma-Tumor auslösen, wären etwas ganz Neues, in der Natur noch nicht Dagewesenes.

Die beiden Geningenieure fanden, daß sich solch ein Konstrukt tatsächlich herstellen ließ. Allerdings: Das Hybrid aus Virus und Bakterium war um mehrere Größenordnungen weniger ansteckend als das nackte Polyoma-Virus. Das Ergebnis sprach sich rasch herum. So gefährlich, befanden die Behörden alsbald, seien gentechnische Experimente mit Viren also nicht.

Der Rowe-Martinsche Versuch war niemals dazu gedacht, den wissenschaftlichen Erkenntnisfortschritt voranzutreiben – er war eher eine Demonstration zur Beruhigung der kritischen Öffentlichkeit. Drei Jahre vor Abschluß der Arbeiten mit dem Polyoma-Virus legte ein anonym bleibender Wissenschaftler ein bemerkenswertes Geständnis ab:

„Mir scheint, als gebe es zwei Arten von Experimenten: Solche, bei denen wir lernen wollen, wie etwas funktioniert, und solche, deren Ziel es ist, die Leute davon zu überzeugen, daß ihre schlimmsten Befürchtungen nicht zutreffen. Eines dieser Experimente ist, mit allen Mitteln zu versuchen, eine ernste Krankheits-

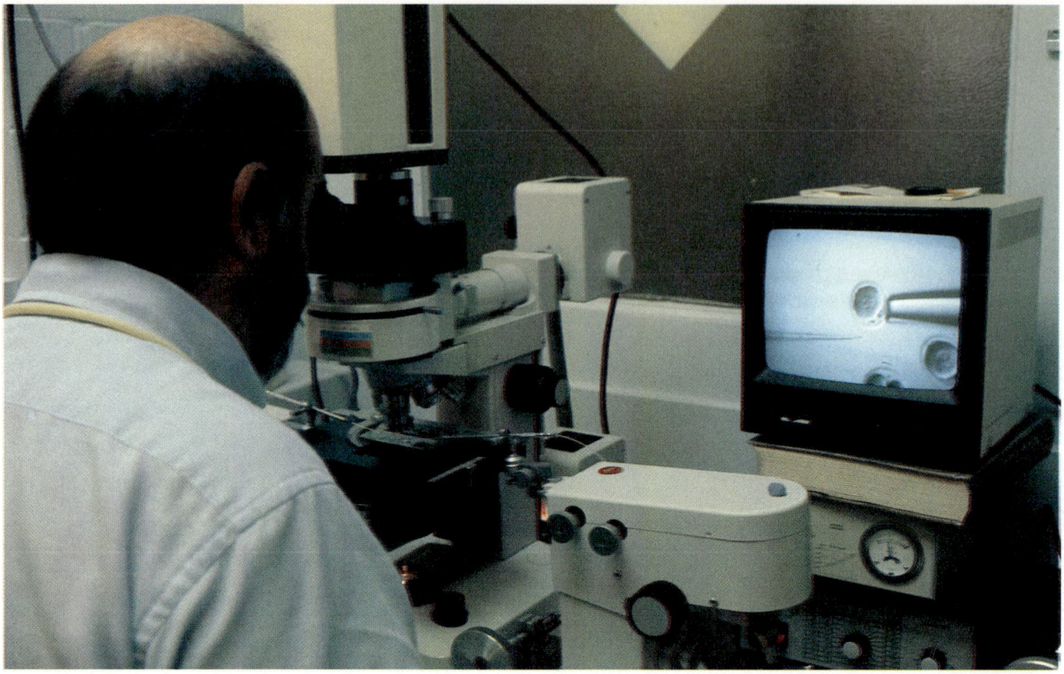

Gentechnik der einfachsten Art: Der Forscher injiziert mit einer haarfeinen Pipette einem Zellkern unter dem Mikroskop fremdes Erbmaterial.

epidemie durch DNA-Klonierung auszulösen. Laßt es uns einfach versuchen. Ich gebe zu, daß dies keinen Sinn macht. Laßt uns einfach die Zahl der Mäuse ermitteln, die überleben, wenn wir ihnen dieses Material einspritzen. Laßt uns das eine Zeitlang machen und dann sagen: ‚Seht ihr, es gibt keine Epidemie!' Und die Ergebnisse dieses Experiments werden in der *New York Times* veröffentlicht und nicht im *Journal of Molecular Biology.* Das sollten wir machen, irgend etwas in dieser Richtung. Das beflügelt die Einbildungskraft der Reporter."

Das Show-Experiment verfehlte seine Wirkung nicht. Fortan überschlugen sich die Reporter bei der Schilderung all jener Wunderwaffen gegen Krebs, Hunger und Seuchen, die uns die Gentechnik bereitzustellen schien. Wie gesagt: All das ist fünf bis zehn Jahre her. Ob 1973 wirklich die Gefahr einer ungewollten Epidemie bestand – wer will es letztlich wissen? Die Art und Weise, in der die Wissenschaftler die Debatte führten, zeigt nur, daß auch unlautere Methoden erfolgreich sein können. Nicht notwendigerweise war es gefährlich, was sie damals unternahmen. Nur: Sie verletzten ihren vielgepriesenen Ehrenkodex. Gemessen an normalen wissenschaftlichen Standards war jene Demonstration lausige Pfuscharbeit.
Heute, elf Jahre nach diesem Experiment, das doch eigentlich eher ein „best worse case"-Experiment war, hat sich die Lage für die Gentechniker entspannt. Bei einem Festakt anläß-

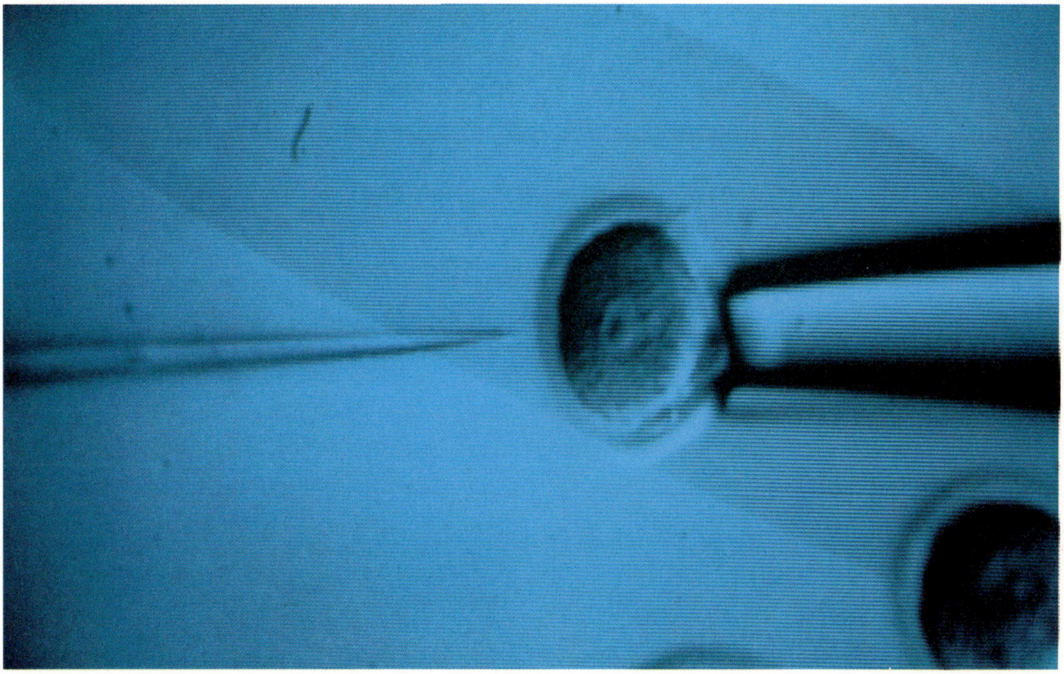

lich des 30jährigen Jubiläums der Entdeckung der DNA-Doppelhelix stellte James Watson, Mitentdecker des DNA-Modells, Direktor des Cold-Spring-Harbor-Labors bei New York und eine der grauen Eminenzen der Gentechnik, voller Befriedigung fest: „Wir können heute exakt alles das tun, was wir tun wollen."

Die Sicherheitsdebatte ist mittlerweile für alle Beteiligten ein alter Hut. „Diese Fragen haben wir doch längst geklärt", heißt die stereotype Antwort. Die drei Hauptargumente lauten:

Erstens: E. coli K12 chi 1776 kann nicht im menschlichen Darm überleben.

Zweitens: Alle möglichen Genkombinationen, die die Gentechniker vornehmen, sind von der Natur schon ausprobiert worden und deshalb nichts neues.

Drittens: Bisher ist in fünfzehn Jahren gentechnischer Arbeit kein Unfall passiert, und deshalb ist auch nicht zu erwarten, daß jemals einer passieren wird.

Die in den Kern eingeschleuste DNA nistet sich meist von allein an irgendeiner Stelle in den Chromosomen ein. So etwa wurde Schweinen ein menschliches Gen eingepflanzt, das ihr Wachstum fördert.

Daß E. coli K12 chi 1776 unter natürlichen Bedingungen ein außerordentlich lebensuntüchtiger Bakterienstamm ist, der sich an ein bequemes Leben im Labor und auf reichhaltigen Nährmedien gewöhnt hat, steht außer Frage. Nur wird gern übersehen, daß bei weitem nicht alle Experimente mit diesem harmlosen Stamm durchgeführt werden. Bei bestimmten Versuchsanordnungen greifen Gentechniker heutzutage gern auf robustere, schneller wachsende und für ihre Laborzwecke geeignetere Stämme zurück. Diese wurden in den ursprünglichen Sicherheitsüberlegungen nie berücksichtigt.

Noch weniger dachten die frühen Kritiker der Gentechnik an die inzwischen unübersehbare Vielzahl der „Vektoren“, mit deren Hilfe fremdes Erbmaterial in Koli-Zellen hineintransportiert werden kann. Ursprünglich stand ein einziger Vektor zur Diskussion: Es war ein sogenanntes „Plasmid“ – ein Stück ringförmiger Erbsubstanz DNA aus Bakterien – mit der Bezeichnung pBR322. Dieses Plasmid war lange Zeit das verbreitetste Vehikel zur Manipulation von E. coli. Heute stehen mehrere tausend anderer Plasmide zur Verfügung; sie alle den Anforderungen eines peniblen Sicherheitstests unterziehen zu wollen, käme der Arbeit eines Sisyphos gleich.

Im übrigen hat die Bedeutung von Kolibakterien in der Gentechnik im Laufe der Jahre zusehends abgenommen. Viele Experimente werden heute in künstlich kultivierten Zellen von Säugetieren einschließlich der des Menschen durchgeführt. Als Vektoren zur Einführung fremder Erbsubstanz dienen in diesem Fall Viren – genauer gesagt: Retroviren, die zur gleichen Klasse wie das berüchtigte Aids-Virus HIV-1 (Human Immunodeficiency Virus Nummer eins) gehören. Solche Retroviren sind imstande, menschliche und tierische Zellen zu befallen; dabei können sie eine begrenzte Zahl fremder Gene mit sich schleppen, die nach der Infektion mehr oder weniger zufällig in das Erbmaterial der Zellen eingebaut werden.

Viele Wissenschaftler interessiert in diesem Zusammenhang, welche Rolle bestimmte Krebsgene im Leben einer Zelle spielen. Krebsgene – im Fachjargon Onkogene genannt – sind seit ungefähr sieben Jahren bekannt; man findet sie praktisch in jeder gesunden Körperzelle, wo sie offensichtlich eine wichtige Rolle bei der Zellteilung und -vermehrung spielen. In leicht veränderter Form lösen sie bösartiges Krebswachstum aus.

Die Manipulation von menschlichen Zellen durch Krebsgene mit Hilfe eines Retrovirus als Vektor wäre noch vor zehn Jahren ein Szenario gewesen, das sich niemand hätte träumen lassen. Vermutlich hätte man damals die allerschärfsten Sicherheitsvorschriften erlassen oder das Experiment kurzerhand verboten; die einzige Beschränkung solcher Versuche ist heute die vage Empfehlung an den Forscher, „gute mikrobiologische Praxis“ an den Tag zu legen – mit anderen Worten: Unter einigermaßen sterilen Bedingungen zu arbeiten, am Arbeitsplatz nicht zu essen oder zu trinken und seine Abfälle nicht den Ausguß hinunterzuspülen. Die allgemeine Sorglosigkeit im Umgang mit Krebsgenen, Retroviren und allerhand exotischen Kombinationen von Genen und Bakterien scheint heute kaum noch einem Wissenschaftler schlaflose Nächte zu bereiten. Die wenigen, die warnend den Zeigefinger heben, sind nicht (oder nicht mehr) unmittelbar in der Forschung tätig. In der Bundesrepublik Deutschland verließ die Biologin Regine Kollek ihre Arbeitsgruppe am Hamburger Heinrich-Pette-Institut für Virologie. Seither warnt sie als Beraterin der Grünen vor den Gefahren im Umgang mit Retroviren. In populären wissenschaftlichen Zeitschriften wie dem englischen *New Scientist* hat sich außerdem die Australierin Ditta Bartels von der School of Science and Technology Studies in Sydney zu Wort gemeldet; sie fürchtet vor allem die Risiken bei der gentechnischen Arbeit mit Krebsgenen. Die überwältigende Mehrzahl der Genforscher selbst hält diese Bedenken für ausgemachten Unfug. Einige werden ärgerlich, wenn man sie auf Sicherheitsfragen anspricht, andere weigern sich mittlerweile, überhaupt noch darüber zu diskutieren –

„Schnee von vorgestern", heißt es, „aufgewärmter kalter Kaffee".

Es gibt nur wenige Ausnahmen. Das Argument beispielsweise, die Natur habe ohnehin schon alles ausprobiert und deshalb sei nicht zu sehen, welche zusätzlichen Risiken die Gentechnik mit sich bringen könnte, kann den amerikanischen Molekularbiologen Jonathan King fuchsteufelswild machen. King arbeitet am Massachusetts Institute of Technology in Boston und kämpft seit Jahren gegen die militärische Anwendung der Molekularbiologie. Er hält das Argument, die Gentechnik vollziehe im Reagenzglas nur das nach, was die Evolution bereits vorexerziert habe, für unseriös:

„Es mag ja sein, daß einige Wissenschaftler solche Dinge behauptet haben. Doch solche Behauptungen sind absurd. Sie sind genauso wahr, wie die Behauptung, daß Eisenmoleküle – sofern wir nur lange genug warten – ganz von allein eine Brücke über den Hafen von Boston bauen werden. Nehmen wir mal die Entwicklung von Impfstoffen: Einige Wissenschaftler haben künstliche Hybride zwischen dem Herpes-Virus und dem Pocken-Virus hergestellt. Sollen wir vielleicht annehmen, daß man solche Konstrukte auch in der Natur finden würde?"

Wohl kaum. Stimmt es also doch, daß der Mensch mittlerweile dabei ist, die Evolution umzukrempeln? Ist der Zugriff auf das Erbgut aller Lebewesen tatsächlich in greifbare Nähe gerückt?

King meint: „Natürlich! Wir haben diese Fähigkeit, und es passiert doch schon überall. Hier, in der unmittelbaren Umgebung, auf nicht einmal einem halben Quadratkilometer, existiert ein halbes Dutzend Labors, die hybride Viren konstruieren. Die wissenschaftlichen Veröffentlichungen, die sie herausgeben, reden ausdrücklich von ‚neuen Stämmen'. Diese neuen Virusstämme haben Eigenschaften, die in der Natur zuvor unbekannt waren. Wenn man zum Beispiel Retroviren von Katzen oder Mäusen mit Retroviren von Menschen vereinigt, um einen Stamm von Viren zu bekommen, der menschliche Zellen besonders wirksam infiziert, und wenn dann anschließend eine große Pressekonferenz stattfindet, auf der verkündet wird: Wir können endlich neue Gene in das menschliche Erbgut einführen – glauben Sie etwa, diese Wissenschaftler würden lügen? Glauben Sie vielleicht, diese Virusstämme kämen draußen in der Natur vor? Glauben Sie nicht, daß das eine neue Technik ist?"

Die meisten Genforscher würden angesichts dieser Argumentation einwenden: Na und? Eingriffe in die Natur sind nicht ungewöhnliches – schließlich betreibt der Mensch seit mehreren tausend Jahren Ackerbau und Viehzucht. Auch das ist ein Vorwand, der Jonathan King wütend macht:

„Wer redet denn hier von neuen Problemen? Genauso gut könnte man sagen: Atomwaffen sind ein altes Problem; denken wir nur an die Entdeckung des Schießpulvers im 16. Jahrhundert!"

Daß die Gentechnik bislang keine ähnlich verheerenden Folgen gehabt hat wie die Atomphysik, ist ein schwaches Argument. In der Hand der Militärs könnte sie leicht zu einem unkontrollierbaren Instrument werden. Zwar existiert ein internationales Abkommen, das die Entwicklung biologischer Waffen ächtet, doch ist die defensive Forschung ausdrücklich ausgenommen. Das Problem dabei ist, daß offensive und defensive Forschung auf dem Gebiet der Biowaffen überhaupt nicht auseinanderzuhalten sind. Kings Hauptsorge gilt deshalb auch der militärischen Entwicklung:

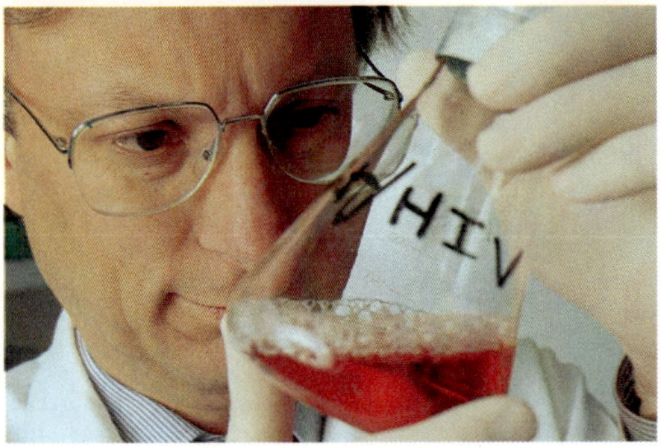

Die Aidsforschung wäre ohne die Gentechnik undenkbar. Noch nie haben Wissenschaftler in wenigen Jahren über einen Krankheitserreger so viel gelernt wie über das Aids-Virus. Doch trotz des Großeinsatzes von Forschern auf der ganzen Welt gibt es bisher weder ein wirksames Medikament, noch steht ein Impfstoff gegen die Immunschwäche in Aussicht. Experten wie der Frankfurter Virologe Reinhard Kurth oder sein Göttinger Kollege Gerhard Hunsmann arbeiten fieberhaft – sind aber selbst skeptisch, was den großen Durchbruch anbelangt.

„Das Militär hat öffentlich vor dem Kongreß erklärt, daß es gesicherte Erkenntnisse darüber besitzt, die Sowjets würden an neuen biologischen Waffen forschen. Dies ist jetzt auch die offizielle Position der Vereinigten Staaten von Amerika. Nun sitzen die Generäle und die Militärärzte also da und überlegen, was die Russen Schlimmes tun könnten. Vielleicht ein Aids-Virus mit einer ganz leicht erhöhten Übertragungseffizienz von einer Person zu einer anderen, beispielsweise eines, das durch Speichelzellen übertragen werden kann? Oder ein Aids-Virus, das keine so lange Latenzphase bis zum Ausbruch der Krankheit besitzt?“ So absurd ist dieser Gedanke natürlich nicht. Angenommen, das US-Militär glaubt den eigenen öffentlichen Erklärungen, daß die Russen an neuen Varianten des Aids-Virus arbeiten – müßte es nicht schleunigst etwas unternehmen, die eigene Bevölkerung vor solchen Horrorerregern zu schützen? Schließlich arbeiten die zivilen Forscher nur an Impfstoffen gegen das bereits existierende Virus. „Logischerweise“, meint King, „müßten die Militärs dann ein Forschungsprogramm aufbauen, das zunächst einmal das nachvollzieht, was die Russen angeblich bereits tun: Neue Aids-Varianten herzustellen, die effektiver sind. Und diese neuen Viren muß man dann auch testen, sonst sind sie militärisch unbrauchbar.“

Fürwahr eine Horrorvision. Sie hat freilich nichts mit der weitverbreiteten Auffassung zu tun, das Aids-Virus habe ohnehin in den Militärlabors das Licht der Welt erblickt. Dagegen spricht, daß es Aids-positive Blutproben aus den Jahren vor der Entwicklung der Gentechnik gibt: dagegen spricht vor allem auch, daß die Ausbreitungsstrategie des Virus viel zu raffiniert ist, als daß man sie mit den noch recht

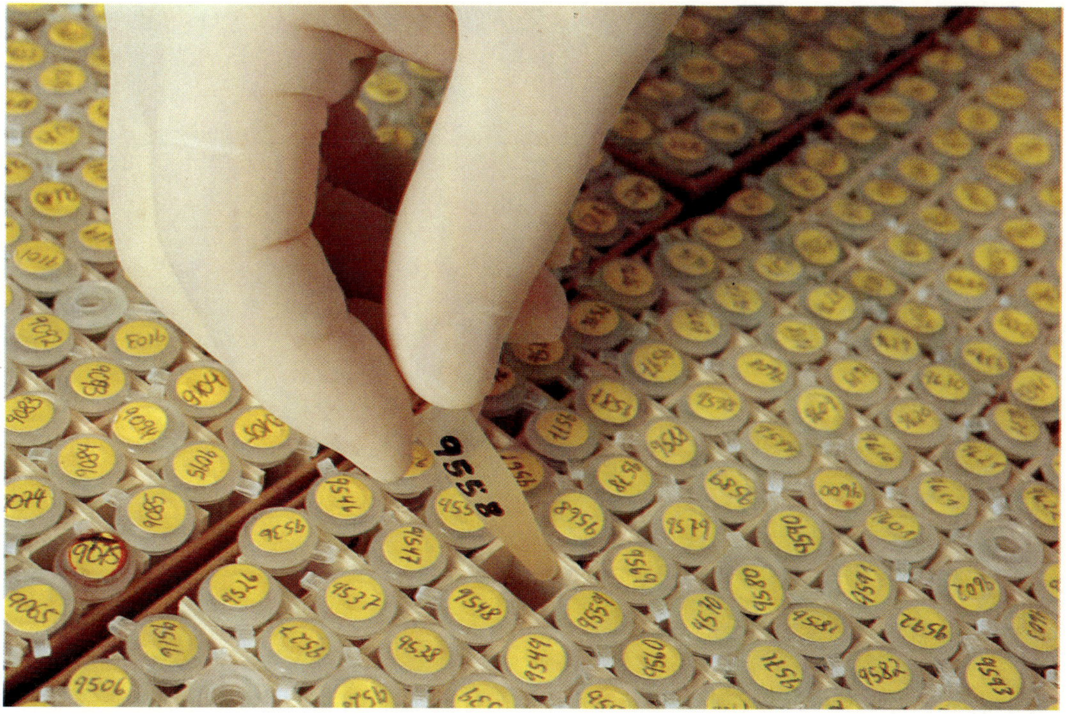

plumpen Methoden der Erbgutmanipulation entwerfen könnte. Doch ein Herumbasteln an bereits vorhandenen Viren gestatten diese Methoden allemal. Diejenigen Wissenschaftler, die im Kampf gegen Aids so große Hoffnungen auf die Gentechnik setzen und alle erdenklichen Anstrengungen unternehmen, das Wirtsspektrum des Virus zu verbreitern, sollten sich einmal folgende Frage stellen: Machen sie bei dem Versuch, mit dem Kopf durch die Wand zu gehen, nicht aus Versehen alles noch schlimmer?

Immer wieder wird von den Kritikern der Gentechnik der Versuch unternommen, ein „worst case scenario", einen größten anzunehmenden Unfall der Molekularbiologie, einen GAU zu konstruieren. Das ist vielleicht gar nicht notwendig. „Warten wir einfach ab", sagt der skeptische Biologe Liebe Cavalieri, „bis sie alles erreicht haben, was sie wollen. Das ist dann schon schlimm genug – ich nenne das die Gefahr des Erfolgs."

Zu den ehrgeizigsten Projekten der Genforscher gehört die vollständige Entzifferung des menschlichen Erbguts. Mit ein paar tausend „Mannjahren" und dem nötigen Geld ausgestattet ist dies kein utopisches Ziel, sondern ein Projekt, das sich in rund zehn Jahren verwirklichen läßt. Einer der Initiatoren dieses Projektes ist der Nobelpreisträger Walter Gilbert. Er möchte mit diesem Projekt allerhand Geld verdienen; moralische oder gesellschaftliche Probleme vermag er nicht zu erkennen. Cavalieri ist da anderer Meinung.

„Natürlich wird das zu einer Entmenschlichung führen. Wir werden alle in einen Computer gesteckt, kodifiziert und mit dem „genetischen Standard" verglichen. Nun gut, wenn es um Erbkrankheiten wie das Down-Syndrom, den sogenannten Mongolismus geht, ist das vielleicht noch okay. Aber wo führt das alles hin? Irgendwann geht es um blaue Augen und um braune Augen. Die Qualitäten des menschlichen Charakters werden immer weniger wichtig, und die genetischen Eigenschaften werden immer bedeutender. Als wenn allein die genetischen Eigenschaften ein Individuum ausmachen würden! Wir werden uns in Zukunft viel mehr um die körperlichen Aspekte des Menschen kümmern. Die Geschichte zeigt uns doch, daß jede Technik bis an ihre Grenzen ausgereizt wird. Wenn man diese Genkarte, diese hübsche große Blaupause einmal hat, dann wird man sie benutzen. Warum denn auch nicht?" Im Bereich des technisch Machbaren liegt heute schon vieles. Säugetiere lassen sich klonen, auch wenn das nicht ganz in das Arbeitsgebiet der Gentechniker fällt. Bis zum gezielten Eingriff in die Keimbahn des Menschen mag es – wie die Genforscher unablässig versichern – noch ein weiter Weg sein. Doch wir sind längst dabei, ihn zu betreten. Der schlimmste anzunehmende Unfall der Gentechnik wäre tatsächlich der, daß sie all das hervorbringt, was sie hervorzubringen imstande ist.

Die Genforscher hören es nicht gern – sie verabscheuen jede Art von Reglementierung, jedes Dreinreden fachfremder Laien – aber ein paar Verbote scheinen unumgänglich. Für die Verabschiedung entsprechender Gesetze ist es höchste Zeit. Wenn man sich darauf einigen könnte, bestimmte gentechnische Experimente mit einem Bann zu belegen, dann sollten demjenigen auch empfindliche Strafen drohen, der sie trotzdem unternimmt. Natürlich ist das ein Eingriff in die „Freiheit der Wissenschaft". Aber steht denn die Wissenschaft völlig außerhalb jeder Kontrolle?

Was soll's? werden die Zyniker einwenden. Gesetze haben noch nie etwas bewirkt – „was verboten ist, macht uns erst richtig scharf". Das mag sein. Trotzdem: Es gibt ein paar Dinge, die jenseits der guten Sitten liegen. Auch der Inzest ist praktisch in allen menschlichen Gesellschaftsformen geächtet. Der tiefere Grund des Tabus dürfte nicht eigentlich ein moralischer, sondern vielmehr ein populationsgenetischer sein. Wo der Vater die Tochter schwängert, drohen Erbkrankheiten überhand zu nehmen. Das ist nicht nur eine gesicherte Erkenntnis der Vererbungslehre, sondern scheint auch im Bewußtsein der Menschen tief verankert zu sein. Wenn also die Gentechniker behaupten, es gebe keinerlei Gründe, sie an ihrem Werk zu hindern, so irren sie sich gewaltig. Nicht allein das Motto „Macht euch die Erde untertan!" dirigiert die Entwicklung des Menschen; es gibt auch so etwas wie Moral und Ethik, die schädliche Zuchtversuche tabuisieren. Schließlich ist der Mensch kein Schwein und kein Rind. Wohin Eugenik – die Lehre von der Zuchtwahl – führt, haben nicht zuletzt die Deutschen am eigenen, besser gesagt: am fremden Leib erfahren. Erwin Chargaff, emeritierter Professor für Biochemie und selbst einer der Wegbereiter für die Entschlüsselung des genetischen Codes, gilt unter Gentechnikern inzwischen als notorischer Nörgler und Quengler. Trotzdem: Einige seiner kritischen Anmerkungen zur Gentechnik können nicht oft genug wiederholt werden. Dazu zählt auch die Warnung vor der „schreckenerregenden Unwiderruflichkeit":

„Man kann die Mondbesuche beenden; man kann sich der Verwendung von Treibgasen in Sprühdosen enthalten; sogar der Entschluß ist denkbar, nicht mehr ganze Bevölkerungen mit Hilfe von einigen Bomben zu töten. Aber neue Lebensformen können nicht zurückgerufen werden."

EXKURS

Die Ein-Mann-Bewegung

Jörg Albrecht

Der Aktivist Jeremy Rifkin im Kampf gegen die Gentechnik

Eine amerikanische Zeitschrift hat ihn vor kurzem unter die „150 einflußreichsten Personen des Jahres" gewählt; Gentechniker würden ihn vermutlich, wenn man sie fragte, zu den zehn lästigsten Personen des Jahrzehnts zählen: Jeremy Rifkin, ein streitbarer Gegner jeglicher Form von Erbgutmanipulation, ist jedenfalls kein Mann, der einer Kontroverse aus dem Weg geht. Im Gegenteil: Er scheint den Streit geradezu auf sich zu ziehen.

Wenn man Rifkin in seinem Büro in der amerikanischen Hauptstadt Washington besucht, mag man gar nicht glauben, daß seine Gegner ihn für die größte Plage halten, mit der die Gen-Wissenschaft zu kämpfen hat. Mit sanftem Blick mustert er seinen Gesprächspartner aus braunen Augen, jede Geste drückt Zuvorkommenheit aus, fast schon zwingend ist der freundliche Ton seiner Stimme.

Daß die Wissenschaftler ihn trotzdem überhaupt nicht ausstehen können, ficht Rifkin wenig an: „Nun ja, ich sage denen immer: Nehmt es nicht so persönlich, denkt mal ein bißchen an das große Ganze. Dies ist nur ein kurzer Moment in der Geschichte. Die Wissenschaftler des zwanzigsten Jahrhunderts nehmen gern die Verantwortung für all die unbestreitbaren Fortschritte auf sich, aber die gleichen Wissenschaftler möchten nicht gern für die Probleme verantwortlich gemacht werden, die uns die Technik beschert hat: den sauren Regen, die Zerstörung der Ozonschicht, die genetische Verarmung in der Landwirtschaft, die Vergiftung von Wasser und Erde. Diese Dinge sind doch mindestens genauso wichtig wie die Wohltaten der modernen Technik. Ich glaube sogar, wenn man das einmal aus einer ganz anderen Zeit heraus betrachtet, werden die Nachteile überwiegen."

Rifkin ist von Beruf „Aktivist" – eine Bezeichnung, die im Deutschen keine rechte Entsprechung hat. Seine Kindheit verbrachte er in bürgerlichen Verhältnissen, wuchs auf im Süden von Chicago, studierte an der Universität von Pennsylvania und legte ein Examen in Politikwissenschaft an der Tufts-Universität bei Boston ab. „Wäre der Vietnamkrieg nicht gewesen", gestand er einem Reporter, „ich weiß nicht, was ich heute täte. Vielleicht wäre ich einen ganz normalen Weg gegangen."

So aber engagierte sich Rifkin und fand sich bald auf der anderen Seite des Establishments wieder. Um 1977 herum packte ihn die Frage, welche Konsequenzen die neue Technik der Genmanipulation mit sich brachte – eine Frage, sagt er heute, die jenseits aller traditionellen politischen Unterschiede zwischen links und rechts liegt: „Sehen Sie mal, ich bin 43 Jahre alt und in den fünfziger Jahren aufgewachsen. Als ich ein Kind war, dominierten die Petrochemie und die Nukleartechnik. Wir waren so überzeugt von ihrem potentiellen Nutzen, daß es überhaupt keine Kritik gab – keine ökologischen Bedenken, keine Bedenken über die sozialen und ökonomischen Folgen, die das alles mal haben würde, keine ethischen Fragen, nichts. Auch die Gentechnik kommt, wie jede Technik, mit dem Versprechen daher, eine Menge Vorteile zu bieten, von denen einige vielleicht sogar von enormem Nutzen sein könnten. Aber sie bringt auch gewaltige soziale, ökologische und ethische Probleme mit sich. Es ist naiv und

Jeremy Rifkin, amerikanischer Aktionist und prominentester Gegner der Gentechnik. Er konnte beispielsweise jahrelang verhindern, daß die „Eis-Minus-Bakterien" im Freiland getestet werden durften. Letztlich aber unterlag Rifkin im Gesetzesstreit.

nicht gerade sehr geistreich, wenn die wissenschaftliche Gemeinde und die Geschäftsleute und die Politiker uns einreden wollen, daß es hier eine Technik gibt, die nur Vorteile und höchstens vernachlässigenswerte Risiken mit sich bringt. Die Geschichte beweist das Gegenteil. So etwas hat es nie gegeben. Und ich glaube auch nicht, daß die Wissenschaftler naiv sind. Sie sind nur nicht besonders geistreich."

Wenn Rifkin erst einmal in Fahrt gerät, bremst ihn nichts mehr. Beschwörend redet er auf den Zuhörer ein, reiht Argument an Argument, sein Vortrag reißt ihn mit sich, und man gewinnt den Eindruck, daß eine fast religiöse Überzeugung aus ihm spricht. Rifkin beherrscht den Tonfall amerikanischer Fernsehprediger, und das macht wohl einen Teil seines Erfolgs aus. Allerdings verläßt er sich nicht auf rhetorische Mittel allein: Als Präsident der von ihm gegründeten „Foundation on Economic Trends" handhabt er virtuos das juristische Instrumentarium in der amerikanischen Gesetzgebung und nutzt konsequent jede Lükke.

So gelang es Rifkin, einen geplanten Freilandversuch mit gentechnisch manipulierten Frostschutzbakterien über Jahre hinweg zu verzögern. Auch das amerikanische Militär machte Bekanntschaft mit dem streitbaren Aktivisten: Ein Versuchslabor für die Erprobung von Impfstoffen gegen biologische Waffen nahe der Stadt Salt Lake City darf vor Abschluß einer Umweltverträglichkeits-Studie nicht gebaut werden. Rifkin ist zuversichtlich, was diesen Fall angeht: „Wir werden dafür sorgen, daß dieses Labor niemals den Betrieb aufnimmt."

Jüngstes Kind seiner rastlosen Tätigkeit ist eine Klage gegen die amerikanischen Gesundheitsbehörden, die ihre Genehmigung zu umstrittenen Versuchen mit dem Aids-Virus HIV-1 gaben. Rifkin fordert einen sofortigen Stopp dieser Experimente und den Erlaß schärferer Sicherheitsrichtlinien.

Die Wissenschaftlergemeinde setzt sich mit Rifkins Schreckensvisionen längst nicht mehr ernsthaft auseinander und gießt Hohn über ihn und seine Mitstreiter. „Ja, ja", sagt der Verspottete, „ich kenne das; mir wird alles mögliche unterstellt: ich würde von Killer-Tomaten faseln und von Andromeda-Viren – das habe ich

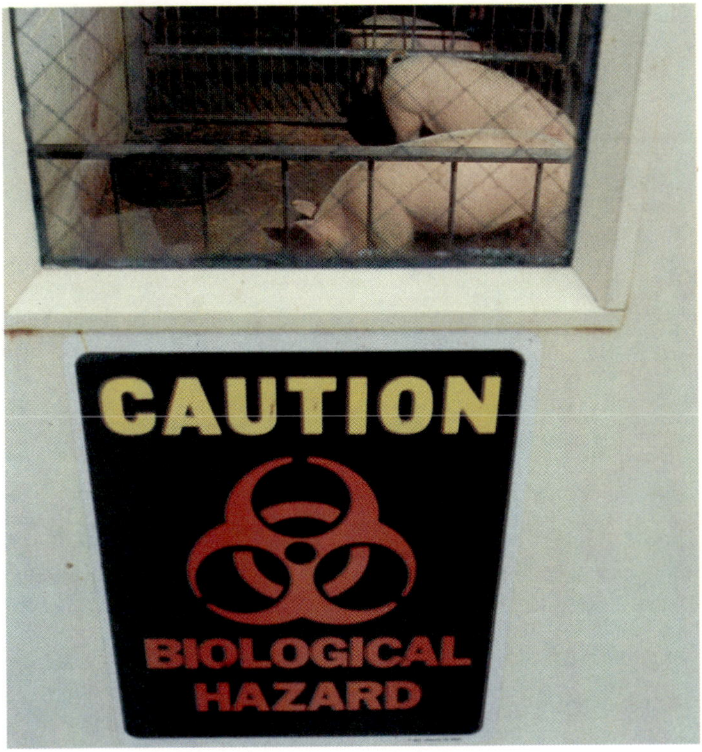

Schwein des Anstoßes: Gentechnisch manipulierte Superschweine müssen in Sicherheitslabors gehalten werden. Bald schon könnten ihre Koteletts auf dem Teller landen.

nie behauptet. Alles, was ich gesagt habe, ist, daß eine ganz geringe Wahrscheinlichkeit existiert, daß etwas schiefgeht, aber wenn es dann schiefgeht, auch ein extrem hohes Risiko."

Rifkins besonderes Talent scheint darin zu bestehen, die Standpunkte in der Diskussion um die Gentechnik zu polarisieren. Vor fünf Jahren überredete er beispielsweise die Sprecher nahezu aller wichtigen Religionsgemeinschaften in den USA zur Unterzeichnung einer gemeinsamen Resolution, die ein generelles Verbot der Manipulation menschlicher Keimzellen forderte. Auf der anderen Seite schütteln viele, die mit Rifkins Ideen durchaus sympathisieren, den Kopf über seinen missionarischen Eifer. Attacken auf die gesamte Naturwissenschaft reitet der Gen-Kritiker in seinen Büchern, die den Anspruch erheben, das Weltbild der Biologen grundsätzlich in Frage zu stellen. Die Reaktion der Forscher ist eindeutig ablehnend. Stephen Jay Gould, einer der führenden Evolutionstheoretiker, bezeichnet Rifkins Werk „Algenie" als ein „clever konstruiertes Machwerk anti-intellektueller Propaganda" und behauptet, er habe selten größeren Schund zu Gesicht bekommen. Dabei seien ihm einige von Rifkins Sorgen nicht fremd – etwa die Frage, ob der Mensch mit Hilfe der Gentechnik nicht das sorgsam ausbalancierte Gleichgewicht der Natur durcheinanderbringe. Nur habe der Aktivist aus Washington leider überhaupt nicht begriffen, wie die moderne Wissenschaft arbeite. So muß Rifkin also auf Unterstützung von Seiten kritischer Wissenschaftler verzichten. Es läßt ihn weitgehend kalt. Als eine Art Ein-Mann-Bewegung ist er erfolgreich genug – so erfolgreich, daß andere Kritiker in den Medien kaum zu Wort kommen. „Das Problem ist", sagt Terri Goldberg, die frühere Geschäftsführerin des in Boston ansässigen „Komitees für verantwortungsbewußte Genetik", „daß es inzwischen so aussieht, als sei das ein Kampf zwischen der mächtigen Gen-Industrie auf der einen und niemand anderem als Jeremy Rifkin auf der anderen Seite."

Genauso hat es den Anschein: Don Quichote gegen die Windmühlen. So lange Rifkin die Bühne beherrscht, werden andere Kritiker sich schwer tun.

EXKURS

Ein Gen-Gau in Paris?

Christiane Grefe

Rätselhafte Todesfälle am Institut Pasteur

Neben den gedrungenen, ein Jahrhundert alten und von kleinen Gärten umgebenen Stein- und Backsteintrakten des Institut Pasteur in Paris sieht die molekularbiologische Abteilung unpersönlich aus wie ein im Schnellverfahren hochgezogenes Provinz-Universitätsgebäude. Der biotechnologische Boom habe die schleunige Erweiterung des ehrwürdigen, auf dem Gebiet der Erforschung ansteckender Krankheiten führenden Instituts erforderlich gemacht, heißt es. Weg von klassischer Medizin, hin zur Genmanipulation – so liege das neue Management im Trend.
Innen ist der erste der geplanten Neubauten mit rotem und weißem Kunststoff getäfelt. Wie seltsam wirkt da der Wandschmuck eines Mitarbeiters neben seinem Schreibtisch ... Über Fläschchen und Schälchen, Gläser und Schränkchen, Rohre und Luftabzüge, Flüssigkeiten und elektronische Meßgeräte hinweg blickt fremd und geheimnisvoll Tutanchamun, der Ägypter, in eine andere Welt – als wüßte er mehr von den dubiosen Vorgängen der vergangenen Jahre. Wie die Grabräuber der Pyramiden in den zwanziger Jahren, so erkrankten und starben auch hier, im Herzen von Paris, die Menschen auf bisher ungeklärte Art und Weise – ein neuer „Fluch der Pharaonen"?
Im Sommer 1984 erfuhr ein Molekularbiologe aus diesem Labor, der noch lebt und ungenannt bleiben möchte, die erschreckende Diagnose: Knochenkrebs. Er hatte mit genmanipulierten Kolibakterien gearbeitet.
Ende 1985 starb ein anderer Mitarbeiter des Instituts, Yves Malpièce, erst 32 Jahre alt – auch er an einer Knochenkrebsart, dem „Ewing-Sarkom". Er war ein halbes Jahr lang direkt gegenüber beschäftigt gewesen; benachbart lagen ein „Hepatitis B"-Labor und ein toxikologisches Hochsicherheitslabor, wo mit einem sogenannten Mutagenitätstest Materialien auf krebserregende Wirkung überprüft wurden.
Anfang Mai desselben Jahres wurde Françoise Kelly beerdigt. Die Wissenschaftlerin war 50 Jahre alt. Sie starb ebenfalls an Knochenkrebs – hatte allerdings vorher schon an einem anderen Tumor gelitten. Einen Monat später mußten die beiden damaligen Institutsleiter, François Jacob und Raymond Dedondet, zwei weitere Krebsfälle melden. Der sechste gelangte im Juni 1987 an die Öffentlichkeit. Mittlerweile munkeln Pasteur-Mitarbeiter von einem siebten Patienten. Der Fall wurde allerdings noch nicht bestätigt: „Wir sind da nicht auf dem laufenden", sagt eine Instituts-Sprecherin. Wer dann?
Mindestens sechs von sechzig Kollegen in zwei nebeneinanderliegenden Labors auf der gleichen, damals noch im „Fourneaux"-Flügel liegenden Etage, mindestens fünf von ihnen noch keine 50 Jahre alt, erkranken an meist sehr seltenen Knochenkrebsarten – kann man da noch, wie die Direktoren des Pasteurinstituts 1986, „das einfache Zusammentreffen von Zeit und Raum", also den blanken Zufall annehmen? Eine Wahrscheinlichkeit von eins zu einer Million errechnete der Pariser Wissenschaftsjournalist Marcel Blanc für diese Häufung. Auch wenn man rund 300 weitere Biologen mit hinzurechnet, die in den letzten zehn Jahren in den Labors beschäftigt waren, bleibt die Krebsrate noch außergewöhnlich hoch.
War also ein Gen-Unfall schuld? Vor allem nach Francoise Kellys

Tod brach unter den Kollegen Panik aus. „Sie war eine sehr bekannte Frau, die alle respektierten und mochten", sagt die inzwischen ausgeschiedene Pasteur-Pressesprecherin Caroline Chaine. „Daß sie starb, rief Emotionen hervor." Man traf sich in den Labors und Büros, überprüfte alle Geräte, diskutierte, ob die Krankheitsursache am Arbeitsplatz zu suchen sei. Madame Kelly selbst nämlich hatte, kurz bevor sie starb, nach anfänglichen Zweifeln sich und ihre Freunde dann doch gefragt: Hat es vielleicht etwas mit den Genen zu tun, die ich manipuliert habe? In ihrem Testament forderte sie, daß ein möglicher Zusammenhang zwischen ihrer Arbeit mit isolierten Krebsgenen und ihrer Erkrankung lückenlos aufgeklärt werden solle.

Zu diesem Zeitpunkt, behauptet Caroline Chaine, sei der Vorsitzende des nationalen Ethik-Komitees, der Medizin-Professor Jean Bernard, längst mit der Zusammenstellung einer Enquete-Kommission beauftragt gewesen. Andere Darstellungen deuten darauf hin, daß die beiden besorgten Laborchefs mit ihrer Bitte um eine genaue Untersuchung der Krebsfälle bei der Direktion lange auf taube Ohren stießen. Überhaupt wird eine Rekonstruktion der ganzen Angelegenheit sehr erschwert. Da ist zum einen die legitime Fürsorgepflicht der Arbeitgeber an der Rue du Docteur Roux. Sie führt dazu, daß diejenigen Krebskranken, die noch an ihrem Arbeitsplatz sind, anonym bleiben. Zudem unterliegen einige der Arbeiten am Pasteurinstitut der Geheimhaltungspflicht; meist sind das Untersuchungen im Auftrag von Industrieunternehmen, die bestimmte Substanzen auf krebserregende Wirkung hin untersuchen lassen. Auf detaillierte Fragen zu den bisherigen Erkenntnissen der nun immerhin seit fast zwei Jahren andauernden Untersuchung überreicht Caroline Chaine die Mitgliederliste der Enquete-Kommission: „Die müssen Sie anrufen. Wir sind Gegenstand der Untersuchung und deshalb nicht neutral. Wir wissen nichts." Ein neutrales Mitglied hingegen verweist den Anrufer wie den Buchbinder Wanninger sogleich zurück: „Kontakte mit der Öffentlichkeit betreut das Institut Pasteur." Auch Laborkollegen der Erkrankten wollen sich am liebsten gar nicht äußern: Treffen werden arrangiert und dann doch wieder abgesagt. Marcel Blanc, in dessen Artikeln deshalb Personen mit dem Namen „A" oder „B" erscheinen, berichtet von regelrechten Maulkorb-Erlassen. „Das ist denen alles ziemlich unangenehm", sagt ein Pasteur-Angestellter – nennen wir ihn „X". Ein Eindruck, der auch beim Mitglied des geschäftsführenden Hauptvorstands der IG Chemie, Papier, Keramik, Jürgen Walter, entstanden ist: „Die Franzosen müssen doch Dreck am Stecken haben. Wahrscheinlich wurde da beim Arbeitsschutz unheimlich geschlampt", meint er. Im Interesse seiner bundesdeutschen Kollegen ist auch er an Fakten interessiert. Etwas übertrieben setzt er hinzu: „Das ist ja das bestgehütetste Geheimnis der Welt!" Zwei bis vier Jahre noch werde man auf den Kommissionsbericht warten müssen, erklärt Professor Jean Bernard; die Recherchen seien aufwendig. Darüber hinaus gebe es im Moment nichts zu sagen. Und schon ist das Gespräch beendet. Die Gentechnik-Expertin des Freiburger Öko-Instituts, Regine Kollek, staunt. „Was? In zwei Jahren? Das haben sie doch

EXKURS

vor einem Jahr auch schon gesagt!"
Immerhin: Epidemiologische Untersuchungen dauern ihre Zeit. An rund 300 Wissenschaftler, die in den letzten zehn Jahren teils nur wenige Monate lang in den beiden betroffenen Labors beschäftigt waren, wurde ein ausführlicher Fragebogen verschickt. Umfassend sollen sie ihren Gesundheitszustand beschreiben und schildern, mit welchen Materialien sie an den verschiedenen Arbeitsplätzen zu tun hatten. Da wird nach Bakterien, Parasiten, Pilzen, Viren, Krebszellen, isolierten Onkogenen und gentechnisch neu kombinierter DNA gefragt – aber auch nach Dutzenden von verschiedenen Laborchemikalien, nach radioaktiven Substanzen, bis hin zu geradezu harmlos wirkenden Mikroskopier-Flüssigkeiten und dem Umgang mit Tieren im Labor.
Wie soll da jemals eine gemeinsame Ursache für die seltsame Krebshäufung herauskommen? Zumal, da vielleicht erst die Kombination von zwei oder mehreren Faktoren ausschlaggebend sein könnte? So ist auch die Tatsache, daß Yves Malpièces Knochenkrebs von der Sécurité Sociale als Arbeitserkrankung anerkannt wurde, noch kein Beweis. Denn für diese Einstufung genügte schon die Tatsache, daß Malpièce eine bestimmte Zeitlang mit radioaktivem Material hantiert hatte.
Eine weitere epidemiologische Untersuchung ist international ausgedehnt worden. Befragungen von Angestellten biotechnologischer Forschungslabors in verschiedenen Ländern sollen den Vergleich der Krankheitsbilder von Menschen ermöglichen, die über lange Zeiträume mit den gleichen Substanzen gearbeitet haben. Darüber hinaus hat die Kommission 62 Mitarbeiter der betreffenden Pasteur-Labors von Kopf bis Fuß medizinisch untersuchen lassen – „ohne, daß etwas gefunden wurde", sagt Caroline Chaine.
Warum aber wurden diese naheliegenden epidemiologischen Befragungen erst im September 1987 beschlossen? Vor allem: Warum wurde der zweite Schritt vor dem ersten getan? Bis heute nämlich ist die Frage unbeantwortet, welche Stoffe in den Tumoren der Krebsopfer gefunden wurden; insbesondere, ob darin auch gentechnisch manipuliertes Erbmaterial enthalten war. „Es sieht so aus", schreibt Marcel Blanc, „als ob das Komitee vorsätzlich eine mögliche Ursache für diese Krebsfälle von der Untersuchung ausgeschlossen hat: nämlich die, daß ein gentechnisches Experiment schiefgelaufen ist."
Am naheliegendsten war dieser Verdacht bei Françoise Kelly. Sie arbeitete mit einer Kombination aus dem Erbgut des krebsauslösenden Affenvirus SV 40 und dem des sogenannten Adenovirus. Kelly hatte festgestellt, daß dieses künstlich hergestellte Virus „Adeno-SV 40" bei Mäuseembryonen zu besonders aggressivem Krebszellenwachstum führte. Erst später stellte sich heraus, daß auch menschliche Zellen, denen man diese Genkombination einpflanzte, große Mengen von Krebs-Proteinen synthetisierten. Möglicherweise erzeugt also die manipulierte Kombinante Adeno-SV 40 auch beim Menschen Krebs.
Erst auf den Vorschlag Blancs hin untersuchte Gilbert Lenoir vom Internationalen Krebsforschungszentrum in Lyon (das einzige gentechnisch kompetente Mit-

glied der vorwiegend aus Epidemiologen bestehenden Kommission) Biopsie-Material der beiden Verstorbenen. Seine vorläufigen Ergebnisse lassen keine eindeutigen Schlüsse zu. Luc Montagnier, Abteilungsleiter am Pasteurinstitut und Mitentdecker des Aids-Virus, hatte einen weiteren wichtigen Test angeboten: Er wollte das manipulierte Virus auf seine krebserregende Wirkung untersuchen. Der Franzose führte das Experiment zwar durch, doch soll das Ergebnis erst in zwei Jahren veröffentlicht werden. Kritiker, Herr Y zum Beispiel, ein leitender Mitarbeiter der Labors, halten solchen kritischen Argumenten noch viel radikaler entgegen: Die sechs (oder sieben?) Kranken hätten alle an unterschiedlichen Experimenten gearbeitet, teils in unterschiedlichen Räumen und unterschiedlich lange; sie hätten auch verschiedene Krebsarten entwickelt. Wie da die Ursache eine gemeinsame sein solle? Und gewiß mit einem Schuß Verdrängung fährt Y fort: „Was ist die häufigste Krebsursache? Das Rauchen! Ich will nichts herunterspielen; wir warten den Kommissionsbericht ab. Aber nehmen Sie irgendeine Gruppe von 300 Leuten – und sie werden immer ein paar Krebskranke darunter finden!" Man sei längst wieder ruhig an den Arbeitsplatz zurückgekehrt: „Wir haben keine Angst."
Daß freilich die Sicherheitsmaßnahmen in den Labors stets perfekt gewesen wären, muß bezweifelt werden. So ließ die Hygiene- und Sicherheitskommission des Instituts nach einer intensiven Inspektion im Sommer 1986 die gesamte Etage zwei Wochen lang schließen. Warum? „Es ist wahr, daß man von den Krebsfällen wußte", erläutert Caroline Chaine. „Deshalb war man strenger und sensibler als sonst ..." Bemängelungen habe es in bezug auf die Radioaktivität, auf mutagene Substanzen und auch im Hinblick auf die Arbeit mit Krebsgenen gegeben: „Eine Verbindung zu den Krebsfällen hat man aber nicht gefunden. Es waren nur einige kleine Bestimmungen nicht angewandt worden." Vorschriften würden bei der täglichen Arbeit immer wieder verletzt, meint der Wissenschaftler X: „Ich erinnere mich an eine Kollegin, die war so völlig versunken in ihre Arbeit, daß sie den Wirkstoff Ethidium-Bromid ganz einfach ständig ohne Handschuhe verwendete ... Ethidium-Bromid, eine Substanz, mit der man DNA sichtbar macht, ist hochgradig mutagen." Phenole würden schon mal inhaliert, radioaktive Substanzen seien ihm selbst auch schon über die Hose geflossen: „Das Schlimme ist, daß man sich an die Gefährlichkeit gewöhnt." Hinzu komme die Konkurrenz unter den Forschern: „Ich habe nie in meinem Leben so viel gearbeitet wie hier", sagt X. „Wir sind häufig auch am Wochenende und am späten Abend da – müde, aber voller Leidenschaft. Das hat manchmal viel mit einem Kloster zu tun."
In Verdacht geraten ist unter anderem auch das Luftabzugs-System in der Hochsicherheits-Laboranlage. „Trotz des Absaugens wurde bei Experimenten – etwa mit Genen des Aidserregers – überall in der Anlage Virus-DNA gefunden", sagt Forscher Z. „Keiner weiß, ob das etwas zu bedeuten hat. Aber auszuschließen ist eine Gefahr auch nicht."

Reiner Klingholz im Gespräch mit dem Biologen Joshua Lederberg

Probleme wird man lösen können

Der Amerikaner Joshua Lederberg entdeckte 1947, damals 21 Jahre alt, gemeinsam mit Edward Tatum den natürlichen Genaustausch bei Bakterien – eine wesentliche Vorarbeit für die Entwicklung der Gentechnik. Für diese Untersuchungen erhielt Lederberg 1958 den Nobelpreis für Medizin. Der Professor für Biologie und Computerwissenschaften war Mitglied zahlloser Beratungsgremien der amerikanischen Regierung und ist seit 1978 Präsident der Rockefeller-Universität in New York. Lederberg war einer der Wortführer auf dem Londoner Ciba-Symposium „Man and his future" im Jahr 1962, auf dem die damals führenden Biowissenschaftler eigenwillige Gedanken zur Zukunft der Menschheit formulierten.

Klingholz: Sie werden oft mit Ihrem Beitrag zum Ciba-Symposium im Jahr 1962 zitiert. Eine Idee der Experten war damals, das Erbgut des Menschen durch Züchtung aufzuwerten. Sind Sie immer noch der Auffassung, der Mensch sei genetisch durchaus verbesserungswürdig?

Lederberg: Ich glaube, wir müssen uns die Grundlagen der damaligen Diskussion vor Augen führen. Julian Huxley und Hermann Müller hatten zu dieser Zeit ein eugenisches Programm entworfen. Sie glaubten, die Spezies Mensch würde genetisch verarmen, weil ausgerechnet jene Individuen die meisten Kinder bekämen, die am wenigsten zum Fortschritt der Menschheit beitrügen. Sie schlugen deshalb vor, daß sich nur Menschen vermehren sollten, von denen man annahm, daß sie mit positiven Eigenschaften gesegnet seien.

Klingholz: Nach den Gesetzen der Vererbungslehre ist das ein ziemlich unsinniger Vorschlag.

Lederberg: Genau das habe ich damals auch gesagt. Es würde Hunderte von Jahren dauern, bis man da irgendeinen Effekt hätte feststellen können. Wenn man wirklich zu der Überzeugung gekommen wäre, daß die genetische Verarmung des Menschen ein Problem sei, dann hätte man fünfzig oder hundert Jahre warten sollen, bis man das mit besseren Techniken hätte lösen können. Es war auch völlig unklar, ob die Eigenschaften, um die es damals ging, überhaupt zu einem großen Teil vererbbar sind. Es gab keine Möglichkeit, zu unterscheiden, welche Züge eines Menschen genetisch und welche umweltbedingt sind. Ich nahm an, letztere würden eine wesentlich größere Rolle spielen, aber ich konnte auch das Gegenteil nicht beweisen. Deshalb habe ich auch nicht in diesem Sinne argumentiert.

Klingholz: Was weiß man denn heute darüber?

Lederberg: Wir werden in Zukunft sicher besser verstehen können, inwieweit Intelligenz oder Verhalten genetisch bedingt sind. Die Gentechnik wird uns die wunderbare Gelegenheit dazu bieten. Wir werden, wenn wir bestimmte Familien untersuchen, herausfinden, ob Intelligenz oder andere Eigenschaften an ein bestimmtes Stück der Erbsubstanz geknüpft sind. Wenn wir das wissen, können wir immer noch entscheiden, ob das ganze ein Thema ist, ob wir da eingreifen wollen. Ich selbst glaube im übrigen nicht, daß der Mensch dabei ist, genetisch zu verarmen, nur weil sich die falschen Leute vermehren.

Klingholz: Aber in Zukunft wird es vielleicht möglich sein, das Erbgut generell durch die sogenannte Gentherapie zu verbessern.

Lederberg: Dazu gibt es verschiedene Möglichkeiten, und ich denke, die Gentherapie ist die unwahrscheinlichste. Aber wenn wir, sagen wir mal, in zweihundert Jahren die DNA maschinell herstellen können, dann könnten wir genau entscheiden, welchen Menschen, nach welchem genetischen Vorbild, wir haben wollen.

Klingholz: Welche Standards sollen dabei zugrunde gelegt werden?

Lederberg: Es ist sehr gefährlich, sich nach den Wünschen einer bestimmten Epoche zu richten. Hermann Müller hat dafür auf dem Ciba-Symposium selbst ein wunderbares Beispiel vorgetragen. Als er noch in der Sowjetunion lebte, war er sehr von der kommunistischen Idee ergriffen, und er fand es hervorragend, wenn jeder die Gene Lenins gehabt hätte. Fünf Jahre später war dies für ihn das schlimmste, was er sich vorstellen konnte.

Klingholz: Wer entscheidet generell über Nutzen und Risiko einer wissenschaftlichen Entdeckung, wer setzt notfalls Schranken?

Lederberg: Das ist eine politische Entscheidung. In Amerika befindet darüber die staatliche Gesundheitsbehörde, weil sie den größten Teil der Grundlagenforschung finanziert. So etwas wird dann in entsprechenden Gremien diskutiert. Ich sehe bei diesem Prozeß keine Probleme.

Klingholz: Es gibt beispielsweise Wissenschaftler, die vorgeschlagen haben, Chimären zwischen Schimpansen und Menschen zu züchten, als Ersatzteillager für Organtransplantationen. Gibt es gegen solche Versuche ethische Bedenken?

Lederberg: Ich selbst wünsche mir das nicht. Und wenn jemand diesen Versuch unternähme, gäbe es wohl ein derartiges Theater, daß es niemand ein zweites Mal wagen würde. Daraus folgt keine Kettenreaktion, bei der alles außer Kontrolle gerät. Aber das sind ethische Fragen, die weit vor uns liegen, sie sind zu abstrakt, und deshalb ist es gefährlich, jetzt schon darüber zu entscheiden.

Klingholz: Was aber geschähe, wenn dieser Versuch ein großer Erfolg würde?

Lederberg: Dann würde er vielleicht gutgeheißen, *weil* die Menschen es so wollen.

Klingholz: Wo bleiben Sie dann mit Ihrer einstigen Moral?

Lederberg: Genau das ist das Problem, wenn wir ethische Grundsätze für zukünftige Generationen aufstellen wollen. Das sollten wir grundsätzlich nicht tun. Über Ethik sollten die entscheiden, die den Nutzen und die Kosten dieser Entscheidung tragen müssen. Ich will meinen Nachkommen keine Optionen verbauen. Dazu habe ich zu wenig Vertrauen in meine eigene Ethik. Man muß nur ansehen, wie sich die Vorstellungen ändern. Hätten wir heute noch die moralischen Prinzipien der viktorianischen Zeit, wie beklemmend wäre unser Leben. Man muß dann reagieren können, wenn eine Sache außer Kontrolle zu geraten droht. Bitte verstehen Sie mich nicht falsch, ich will nicht diese wahnsinnigen Experimente befürworten. Aber ich will auch keine Fragen beantworten, die man in zwanzig, dreißig Jahren völlig anders sieht.

Klingholz: Es gibt auf diesem Gebiet Fragen, die schon heute auf eine Antwort warten. Was ist beispielsweise mit der pränatalen Diagnose? Soll man leichte und schwere Erbdefekte bereits am Embryo diagnostizieren, um dann unter Umständen auszuwählen, ob eine Schwangerschaft ausgetragen werden soll oder nicht?

Lederberg: Das ist natürlich eine sehr schwierige Frage. Zu schwierig, um sie heute zu beantworten. Wenn wir auf diese Weise Erbkrankheiten vermeiden können, sollten wir das in manchen Fällen tun, in anderen Fällen nicht. Wir müssen das genau beobachten, wir müssen mehr wissen, damit wir verstehen, welche Entscheidung wir fällen.

Klingholz: Führt uns das nicht automatisch in den Wahn, eine bessere Rasse schaffen zu wollen?

Lederberg: Richtig! Trotzdem dürfen wir uns nicht jetzt schon festlegen, welche Experimente wir irgendwann einmal machen wollen.

Klingholz: Darf sich die Gesellschaft auch aus Angst oder aus Unwissen gegen einen wissenschaftlichen Fortschritt wehren?

Lederberg: Natürlich, das ist ein politischer Vorgang, und die Gesellschaft hat die letzte Entscheidung. Das wäre natürlich verrückt, aber solche Dinge geschehen immer wieder. Man kann sich für die dümmsten Dinge entscheiden. Ganze Staaten verfallen irgendeiner Ideologie. Vor fünfzig Jahren gab es so etwas in Deutschland. Damals ließ sich ein ganzes Land von der Hitlerschen Ideologie gefangennehmen.

Klingholz: Inwieweit ist ein Wissenschaftler verantwortlich für die Folgen seiner Forschung? Kann man einen Molekularbiologen verurteilen, der die Methodik entwickelt, ein neuartiges Virus zu schaffen, die dann von einem militärischen Labor genutzt wird, um eine verheerende biologische Waffe zu entwikkeln?

Lederberg: Ich glaube, eine Forschung zu unterlassen ist kein Mittel, sie zu verhindern. Wenn man Biowaffen verhindern will, muß man auf internationaler Ebene verhandeln. Ich habe selbst intensiv an einem derartigen Vertrag mitgewirkt. Und seit 1972 haben wir ein Abkommen, das die biologische Kriegsführung ächtet.

Klingholz: Trotzdem wird auf diesem Gebiet nach wie vor geforscht.

Lederberg: Es ist gar nicht so leicht zu sagen, wo die Grundlagenforschung aufhört und wo die militärische beginnt.

Klingholz: Beunruhigt es Sie, wenn Studenten, die Sie hier an der Rockefeller-Universität ausgebildet haben, später in ein Militärlabor gehen?

Lederberg: Die libyschen Studenten, die in Amerika Atomphysik studierten, haben mir große Sorgen bereitet. Aber das kann man nicht verallgemeinern. Die Technik, biologische Waffen zu entwickeln, ist ja schon hundert Jahre alt. Seit Robert Koch und Louis Pasteur herausgefunden haben, wie man Mikroben in Laborkulturen wachsen läßt, kann man Biowaffen herstellen.

Klingholz: Die Gentechnik erleichtert das sehr.

Lederberg: Nur ein wenig. Es ist gar nicht so einfach, einen künstlichen Erreger zu schaffen, der schrecklicher ist als alles, was es natürlicherweise schon gibt – als das Typhusbakterium etwa.

Klingholz: Schrecklicher nicht, aber raffinierter.

Lederberg: Raffinierter hieße nicht unbedingt tödlicher, sondern leichter zu handhaben. Man müßte etwa über einen gezüchteten Erreger verfügen *und* gleichzeitig über einen Impfstoff, mit dem man die eigene Bevölkerung schützt. Die Forschung an Impfstoffen ist aber die gleiche, ob sie nun zivile oder militärische Ziele hat. Das läßt sich nicht trennen. Wenn wir keinen Weg finden, Kriege generell zu verhindern, dann können wir auch nicht verhindern, daß die schrecklichsten Waffen benutzt werden.

Klingholz: Kennen Sie eigentlich Erwin Chargaff?

Lederberg: Ja, natürlich, er hat sehr wichtige Vorarbeiten zur Entschlüsselung des genetischen Codes geleistet.

Klingholz: Er hält die ganze Gentechnik für unmoralisch. Schon der Versuch, Bakterien genetisch zu kreuzen, geht im zu weit.

Lederberg: Sagt Chargaff so etwas? Jetzt übertreiben Sie aber. Das klingt eher nach Jeremy Rifkin.

Klingholz: Chargaff hat sich dazu sogar in *Nature* geäußert, einem der angesehensten wissenschaftlichen Fachblätter. Haben Sie mit ihm schon einmal über die ethischen Grenzen der Gentechnik diskutiert?

Lederberg: Nein, ich hatte keine privaten Diskussionen mit Chargaff.

Klingholz: Seltsam, wo er doch ganz in Ihrer Nähe wohnt? Wissenschaftler reden doch sonst viel miteinander.

Lederberg: Wenn er zu uns auf die Vorträge käme, wäre das sicher möglich.

Klingholz: Aber Sie wissen doch, daß Chargaff ein großer Kritiker der Gentechnik ist?

Der Biologe Joshua Lederberg von der New Yorker Rockefeller-Universität in seinem Labor.

Lederberg: Ich erinnere mich, daß er einmal gesagt hat, Molekularbiologen würden biochemisch arbeiten, ohne eine Lizenz dafür zu haben. Irgendwie ist er wohl ein Fundamentalist. Ich verstehe seine Auffassung aber nicht. Ich kann nicht nachvollziehen, daß er glaubt, uns geriete die Gentechnik aus der Kontrolle. Ich verstehe nicht, warum es unmoralisch sein sollte, zwei DNA-Stränge miteinander zu verschmelzen.

Klingholz: Chargaff hat einmal geschrieben, für ihn sei die Gentechnik das Auschwitz der Biologie.

Lederberg: Als ob man für solche Gewalttaten irgendeine Technologie bräuchte. Hitler ist doch das beste Gegenbeispiel. Er hat die Unmenschlichkeit in ein nie gekanntes Ausmaß getrieben, ohne sich einer bestimmten Technologie zu bedienen. Da könnte man genausogut sagen, das Telephon sei schuld gewesen, weil es ihm die Möglichkeit gab, ein so großes Imperium zu kontrollieren.

Klingholz: Halten Sie es für sinnvoll, gentechnisch hergestellte neue Lebensformen, Pflanzen, Bakterien oder Nutztiere zu patentieren, oder behindert das die Freiheit der Forschung?

Lederberg: Die Möglichkeit, ein Patent zu bekommen, wird die Forscher eher antreiben, denn wenn man mit einer Erfindung Geld verdienen kann, inspiriert das die Wissenschaftler.

Klingholz: Ist die Ökonomie ein guter Motor der Forschungsförderung?

Lederberg: Nicht immer. Ich fürchte, daß bei der landwirtschaftlichen Gentechnik viel zu wenig investiert wird. Die Chance für eine Firma, damit richtig Geld zu verdienen, ist nicht sehr groß, bei all dem Wirbel, den die Presse um die Gentechnik macht. Deshalb müßte der Staat hier eingreifen, weil das wirklich den Hungrigen auf der Welt helfen würde.

Klingholz: Sie sprechen über Krieg und Hunger. Welches sind denn momentan die größten Probleme der Menschheit?

Lederberg: Erstens, wie die Menschen miteinander auskommen. Zweitens, wie sie mit der Technologie und den Umweltproblemen klarkommen. Und drittens, wie sie mit den begrenzten Ressourcen dieser Erde umgehen. Für die entwickelte Welt sind die Punkte eins und zwei die wichtigsten. Für den größten Teil der Welt aber ist das Hauptproblem die Nummer drei: satt zu werden und am Leben zu bleiben.

Klingholz: Wie wollen Sie als Wissenschaftler helfen, dieses Problem zu lösen?

Lederberg: Wir produzieren heute mehr Nahrung pro Kopf der Weltbevölkerung als im Jahr 1900, *weil* wir über eine hochentwickelte Technologie verfügen. Der Hunger ist also technisch lösbar. Wir stoßen jedoch an Grenzen, weil wir dabei so viel Abfall produzieren. Die Umweltverschmutzung beginnt bereits, unsere industrielle Produktionsfähigkeit einzuschränken. Bald wird es womöglich in der Landwirtschaft ebenso zugehen. Denken Sie nur an die Klimaveränderung, deren Beginn wir beobachten, weil wir die Wälder abholzen und fossile Brennstoffe verheizen.

Klingholz: Was kann man dagegen tun?

Lederberg: Die einzige mögliche Alternative ist für mich die Kernenergie. Damit gibt es zwar auch Probleme, aber die wird man lösen können. Das wird allerdings nicht ganz billig werden.

Klingholz: Gibt es denn einen sicheren Weg, den Atommüll loszuwerden?

Lederberg: Den braucht man nicht zu entsorgen. Das Zeug irgendwo einzugraben, wo man es nicht mehr sehen kann, ist nämlich keine Lösung. Wir müssen die Abfälle dort lagern, wo man sie genau beobachten kann. Dann können wir eingreifen, wenn es ein Leck geben sollte. Die Leute erschrecken immer, weil wir das hunderttausend Jahre lang tun müßten. Aber bisher haben wir damit ja auch keinen tatsächlichen Ärger gehabt. Da wird viel zuviel Lärm gemacht.

Klingholz: Die Probleme der Menschheit hängen doch offenbar alle mit dem unbegrenzten Wachstum auf vielen Ebenen zusammen. Gibt es da überhaupt keine Grenzen?

Lederberg: Irgendwann schon. Vielleicht kann sich die Weltbevölkerung noch verzehnfachen, ich weiß es nicht.

Klingholz: Werden die Umweltprobleme einen Einfluß auf das Wachstum ausüben? Eine Klimaveränderung könnte dramatische Folgen für die Entwicklung der Menschheit haben.

Lederberg: Ja, aber da können wir gegensteuern. Wenn die Temperaturen steigen, wenn der Meeresspiegel steigt und die Küstenstädte zu überfluten droht, werden wir schon etwas tun.

Klingholz: Es scheint, als müsse zumindest unser Intellekt noch anwachsen.

Lederberg: Das ist unsere wichtigste Ressource. Die einzige, die nicht abnimmt, wenn es mehr Menschen gibt. Das ist das wundervolle. Die Bodenschätze werden weniger, je mehr Menschen es gibt. Aber das Wissen bleibt, davon können alle profitieren, ganz egal, ob es eine Milliarde oder zehn Milliarden sind.

Klingholz: Glauben Sie wirklich, daß die Intelligenz langfristig ein Evolutionsvorteil der Spezies Mensch ist? Schließlich verdanken wir ihr nicht nur Wissenschaft und Technik, sondern auch Kriege und die Umweltprobleme.

Lederberg: Das mit dem Dreck sollten wir gerade durch die Intelligenz lösen. Die Verschmutzung entsteht, weil es für die Verursacher einfach billiger ist, den Dreck zu ignorieren, als ihn zu vermeiden. Die Kosten dafür tragen andere. Umweltverschmutzung muß hoch besteuert werden. Das wäre eine intelligente Lösung.

Klingholz: Ich habe nicht den Eindruck, als würden wir unsere Intelligenz bei diesen Fragen ausreichend nutzen.

Lederberg: Das ist kein Grund zur Aufregung. Die Welt wird deswegen nicht untergehen. Die Besorgnis wächst ja, und langsam wird das alles besser werden.

Klingholz: Wie wird die Dritte Welt mit dem Bevölkerungswachstum, mit Hunger und Krankheit fertig werden?

Lederberg: Das wird immer schwieriger. Wenn sich dort die medizinischen Bedingungen verbessern, wird es noch mehr Menschen geben. Man löst ein Problem und verursacht damit das nächste, denn dann fehlt es wieder an Geld für eine Gesundheitsversorgung. Den meisten Ländern der Dritten Welt stehen dafür nicht mehr als fünf Dollar pro Jahr und Kopf der Bevölkerung zur Verfügung. Das ist nicht genug. Infektionskrankheiten und Epidemien sind die zwangsläufige Folge.

Klingholz: Ist Aids in der Dritten Welt ein Beispiel für diesen Problemkreis?

Lederberg: Das mit Aids hat zwei Gründe: das Bevölkerungswachstum und die schnellen Transportmöglichkeiten rund um die Welt. Dadurch gibt es heute keine lokal begrenzten Infektionskrankheiten mehr. Wir werden noch mehr solcher Viren zu sehen bekommen, und zwar überall dort, wo die Menschen einen engen Kontakt zu einem großen Parasitenpotential im Dschungel haben. Und man kann nicht voraussagen, ob das harmloser oder schlimmer sein wird als Aids.

Klingholz: Haben Sie mit einer Epidemie wie Aids gerechnet?

Lederberg: Ich habe darüber seit zwanzig Jahren geschrieben. Das ist natürlich ein Phänomen, und es gibt keinen Grund, warum so etwas nicht immer wieder passieren sollte. Ich bin sicher, Aids wird nicht die letzte Epidemie dieser Art sein.

Klingholz: Warum haben sich die Menschen, zumindest in den Industrienationen, lange so sicher vor Infektionskrankheiten gefühlt?

Lederberg: Die Menschen sind leichtgläubig geworden, nur weil es ein paar Impfstoffe gab und wunderbare Medikamente. Das ist wie in Erdbebengebieten, in denen es 75 Jahre nicht gebebt hat. Dort bauen die Leute auch wieder Häuser, die einen neuen Erdstoß nicht überstehen werden.

Klingholz: Denken Sie, daß die Wissenschaft mit Hilfe der Gentechnik einen Impfstoff gegen Aids finden wird?

Lederberg: Ja, es ist jedoch unklar, wie wirkungsvoll dieses Vakzin sein wird. Der Grund dafür ist, daß Aids eine so außergewöhnliche Krankheit ist. Es ist die einzige Krankheit, die wir kennen, gegen die unser Immunsystem absolut machtlos ist. Unser Körper bildet zwar Antikörper gegen das Virus, aber die haben keine Wirkung. Ein Impfstoff veranlaßt den Organismus ebenfalls, Antikörper bereitzustellen. Wir wissen nicht, ob das im Falle von Aids hilfreich sein wird.

Klingholz: Was wäre die Folge, wenn es nicht gelänge, einen wirksamen Impfstoff zu entwickeln?

Lederberg: Schlimmstenfalls müßte man warten, bis die Menschheit an das Aids-Virus HIV angepaßt ist. Ich kenne dafür keine Beispiele in der Natur, aber es ist denkbar, daß nur resistente Individuen die Auseinandersetzung mit einem Krankheitserreger überstehen. Aus diesen Überlebenden würde dann eine neue Population erwachsen.

Klingholz: Sie haben selbst geschrieben, daß Aids-Virus könnte so weit mutieren, daß es seinen Ausbreitungsweg verändert.

Lederberg: HIV ist ein sehr erfolgreiches Virus, und es macht auf den ersten Blick keinen Sinn, warum es seinen Übertragungsmechanismus noch verbessern müßte. Es wäre in der Tat ein Pyrrhussieg des HIV, wenn es die menschliche Spezies ausrotten würde, denn dann müßte es selbst aussterben. Aber die Evolution richtet sich nicht nach solchen Prinzipien. Mutationen können immer auftreten, und sie können verheerende Konsequenzen haben. Ich will hier keine Panik verbreiten, aber wir wissen von alledem noch sehr wenig.

Klingholz: Es gibt mittlerweile Tausende von Labors, die mit HIV arbeiten. Das Virus wird allen möglichen Chemikalien und künstlichen Bedingungen ausgesetzt. Erhöht das den Evolutionsdruck auf das HIV, so daß es sich dabei womöglich erst recht verändert?

Lederberg: Die Möglichkeit ist da, aber wir haben keine andere Wahl, als mit der Aids-Forschung weiter zu marschieren. Die Aussichten auf ein Ende der Epidemie sind so schlecht, und das Risiko bei der Forschung ist so gering, wir müssen einfach alles tun, was uns einfällt.

Klingholz: Das Experiment, Labormäusen die gesamte Erbmasse des HIV einzubauen, hat aber auch bei manchen Ihrer Kollegen heftige Bedenken ausgelöst.

Lederberg: Vielleicht tragen heute schon zehn Millionen Menschen das Virus in sich. Es ist leicht, das Risiko, das von der Aids-Maus ausgeht, zu übertreiben, aber es ist gering, verglichen mit der Gefahr der Epidemie. Wenn wir solche Experimente, bei denen wir viel lernen können, nicht machen, gehen wir ein viel größeres Risiko ein.

EXKURS

Strahlenresistente Greifschwanztypen

Wie Genetiker darangehen wollten, die menschliche Rasse zu verbessern

Zusammengestellt von Jörg Albrecht

An positiven Utopien hat es in der Geschichte der Genetik nie gefehlt. Die Tatsache, daß die Vererbung eine materielle Grundlage besitzt, hat die Forscher in diesem Jahrhundert zu phantastischen Vorstellungen beflügelt; einen Höhepunkt erreichte die Diskussion Anfang der sechziger Jahre, als die Struktur der Erbsubstanz Desoxyribonukleinsäure (DNA) entschlüsselt und der genetische Code entziffert wurden.
Auf einem Symposium der Ciba Foundation trafen sich 1962 in London siebenundzwanzig der damals führenden Biologen, Soziologen, Anthropologen und Mediziner, darunter sechs Nobelpreisträger, um das künftige Schicksal der Menschheit zu diskutieren. „Man and his future" hieß der englische Titel des Symposiumsberichts; auf deutsch erschien er – herausgegeben von Robert Jungk und Hans Josef Mundt – unter dem Titel „Das umstrittene Experiment – der Mensch". Viele der Vorschläge, die damals gemacht wurden, wirken aus heutiger Sicht ausgesprochen kühn. Doch die Kühnheit steckt weniger im Gedanken, sondern eher in der Formulierung. Da es heute technisch möglich ist, einige der damals vorgeschlagenen Maßnahmen in die Tat umzusetzen, ist die Sprache gemäßigter geworden. Die Utopie der sechziger Jahre hat uns – zum Teil jedenfalls – längst eingeholt.
Vordenker und Mitinitiator des Ciba-Treffens war Sir Julian Huxley, der führende Evolutionsforscher seiner Zeit und Generaldirektor der UNESCO in den Jahren unmittelbar nach dem Zweiten Weltkrieg. Sein Eröffnungsvortrag war ein Parforceritt durch die Geschichte der Menschheit, mitten hinein in eine schöne neue Welt:

„Wir haben das Vorrecht, in einem entscheidenden Augenblick der Geschichte des Kosmos zu leben; jenem, in dem der gewaltige Evolutionsprozeß in der Person des forschenden Menschen seiner selbst bewußt wird. (...)
Das bedeutet gleichzeitig eine Ermutigung und eine Bedrohung. Die Bedrohung liegt in der offensichtlichen Unvollkommenheit des Menschen als psychosoziales Wesen; sowohl individuell wie kollektiv braucht er dringend Verbesserungen, und er ist ihrer durchaus fähig. Die Ermutigung ergibt sich aus den tatsächlich bis heute erfolgten Verbesserungen. Wenn eine blinde, opportunistische und automatische natürliche Selektion in einigen Milliarden Jahren aus einem Viroid den Menschen schaffen konnte, was könnten dann nicht die bewußten gezielten Anstrengungen des Menschen in einigen Millionen Jahren schaffen, gar nicht zu reden von den Tausenden von Jahrmillionen, die er wahrscheinlich noch vor sich hat? (...)
Die Bevölkerungsexplosion führt uns zu der grundsätzlichen Frage – so grundsätzlich, daß sie meist gar nicht gestellt wird –, wozu sind die Menschen da? Wie auch die Antwort lauten mag, ob dazu, tüchtiger oder mächtiger zu werden, oder, wie ich vorschlagen möchte, dazu, größere „Erfüllung" zu finden, klar ist, daß die allgemeine Qualität der Weltbevölkerung nicht sehr hoch ist, daß sie sich zu verschlechtern beginnt, und daß sie verbessert werden könnte und sollte. Die Verschlechterung ist auf genetische Defekte zurückzuführen; die damit behafteten Menschen wären infolge der Selektion verschwunden, hätte man sie nicht künstlich am Leben erhalten. Dazu kommt eine Menge neuer

Mutationen durch zunehmende Radioaktivität. Beim modernen Menschen hat die Richtung der genetischen Evolution begonnen, ihr Vorzeichen zu ändern, vom positiven zum negativen, vom Fortschritt zum Rückschritt; wir müssen versuchen, die alte Richtung zur positiven Entwicklung wiederherzustellen. (...)
Die Verbesserung der genetischen Qualität des Menschen durch eugenische Verfahren würde eine große Last an Leiden und Qual von den Schultern der Menschheit nehmen und zur Steigerung der Lebensfreude und der Tüchtigkeit beitragen. Ich möchte ein Beispiel geben: Theoretisch könnte der Pegel der allgemeinen Intelligenz durch eugenische Selektion angehoben werden; und selbst ein leichter Anstieg würde einen merklichen Zuwachs an hochintelligenten und tüchtigen Leuten ergeben, die wir brauchen, um unsere immer komplizierteren Gemeinschaften zu lenken. So würde ein Ansteigen des mittleren Intelligenz-Quotienten (IQ) um 1,5 Prozent, also von 100 auf 101,5 bedeuten, daß 50 Prozent mehr Menschen mit einem IQ von 160 und darüber zur Welt kämen.
Für mich ist es eine erregende Tatsache, daß der Mensch, nachdem er seiner Vorherrschaft und seiner zentralen Stellung im Weltall beraubt war und die Rolle eines unbedeutenden Bewohners eines kleinen abseitsliegenden Planeten unter vielen Millionen von Sternen erhalten hatte, jetzt wieder in eine Schlüsselstellung gerückt ist; er wurde zu einem der seltenen Vorläufer oder Fackelträger oder Sachwalter – suchen Sie eine Metapher nach Ihrem Geschmack! – des Fortschritts im kosmischen Prozeß der Evolution. (...)“

Zu den jüngsten Teilnehmern des Ciba-Symposiums zählte der damals gerade 37jährige Nobelpreisträger und Molekularbiologe Joshua Lederberg. Er vertrat ebenfalls den Standpunkt, der Mensch sei genetisch durchaus verbesserungswürdig:
„Die Molekularbiologie hat kürzlich den Mechanismus der Vererbung entdeckt, und nun können wir sagen, daß die wichtigsten Merkmale irdischen Lebens von der Experimentalchemie aufgeklärt werden. Viele Rätsel der Vererbung sind schon heute erstaunlich einfach gelöst worden. (...)
Jetzt können wir den Menschen definieren. Genotypisch besteht er jedenfalls aus einer 180 Zentimeter langen bestimmten molekularen Folge von Kohlenstoff-, Wasserstoff-, Stickstoff- und Phosphoratomen – das ist die Länge der DNA, die im Kern des Ursprungseies und im Kern jeder reifen Zelle zu einer dichten Spirale gedreht ist, die fünf Milliarden gepaarte Nukleotide lang ist. (...)
Die meisten Genetiker, so weit im übrigen auch ihre Ansichten auseinandergehen mögen, machen sich ernste Sorgen um Zustand und Aussichten des menschlichen Genotypus. (...)
Aber selbst wenn diese Mängel erträglich oder neutralisiert, oder wenn sie auch nur falsch dargestellt wären, verschwenden wir nicht trotzdem auf sündhafte Weise einen Schatz des Wissens, wenn wir die schöpferischen Möglichkeiten genetischer Verbesserungen vernachlässigen? Muß nicht die gleiche Kultur, die auf einmalige Weise die Möglichkeit globaler Vernichtung geschaffen hat, auch ein Höchstmaß an intellektueller und sozialer Einsicht schaffen, um ihr eige-

EXKURS

nes Überleben zu sichern? Aber müssen dazu unbedingt Verfahren der Tierzucht auf den Menschen übertragen werden? Dazu möchte ich zunächst bemerken, daß die Technik der menschlichen Genetik schrecklich unbeholfen ist, selbst wenn man sie an den Praktiken der heutigen Landwirtschaft mißt. Innerhalb weniger Generationen könnten wir einige Kunstgriffe von unschätzbarem Wert erlernen. (...) Ich könnte mir vorstellen, daß wir unter diesen Voraussetzungen sehr bald die Grundlagen besitzen werden, eine Technik zu entwickeln, um beispielsweise die Größe des menschlichen Gehirns durch vorgeburtliche oder frühe nachgeburtliche Eingriffe zu regulieren."

Was die praktische Umsetzung von Lederbergs Vorschlägen anging, so hatte sich ein anderer Nobelpreisträger, Francis Crick, einer der Mitentdecker der DNA-Struktur, bereits weitreichende Gedanken gemacht:
„Ich möchte mich auf eine bestimmte Frage konzentrieren: Haben die Menschen überhaupt das Recht, Kinder zu bekommen? Wie wir hörten, wäre es für die Regierung nicht sehr schwierig, der Nahrung etwas beifügen zu lassen, was den Nachwuchs unterbindet. Außerdem könnte sie – das ist hypothetisch – ein anderes chemisches Mittel bereithalten, das die Wirkung des ersten aufhebt und das nur solche Leute erhalten, deren Fortpflanzung erwünscht ist. Das wäre keineswegs indiskutabel. Gilt allgemein die Ansicht, daß ein Recht auf Kinder besteht? Das wird zwar in der christlichen Ethik als sicher angenommen, aber von der humanistischen Ethik her sehe ich nicht ein, wodurch generell ein Recht auf Kinder zu begründen sein soll. Wenn man die Menschen davon überzeugen könnte, daß ihre Kinder keineswegs Privatangelegenheit sind, so wäre das ein gewaltiger Fortschritt. Die zu beantragende Erlaubnis für das erste Kind könnte unter verhältnismäßig einfachen Bedingungen gegeben werden. Sind die Eltern genetisch belastet, so erhalten sie nur für ein Kind die Genehmigung, unter besonderen Umständen vielleicht für zwei. (...)"
Gegen Ende des Symposiums hielt der Genetiker J. B. S. Haldane einen Vortrag über „Biologische Möglichkeiten für die menschliche Rasse in den nächsten zehntausend Jahren". Einige der heute noch lebenden Teilnehmer des Ciba-Symposiums behaupten, seine Ausführungen hätten nur der allgemeinen Erheiterung gedient. Doch ihre Diskussionsbeiträge waren ganz ernsthafter Natur und zeigten, daß sie das ganze nicht als humoristische Einlage betrachteten. Haldane prophezeite unter anderem:
„Wenn die klonische Fortpflanzung möglich sein sollte, wird man vermutlich die meisten Klone von Leuten machen, die mindestens fünfzig sind, außer bei Athleten und Tänzerinnen, die jünger geklont werden könnten. Man würde Menschen dafür auswählen, die sich in allgemein anerkannter Weise ausgezeichnet haben. Manchmal bliebe es auch dem Zufall überlassen. Die klonischen Nachkommen von Arthur Rimbaud würden vielleicht unter günstigen Lebensbedingungen keinerlei Neigung zur Dichtkunst zeigen und zweitklassige Baumeister werden. Klone dieser Art würden dann nicht weitergezüchtet. Andere Klone wären die

nichtsexuellen, ohne Begattung erzeugten Nachkommen von Leuten mit sehr seltenen Anlagen, deren Wert problematisch scheint, beispielsweise: dauernde Dunkeladaption, Fehlen des Schmerzempfindens und besondere Fähigkeiten der viszeralen Wahrnehmung und Steuerung. Hundertjährige würden, wenn es möglich ist, und wenn sie einigermaßen gesund sind, grundsätzlich geklont; nicht weil Langlebigkeit unbedingt erwünscht wäre, sondern weil Unterlagen über mögliche Erwünschtheit benötigt würden. (...)

Außerirdische Lebensbedingungen weichen am eindeutigsten in der Schwerkraft, der Temperatur, dem Luftdruck, der Luftzusammensetzung und der Strahlung (einschließlich energiereicher Materieteilchen) von unseren ab. Ein Gibbon ist dem Leben in einem schwächeren Schwerefeld wie in einem Raumschiff, auf einem Asteroid oder vielleicht sogar auf dem Mond von vornherein offenbar besser angepaßt als der Mensch. Noch mehr gilt das für Affenarten mit Greifschwänzen. Durch Pfropfen von Genen könnten solche Eigenschaften auch der menschlichen Rasse angezüchtet werden. Menschen, die ihre Beine durch Unfall oder Mutation verloren haben, wären als Astronauten besonders geeignet, denn die Beine des Menschen und ein großer Teil des Beckens sind in diesem Fall nicht nötig. Wenn man ein Medikament entdeckte, ähnlich dem Thalidomid, aber nur auf die Beine und nicht auf die Arme wirkend, könnte man die Mannschaft des ersten Raumschiffes zum *Alpha Centauri* damit behandeln. Das Gewicht und der Bedarf an Nahrung und Sauerstoff würden dadurch vermindert. Besser noch wäre eine regressive Mutation zur Gestalt unserer Vorfahren im mittleren Pliozän mit Greiffüßen und einem affenähnlichen Becken. In nächster Zukunft wird der Mensch schwerlich hohen Gravitationsfeldern ausgesetzt sein, wie sie z. B. auf der festen oder flüssigen Oberfläche des Jupiter bestehen. Wahrscheinlich wäre es unter solchen Bedingungen gut, vier Beine oder wenigstens sehr kurze Beine zu haben. Ich würde auf dem Jupiter einen achondroplastischen einem normalen Menschen vorziehen. (...)

Widerstandsfähigkeit gegen Strahlung ist für Astronauten sicher eine wünschenswerte Eigenschaft. Vielleicht kann sie erreicht werden, vielleicht auch nicht. Bei einigen Bakterien ist es eine, wenn auch seltene, erbliche Eigenschaft. Falls es zu einem Atomkrieg kommt, werden die Überlebenden auf ihre Strahlungsresistenz selektiert sein, wenn eine solche Selektion möglich ist. Danach sind sie als Astronauten brauchbarer. Und selbst wenn die Gefahr übertrieben wäre, hätte es Sinn, strahlungsresistente Typen zu züchten, sobald wir wissen, wie man es macht. (...)

So könnte es dahin kommen, daß die Menschen sich in zehntausend Jahren von uns nicht nur in Verbesserungen, sondern auch in Anlagen und Bestrebungen derart unterscheiden, daß es zwecklos ist, diese Gedanken noch weiter auszuspinnen. (...) Ich habe mein eigenes Utopia gezeichnet oder, wie mancher Leser vielleicht annehmen wird, meine eigene private Hölle. Ich rechtfertige mich damit, daß immerhin auch utopische Entwürfe den Lauf der Geschichte beeinflußt haben."

Mathias Greffrath im Gespräch mit dem Biochemiker und Kulturkritiker Erwin Chargaff

Wir brauchen wüste Pessimisten

Erwin Chargaff wurde 1905 in Czernowitz geboren. Er studierte in Wien Chemie und hörte die Vorlesungen von Karl Kraus, ging 1934 über Paris nach Amerika. An der Columbia Universität in New York forschte und lehrte er vierzig Jahre lang, zuletzt als Leiter des Instituts für Biochemie. Seine Arbeiten über die Basenpaarungen waren entscheidend für die Entdeckung der Doppelhelix der DNA. Chargaff ist Mitglied der National Academy of Sciences der USA. In Deutschland ist er in den letzten Jahren vor allem durch seine Autobiographie „Das Feuer des Heraklit", zahlreiche wissenschafts- und kulturkritische Essays und öffentliche Vorträge gegen die Gentechnik bekannt geworden.

Greffrath: Wenn man mit jüngeren Wissenschaftlern über Sie spricht, dann sagen die: „Ach ja, der Chargaff". – und das in einer schwer zu definierenden Mischung von schlechtem Gewissen und Verachtung.

Chargaff: Na ja, in Amerika hat immer ein Kult der Jugend geherrscht, der auf die Anfänge des Landes zurückgeht. *Novus ordo rerum* steht auf meiner schmutzigen Ein-Dollar-Note: eine neue Ordnung der Dinge. „Neu" ist immer ein hohes Prädikat in Amerika, und leider Gottes hat das auch auf das geistige Leben übergegriffen. Und wenn die sagen: „Ja, der Chargaff", dann haben sie zum Teil recht: Ich bin jetzt älter als 82, ein alter Mann, und war immer ein *enfant terrible.* Aber von meinen Arbeiten mußte ich nichts zurücknehmen. Natürlich ist unterdessen die Wissenschaft der ganzen Welt zusammengewachsen zu einer Art zu groß gewordener Sekte. Die hat ihr eigenes Budget, besoldet ihre Lobbies, übt großen Einfluß auf den Kongreß aus. Sie hat Querverbindungen zur Industrie, weil ja die Physik der Industrie Riesen-Aufträge verschaffen kann. Und in dem Moment, wo die Wissenschaft einen so großen Einfluß hat, bekommen die Wissenschaftler eine Gewerkschaftsmentalität: Kein Vogel darf sein Nest beschmutzen. Andere Nester darf man beschmutzen. Als Chemiker darf man sagen: Es geht soviel Geld fürs Ballett drauf, aber um Gottes willen nicht, daß wir größere Sorgen haben, als drei Milliarden auszugeben für „the mapping of the human genome", also für die Analyse des gesamten Genoms eines Menschen.

Greffrath: Sie halten das für eine sinnlose Angelegenheit?

Chargaff: Man wird das Genom vermessen und dann sagen: Alle Menschen sind krank. Es gibt ja nicht *das* menschliche Wesen. Es ist ja jeder verschieden. Ich halte es für dumm und für einen Trick, viel Geld zu bekommen. Sie wollen in der Molekularbiologie auch so etwas haben wie die Teilchenphysiker: CERN und andere schöne Riesen-Anlagen, die viele Wissenschaftler beschäftigen können.

Greffrath: Praktischen Nutzen erkennen Sie nicht?

Chargaff: Nein. Sie werden fraglos neue Krankheiten entdecken und erzählen, daß sie die heilen könnten, wieder mit Gentechnologie. Es ist der Leerlauf einer wirklich teuflischen Maschinerie. Das kann nur gestoppt werden durch Verarmung, Verblödung oder durch eine Katastrophe, die die Bevölkerung so dezimiert, daß sie wirklich andere Sorgen hat.

Greffrath: Sie sind der einzige fundamentalistische Gegner der Gentechnik, der aus der Branche selbst kommt.

Chargaff: Ich bin kein Fundamentalist. Ich bin nur immer ein altmodischer Mensch gewesen und habe mich geweigert, mich dieser Tempoveränderung anzupassen. Ich habe die alte Zeit noch erlebt vor der *big science.* Ich bin kein besonderer Verherrlicher dieser alten Zeit, aber wir müssen uns einmal klarmachen, was geschehen ist. Aus Gründen, die ich immer noch nicht ganz verstehe, hat das Tempo der Adaption neuer wissenschaftlicher Befunde sich auf etwa ein Zehntel der Zeit verringert, die sie früher dauerte. Zweihundert Jahre vergingen zwischen der ersten Beschreibung der Elektrizität und den Stromwerken vom Ende des letzten Jahrhunderts. Sieben Jahre zwischen Hahn und Straßmann und Hiroshima. Mit der Gentechnologie ging es fast noch schneller. Ich würde sagen, schon drei bis vier Jahre nach den ersten Untersuchungen haben sich schon die Venture-Kapitalisten zusammengefunden, um Gesellschaften zu gründen.

Greffrath: War das zur Zeit Ihrer Forschungen noch nicht abzusehen, daß es dahin gehen würde – in die Praxis, ins Geschäft?

Chargaff: Nein. Absolut nicht. Ich würde noch weiter gehen: Wenn Sie sich dieses abscheuliche Symposium anschauen, „Man and his future“, das im Jahre 1962 von der Ciba organisiert wurde, dann würden Sie sehen, daß diese großen genetischen Zauberer, die da versammelt waren, alles mit Augenzwinkern vorgebracht haben. Die haben doch nicht gedacht, daß irgendeine dieser Zukunftshoffnungen innerhalb von zehn oder fünfzehn Jahren realisierbar sein würde. J. B. S. Haldane zum Beispiel, ein guter Freund von mir, ein bedeutender Physiologe und Biochemiker, stand bei diesem Kongreß auf und sagte: Ja, also man wird Menschen ohne Gliedmaßen züchten müssen, besonders ohne Beine, damit sie in die kleinen Raumkapseln hineinpassen. Hände werden sie haben müssen, Greifarme, denn sie müssen ja die Tasten drücken und so weiter. Und das wird möglich sein durch Veränderungen am Gen. So etwas sagt ein Mensch wie Haldane nur dann, wenn er nicht nur an die Unrealisierbarkeit glaubt, sondern eigentlich einen Witz machen will.

Greffrath: Das heißt, man soll diese Sprüche von damals gar nicht so ernst nehmen?

Chargaff: Doch, schon. Was der Lederberg zum Beispiel sagte, ist dummes Zeug: Der Mensch sei nichts anderes als anderthalb Meter DNA oder so ähnlich. Das haben die schon geglaubt. Oder der Crick, der sagte, man müsse dem Trinkwasser ein Gift beimischen für die Menschen, von denen man nicht wolle, daß sie sich reproduzieren. Wie man die aussuchen soll, sagte er nicht. Da haben Sie's schon wieder: Der Crick ist doch kein dummer Mensch, das kann er nicht ernst gemeint haben. Das war damals für die Leute eine Art unverantwortlicher Utopie, also eine Art 3084.

Greffrath: Ihre Entdeckungen machten Sie, als es *big science* noch nicht gab. Sie wollten einfach wissen, wie die Vererbung funktioniert. Woher kam dann dieses Anwendungsinteresse?

Chargaff: Ein begeisterter Diabolist wird sagen, der Teufel ist aufgewacht und hat das alles beschleunigt. Aber so einfach ist es nicht. Viel davon ist der amerikanische Geist: daß sogar der Angstschrei des Schweins im Schlachthof von Chicago noch irgendwie verwertbar sein müsse. Früher sagte man immer: „They use everything but the squeak of the pork." Heute also verwendet man auch „the squeak of the pork": für akustische Zwecke, für Forschungen, für Hintergrundmusik im Fernsehen, für ich weiß nicht was. Wenn man früher in die Medizin-Fakultät der Columbia Universität ging, saßen die Leute da und haben Stipendienanträge geschrieben. Heute sitzen sie über Patentanträgen.

Greffrath: Die Entdeckungen, von denen wir jetzt reden, fallen in die Zeit nach Hiroshima. Das heißt, in eine Zeit, in der das Bewußtsein für die Folgeprobleme von Wissenschaft hätte geschärft sein müssen.

Chargaff: Nun gut, aber wir haben leider viel mehr auszulöffeln als die meisten Generationen vor uns. Denn wir haben unsere Unschuld bekanntlich verloren. Oppenheimer, glaube ich, hat gesagt: Die Wissenschaft hat am Tag von Hiroshima ihre Unschuld verloren. Er selbst hat sie eigentlich schon vorher verlieren müssen, denn das Manhattan-Projekt war eigentlich das erste wissenschaftliche Konzentrationslager. Damals wurden viele hochbegabte Wissenschaftler, Physiker und Chemiker unter starker militärischer Bewachung eingesperrt, und man hatte ihnen gesagt: Play and kill, spielt und tötet. Diese Wissenschaftler haben gewußt, daß sie eine große und unselige physikalische Entdeckung – die Spaltung des Atoms – ausnützen zum größten Massenmord der Weltgeschichte. Was sie komischerweise nicht gewußt haben, ist, daß die Strahlung länger dauern wird, und daß sie auch die Zukunft gefährden. Für das, was hinterher geschieht, daß die Erde für Jahrhunderte verseucht ist, haben sie sich nicht interessiert.

Greffrath: Offensichtlich ist die institutionalisierte Wissenschaft unfähig, aus diesem Unwissen von damals heute für die Gentechnik zu lernen.

Chargaff: Weil es ja völlig anders aussieht. Die Atomenergie ist nicht vergleichbar mit der Nuklearenergie der Zelle. Niemand stirbt ja, niemand geht zugrunde. Es ist eine Explosion, wenn ich es so sagen darf, des menschlichen

Gewissens. Wir haben mit der Gentechnik die Brutalisierungsstufe des menschlichen Denkens und der menschlichen Einbildungskraft sozusagen um einen Kilometer erhöht. Plötzlich werden Sachen als durchaus annehmbar und denkbar empfunden, die noch meine Großeltern gar nicht erwogen hätten, weil sie nicht diskutiert wurden. Ich glaube nicht, daß zum Beispiel damals überhaupt hätte diskutiert werden können, was ich heute über die Parkinson-Operationen lese, bei denen man das Gehirngewebe von einem Fötus in das Gehirn des Kranken transplantiert. Angeblich geschieht etwas Gutes. Ich glaube, hauptsächlich geschieht dem Chirurgen, der das macht, etwas Gutes. Nun wird schon heute geleugnet (und das ist für mich der erste Beweis, daß es geschehen wird), daß man daran denke, Föten für diesen Zweck zu züchten. Aber es ist nur ein Schritt von der Verwendung von Föten aus Spontanabtreibungen hin zu kleinen Fabriken, in denen man mit künstlicher Befruchtung eben diese Menscherln macht, die man dann verwendet.

Greffrath: Das heißt, ob nun Gentherapie, Keimbahntherapie oder andere Sparten der Biomedizin – Sie erwarten, das alles, was machbar sein wird, auch gemacht wird?

Chargaff: Unbedingt. Unbedingt. Weil die Moral aus Gummi ist, es immer gewesen ist, sich leichter anpaßt als vieles andere. Ich glaube, alles, was Geld bringt, wird tatsächlich gemacht werden. Meine einzige Hoffnung ist, daß die Biotechnologiefirmen, die das machen, zum großen Teil zusammenkrachen werden. Vorläufig ist ja erstaunlich wenig herausgekommen. Ich weiß eigentlich wirklich nur vom Insulin und von dieser Aktivase, diesem Blutgerinnungsmittel. Interferon hat sich ja als Niete herausgestellt, nachdem man es zunächst groß aufgeblasen hat. Und dann gibt es angeblich noch irgendein Wachstumshormon. Erstaunlich wenig für das Geld, das die Forschung kostet, für die Gehälter, die bezahlt werden – erstaunlich wenig.

Greffrath: Ist das Skepsis über das, was man machen kann? Oder eine Gewißheit, daß sehr wenig möglich sein wird?

Chargaff: Nein, möglich ist, daß vieles möglich sein wird. Man kann ja keinen Wechsel auf die Zukunft unterschreiben. Das Wesentliche in der Wissenschaft ist, und das ist so geblieben, daß praktisch noch alles möglich ist, was einem nur möglich erscheint, inklusive der Erschaffung des Lebens. Obwohl ich glaube, dies wird wahrscheinlich nicht gelingen. Man wird dann sicherlich schwindeln und sagen: Das hier lebt. Das ist wie mit dieser Maus, die jetzt gerade patentiert wurde: Es ist doch vollkommen grotesk: Der Mann hat doch die Maus nicht gemacht, er hat nur irgendwie dieses unglückliche Tier jetzt zum Krebsträger gemacht und eine Rasse gezüchtet, die hundertprozentig Krebs kriegen wird. Nun, das verdient doch wirklich eine diabolische Ohrfeige: Tiere zu züchten, die schmerzhaft und frühzeitig zugrunde gehen.

Greffrath: Und die Begründung, man tue dies, um den Krebs beim Menschen zu bekämpfen?

Chargaff: Angeblich, angeblich. Es ist so wie in der Höhle der Trolle, wo dem Peer Gynt alles so verschwommen erscheint, und er nichts richtig sieht. Da sagen ihm die Trolle: Ja, du mußt eine kleine Augenoperation unternehmen, dann wirst du Trollaugen bekommen und alles in herrlicher, strahlender Klarheit sehen. Heute wird nun jedem Menschen dieses Trollauge eingesetzt, und dann sieht er alles ganz anders. Wenn heute noch Leute gegen Leihmütter protestieren, wird es bald schon eine Akademie für Leihmütter geben, mit Ehrungen und einem Oskar für preisgekrönte Leihmütter.

Greffrath: Und das Ziel, Krebs abzuschaffen, legitimiert für Sie gar nichts?

Chargaff: Kein Mensch kümmert sich darum. Tatsache ist, daß die Krebsinstitute an ihrer eigenen Erhaltung arbeiten und nicht an der Abschaffung des Krebses.

Greffrath: Sie halten die ganze Geschichte für Scharlatanerie?

Chargaff: Na ja, schon wieder: Nicht Einzelnes. Wenn ich eine Stelle als Abteilungsleiter in einem Krebsinstitut hätte und da schöne Arbeit machen könnte über Enzymrezeptoren, würde ich ja nicht das Gefühl haben, daß ich jemanden betrüge. Der einzelne betrügt ja nicht. Nur der Name: Krebsinstitut, Krebsforschung. Es gibt sehr gute Leute: Pathologen, Zytologen und so weiter, die herrlich erkennen können, welche Art von Krebs jemand hat, und wie die Aussichten sind und so weiter. Im Praktischen aber sind wir nicht sehr weit gekommen.

Greffrath: Die Gentechnik sei das „Auschwitz der Biologie", haben Sie einmal gesagt ...

Chargaff: Diesen Titel hat tatsächlich *Nature* erfunden: „molekulares Auschwitz". Aber wie soll man das nennen, wenn man wirklich anfangen wird, Menschlein zu züchten, zu allem und jedem Zweck? Schauen Sie, angeblich verwendet die kosmetische Industrie auch schon seit Jahren Material aus der Placenta. Wenn ich es gekonnt hätte, hätte ich das verboten. Man müßte einfach den Menschen einprägen, daß in der menschlichen Gesellschaft ein gewisser Respekt notwendig ist: also zum Beispiel ein anständiges Begräbnis von Leichen ohne Verwertung. Immer wieder höre ich, in Auschwitz hätten sie selbst die Goldzähne verwertet. Wenn man Gehirn herausnimmt: Ist das viel besser als Goldzähne?

Greffrath: Wenn man die Molekularbiologie vergleicht mit anderen großen Entdeckungen: Wo würden Sie sie einreihen?

Chargaff: Ich würde sagen, die Entdeckung des Oswald Avery, der ja einer meiner Apostel ist, daß die DNA die Trägerin der Erbinformation ist, die ist sicherlich von erstrangiger Bedeutung, vergleichbar mit Mendel. Crick und Watson sind schwer einzuordnen. Wenn man die Größe eines wissenschaftlichen Konzepts daran messen würde, wie viele Arbeitsplätze es geschaffen hat, dann ist die Doppelhelix natürlich erstklassig. Sie hat einer ganzen Generation eigentlich zu sehr guten Jobs verholfen. Aber es wäre sehr gut gewesen, wenn dieses Konzept zehn Jahre später aufgekommen wäre. So hat es gewisse Sachen vorzeitig abgeschnitten.

Greffrath: Zum Beispiel?

Chargaff: Zum Beispiel: Sie lesen, daß es vier Bestandteile der DNA gibt, also Adenin, Cytosin, Guanin und Thymin, und die bilden den Code. Wieviel DNA hat man sich eigentlich angeschaut, seit wir mit unseren Analysen aufgehört haben? Wir haben uns damals in unserem Labor vielleicht zehn, zwölf, fünfzehn angeschaut und die Spektren jedes Bestandteils bestimmt. Und es gibt Millionen davon.

Greffrath: DNA von verschiedenen Arten?

Chargaff: Ja, aber sehr verschiedenen. Kein Mensch hat wahrscheinlich einen Fisch angeschaut, oder sicherlich gibt es keine Beschreibung der Känguruh-DNA. Vielleicht wird einmal einer kommen und durch Glück in irgendeinem Käfer eine ganz andere Art Nukleinsäure finden. Und das wird eine Riesenrevolution sein, entstanden durch die reine Unachtsamkeit von heute.
Wir ersticken doch am vorzeitigen Reduktionismus. Mit Reduktionismus meine ich die philosophische oder wissenschaftliche Haltung, daß man aus gewissen Prämissen schließt: Das ist alles, was wir zu wissen brauchen, um eine Konklusion zu erzeugen. Und dann heißt es: Zellteilung ist *nichts als* Wachstum, oder Genetik ist *nichts als* die Gene und die DNA. Dieses „nichts als" ist der Reduktionismus.

Greffrath: Gilt es auch für die Praxis, also für die Gentechnik?

Chargaff: Ja, die ist rein maschinell. Da ist wirklich nichts dahinter. Es gibt den blöden und wahrscheinlich falschen Gedanken, daß irgendjemand das Gen bereits isoliert hat. Im Grunde hat kein Mensch je ein Gen isoliert. Meiner Meinung nach haben sie nur ein Stück von der DNA herausgefischt und ihm eine Frage gestellt. Und sagt die DNA „Ja", dann heißt es: Das ist das Gen für dieses oder jenes. Aber wenn man nicht genug Fragen stellt, kriegt man nicht genug Antworten. Vielleicht liegt ja alles mögliche andere auch noch auf diesem Stück DNA. Das ist ja eines meiner Argumente gegen die Gen-Transplantation: daß man nie weiß, was man noch alles hineinbringt. So einfach ist das nicht, das Gen wird ja nicht in leuchtenden Orangefarben markiert, so daß man weiß: Hier ist die Grenze. Es gibt so viele verbotene Vereinfachungen in all dem, was da propagiert wird – da ist gar kein Ende. Selbst die Prämisse, wir kennen alle Bestandteile der DNA, kann sich sehr gut als wirklich falsch herausstellen.

Greffrath: Heißt das, daß man jetzt an bestimmten Stellen nicht weiterkommt, weil die DNA nicht alles ist?

Chargaff: Es könnte sein. Ich habe früher gesagt, wir vernachlässigen völlig den Proteinbestandteil der Kerne. Wir beschränken uns zu sehr auf die DNA, weil es dort gerade so viel zu entdecken gibt. Was ich sagen wollte, ist nur: Es ist durchaus denkbar, daß in ein paar Jahren oder ein paar Jahrzehnten irgendwo ein Donnerschlag erfolgt.

Greffrath: Das alles heißt ja, daß eine Wissenschaft, der es noch darauf ankäme, zunächst einmal zu sehen, wie alles zusammenhängt, sich systematisch Bremsen anlegen müßte. Wie soll das geschehen?

Chargaff: Ursprünglich war ich für eine Monopolisierung der Gentechnik durch den Staat. Über Fragen der Genetik sollte nur in Regierungslaboratorien gearbeitet werden. Meine einzige Absicht dabei war, das Ganze möglichst zu verlangsamen. Denn wenn die Regierung das Monopol hat, geht alles viel langsamer – besonders in Amerika, aber überall auf der Welt, glaube ich. Wenn nur das Bonner Gesundheitsministerium ein Institut für Genforschung hätte, und die würden die einzigen in

Deutschland sein, könnten Sie hundert Jahre lang ruhig schlafen, nicht wahr?

Greffrath: Nun sagen die Genforscher immer, sie täten ja nichts anderes als die Natur selbst.

Chargaff: Nur, wenn die Natur das getan hat, dann hat sie Millionen Jahre dazu gebraucht. Und die tun es in drei Wochen. Es wäre undenkbar, daß die Natur von heute auf morgen eine Mutation hervorbringen würde, so daß aus einem Esel ein Pferd wird. Das alles muß langsam gehen. Wir denken sowieso schon in Maßstäben, die für die Natur völlig unnatürlich schnell sind. Und nun haben wir das noch einmal unnatürlich schnell beschleunigt.
Das ist ja bei allem so, nicht nur bei Mutationen. Früher haben die Menschen ihr Schicksal mit größerer Geduld ertragen, als heute jemand die Abwesenheit irgendeiner speziellen Haferflockensorte ertragen könnte. Wenn es heute eine Woche lang in Amerika keine Corn-Flakes gäbe, dann würden die Leute mehr ächzen, als sie Jahrhunderte lang über den Ruß der Kerzen geächzt haben. Heute wird uns gesagt, es sei eine Katastrophe, wenn die neue Raumfähre nicht innerhalb dieses Jahres aufsteigen wird. Was ist schon geschehen? Die Raumfähre ist nicht aufgestiegen. Aber mir wird eingeimpft, daß es unerträglich sei, daß ich nicht existieren könne, wenn das nicht morgen geschieht.

Greffrath: Zum Staatsmonopol für Gentechnik ist es nicht gekommen. Was kann man außerdem noch tun, um die Forschung zu verlangsamen?

Chargaff: Man müßte den Advokaten beibringen, wie sie erfolgreich Schadenersatzprozesse durchführen könnten. Da ist enorm viel zu holen in Amerika. Das wäre eine andere Methode, es zu stoppen. Wenn irgendeiner dieser kleinen *Fly-by-night*-Konzerne zu fünfzehn Millionen Dollar Strafe verurteilt wird, dann macht der zu.
Und weiter denke ich, es sollten die öffentlichen Aufpasser einmal schauen, wie hoch die Kosten des menschlichen Insulins sind, und ob sie wirklich hinuntergehen – wie man es behauptet – für das genetisch erzeugte. Denn ich glaube, sie sind höher als je. Ich bezweifle, daß irgend etwas jemals billiger werden wird durch Gentechnik. Und dann sollte es ein Pressegesetz geben, das die Presse verpflichtet, immer wenn sie über eine erfolgreiche Operation, einen wunderbaren Eingriff, ein geniales Experiment berichtet hat, auch die Nachgeschichte zu berichten. Wie schaut der Mann nach einem Jahr aus? Lebt er noch? Was ist geschehen? Ich glaube nämlich, wir werden vollkommen an der Nase herumgeführt. Die große Operation passiert heute, und in drei Tagen ist er tot. Und das sagt man uns meistens nicht. Dasselbe gilt für die Gentechnik. Ich möchte wissen: Was ist der Nutzen? Wo ist die Bilanz? In der Medizin ist es erstaunlich wenig. Es gibt Blutaktivase, das angeblich bei Herzerkrankungen wirkt. Es ist aber so teuer, daß eine Behandlung, glaube ich, 50 000 bis 100 000 Dollar kostet.

Greffrath: Die amerikanische Krankenversicherung bezahlt es bei den über 60jährigen gar nicht, weil es zu teuer ist.

Chargaff: Niemand kann es bezahlen – außer ein paar Millionären.

Greffrath: Aus ihren Worten höre ich aber kein kategorisches Nein, sondern ein Plädoyer für lange Prüfzeiten.

Zaf oder Schiege? Aus den Retorten der Reproduktionsmediziner stammt diese Chimäre, die Teile des Erbgutes von Schaf und Ziege in sich vereint. Kritiker befürchten die Aufhebung der ethischen Grenzen.

Chargaff: Ja, weil wir auf der praktischen Seite geredet haben. Eigentlich will ich aber von etwas anderem reden, von der neuen Brutalisierungsstufe, die nie wieder verschwinden wird, von der dauernden Gewöhnung dieser Gesellschaft an immer neue Greuel – nur weil man sagen kann: Das ist nützlich.

Greffrath: Aber Rückkehr zur Natur geht auch nicht. Wir haben doch diese „Natur" gar nicht mehr, von der Sie reden.

Chargaff: Nein, nein, nein. Die ist ja auch nicht mehr restaurierbar, außer durch eine Katastrophe – dann wird sie vielleicht nach einigen zehntausend Jahren wiederkommen. Aber es gibt keinen Menschen, der zu sagen wagt, daß die Überfüllung der Welt durch eine furchtbare Katastrophe aufgehalten werden wird.

Ich glaube nach wie vor an die Weisheit des Systems – wenn wir es in Ruhe lassen. Die Welt hat sich ohne Menschen für Millionen Jahre durchgewurschtelt, und sie wird es weiter tun, wenn der Mensch die Ozonschicht vollkommen zerstört hat und die Gletscherzone zum Schmelzen bringt.

Greffrath: Was setzen Sie gegen die *quick fixes?* Also gegen die Versprechen, bessere Tiere, bessere Pflanzen, mehr Gesundheit herzustellen mit Gentechnik, und Medikamente gegen Aids und Herzinfarkt?

Chargaff: Zunächst möchte ich ein Moratorium von drei Jahren. Und dann in jedem Land einen Volkskongreß, der Bilanz zieht. Das kann man ja statistisch machen. Zum Beispiel, wenn die Krebssterblichkeit zunimmt und immer mehr Geld in die Krebsforschung gepumpt wird, dann ist das doch ein Zeichen dafür, daß das verlorenes Geld ist, daß es vielleicht besser wäre, Häuser für die armen Obdachlosen in New York zu bauen. Und wenn sich aufgrund dieser Bestandsaufnahme zeigt, daß gewisse Sachen nicht funktionieren, dann würde ich den Wissenschaftsbetrieb verkleinern. Man müßte nur den Druck aller Lobbies gleichzeitig ausschalten können – den Druck sowohl der Gewerkschaften, wie der Industrie, wie der Obdachlosen, wenn Sie wollen, und Gott weiß was noch.

Greffrath: Wer soll das machen?

Chargaff: Eine Revolution. Es ist nichts anderes denkbar. Und zwar eine Revolution, von der Art, die kein Mensch formulieren kann.

Greffrath: Das sind sehr unpraktische Gedanken.

Chargaff: Drei Jahre Nachdenken nicht. Zumindest der Volkskongreß ist kein so unmöglicher Gedanke. Jemand Geschickterer als ich könnte so etwas schon veranstalten.

Greffrath: Es scheint, daß in dieser Frage von allen wirtschaftlich potenten großen Nationen die Deutschen am ehesten eine Art von Skepsis gegenüber der Gentechnik haben. Wie kommt es, daß die Deutschen da sensibler sind?

Chargaff: Aus guten und aus schlechten Gründen. Einerseits sind die Deutschen mehr geneigt zur Schwärmerei und Mystizismus – ich meine, Blubo war zwölf Jahre lang eine gültige Religion in Deutschland. Und es ist ja was dran, an der Altromantik: der dichte schöne Wald. Andererseits haben sie schlechte Erfahrungen mit dem Rattenfänger von Braunau in den dreißiger Jahren gemacht und sind infolgedessen gegen Versprechungen sofortigen Glücks etwas skeptischer als die Amerikaner, die jedem Evangelisten zum Opfer fallen. Die Amerikaner interessieren sich auch nicht für ihr Gemeinwesen und auch nicht wirklich für die Zukunft.

Greffrath: Also ist es doch der staatsfreie Kapitalismus, der die Entwicklung so vorantreibt?

Chargaff: Ja. Und zwar ist es ein nicht mehr definierbarer Multi-Kapitalismus. Ich glaube, es gibt neue Staaten. Ich glaube, Nestlé ist ein Staat und nicht mehr eine Schweizer Gesellschaft ... Dabei ist Nestlé nicht mal der ärgste Vertreter, Ciba oder Hoechst sind wahrscheinlich ärger. Das sind alles unüberschaubare Länder, in denen es keine Demokratie gibt, keine Wahl, nichts – und die eigentlich die Staaten herumschieben, zum Teil durch Erpressung, zum Teil durch Lobbies, indem sie sagen: „Wenn Du es uns nicht tun läßt, ziehen wir einfach nach Thailand, und dort werden wir es machen." Man sagt immer, vor dem Terrorismus darf man nicht zurückweichen. Aber das ist ein viel ärgerer Terrorismus als irgendeiner, und der wird Tag und Nacht geübt in allen Ländern.

Greffrath: Wie ist es mit Kriterien im einzelnen? Es gibt die Erscheinung, daß gerade umweltbewußte Frauen verstärkt pränatale Diagnosen machen, die mit gentechnischen Mitteln verbessert worden sind – gerade weil sie

Angst haben, daß die Umwelt so kaputt ist. Würden Sie das akzeptieren?

Chargaff: Wie Sie sich denken können, erwarten wir kein Kind. Aber ich bin überzeugt, daß wenn wir eins erwarteten, und die Mutter wäre keine Erstgebärerin von vierzig Jahren, oder wie das heißt, dann würde ich nicht daran denken, eine Diagnose machen zu lassen.

Greffrath: Warum nicht?

Chargaff: Das sind wirklich zum Teil Bewegungen, die geschürt werden vom Eigennutz der Ärzte und der sonstigen Nutznießer, die daran verdienen wollen. Seit wann wollen die Menschen die Zukunft lesen? Das ist etwas, was eigentlich verboten sein sollte.

Greffrath: Aber wenn man dadurch Leid verhindert?

Chargaff: Ich glaube nicht. Bei so etwas müßte mir schon wieder mein „Follow-up-Untersuchungsbüro" sagen, wie es wirklich ist. Ich möchte wissen, wie viele schwachsinnige Kinder geboren werden, obwohl man diagnostiziert hat, daß sie gesund sind.

Greffrath: Selbst wenn also im einzelnen ein mongoloides Kind hier und dort mehr auf die Welt kommt, so ist für Sie die Gefahr, daß die ganze bio-medizinische Entwicklung zu einer eugenischen Gesellschaft führt, zu groß.

Chargaff: Ich bin sehr gegen die Abschaffung des menschlichen Schicksals. Denn wo wird es hinführen? In einem kleinen Sketch habe ich ein Gespräch aus dem Jahre 2020 beschrieben zwischen einer Gesundheitsstelle und einer Frau Müller. Man hat festgestellt, daß dem Söhnchen – es ist elf Jahre alt – das Gen für das Riechen von Vanille fehlt. Alles ist ja genetisch – ich kann, glaube ich, auch kein Vanillin riechen. Und da sagt man dann der Mutter, sie müsse jetzt kommen und beim Söhnchen eine Operation vornehmen lassen. – Alle Dinge fangen unschuldig an und aus einer inneren Logik heraus, deren Anfang nicht voraussagbar ist, führen sie zu immer Ärgerem und Ärgerem.

Greffrath: Ist nicht die Schwierigkeit bei Ihrer Art Kritik, daß man unter Umständen die Sensibelsten aus der Wissenschaft herausholt, und daß dann nur noch die Blöden und Robusten sitzenbleiben?

Chargaff: Nein, die Wissenschaft ist nur noch über die Geldgeber beeinflußbar. Aber diese Kontrolle würde fast vollautomatisch funktionieren, weil sich dann die Scharlatane einem anderen Drogenhandel zuwenden würden. Oder ins Kinogeschäft gehen. Es ist gar keine Frage, daß die Verschlechterung der moralischen Atmosphäre in den Wissenschaften fast parallel gegangen ist mit dem Zustrom von Leuten.

Greffrath: Und was ist mit den Überlegungen all dieser Gentechnologen, die sagen: Wir sind degeneriert, wir haben Aids, und mit der Gentechnik kann man etwas dagegen machen?

Chargaff: Es ist lächerlich, daß ein alter Mann Askese predigt, wissen Sie, und deshalb tue ich es auch nicht. Aber irgendwie weiß ich nicht, was Aids ist. Es gibt ja einen Herrn Duisberg, einen ursprünglich deutschen Molekularbiologen in Kalifornien, der überhaupt leugnet, daß der Virus, den man beschreibt, irgendetwas mit der Krankheit zu tun hat. Und in der Tat, es wäre fast der erste Virus, von dem man nie hat nachweisen können, daß er die Krankheit erzeugt. Er begleitet sie nur. Wenn er da ist, ist manchmal später die Krankheit da. Ich kann das nicht überprüfen, aber das Argument hat einen Punkt, der mich berührt. Und dieser Duisberg sagt, das große Geschrei habe wieder rein kommerzielle Gründe. Die Entdecker des Virus wollen den Anspruch nicht aufgeben, daß sie die Entdecker dieses Virus sind, die Krankheit sozusagen „gelöst" haben. Ich möchte bei all dem schon wieder mein Kontrollbüro fragen: Nimmt Aids wirklich zu? Es sterben unzählige Menschen, und in den Nekrologen der *Times* steht: Er starb an Aids. Komischerweise stirbt ja kein Mensch an Aids. Er stirbt an Komplikationen, die hervorgerufen sind dadurch, daß Aids das Immunsystem ruiniert. Sie sterben an Lungenentzündung oder irgendwelchen anderen Sachen.

Greffrath: Soll das heißen, die Frage ist falsch gestellt, wenn man nach Aids fragt? Müßte man nach dem Immunsystem insgesamt fragen?

Chargaff: Ja. Nach der Besichtigung der alten Wissenschaften habe ich das Gefühl, daß die wichtigen Dinge oft gefunden wurden, wenn man sie nicht gesucht hat. Es sind oft diese Zufallsentdeckungen, die man auf englisch *serendipity* nennt, die ein Licht werfen auf etwas, das man noch nicht wußte. Der Mendel wollte eigentlich nur anschauen, wie seine Erbsen wachsen; er hat nicht eine neue Wissenschaft gründen wollen. Gerade deshalb hat er sie vielleicht gegründet. So glaube ich, wird Aids oder sogar Krebs vielleicht einmal aufgeklärt werden, von einer Seite her, von der man das am wenigsten erwartet.

Greffrath: Ist die Idee von dem Hippokratischen Eid der Wissenschaftler, die ja alle paar Jahre wieder hochkommt, eigentlich absurd?

Chargaff: Ja, völlig absurd. Der Eid wird nicht von den Medizinern gehalten. Niemand auf der Welt hält ihn. Es ist so, als wenn man sich ein Käppchen aufsetzt oder den Talar anzieht, wenn man die Doktorurkunde bekommt. Das sind Manieren und Zeremonien. Ich glaube nicht daran, ich glaube nicht an Unterschriften, ich glaube nicht an Manifeste. Der „Fortschritt" kann nur durch Katastrophen gestoppt werden oder durch den plötzlichen Entschluß einer großen Zahl von Menschen, auf ihn zu verzichten. Das ist religiös, und deshalb sage ich manchmal: Was man braucht, ist ein neuer Messias. Und auch der hat ja einige hundert Jahre gebraucht.

Greffrath: Und wenn nichts geschieht?

Chargaff: Dann werden wir alle zugrunde gehen. Ich meine nicht persönlich, aber irgendwie wird doch die Überbevölkerung so fühlbar werden, daß es einfach nicht mehr weitergeht. Wenn es nicht mal mehr Stehplätze in Neu-Mexiko oder in Nevada gibt, dann geht die Welt zu Ende.

Greffrath: Dann erwarten Sie von der Wissenschaft gar nichts?

Chargaff: Nein, gar nichts. Die wird nur dazu beitragen. Denn sie wird die Lebensdauer erhöhen, und es wird bald dazu kommen, daß die Jungen die Alten umbringen müssen. Das sehe ich wirklich schon auf dem Tapet.

Greffrath: Das heißt, wenn wir die Überbevölkerung der südlichen Welt dadurch, daß wir dort mehr Wohlstand schaffen, abbauen, werden auf der ganzen Welt die Alten zum neuen Problem?

Chargaff: Ja, sicher. Und die Jungen murren, weil sie die Alten durch ihre Steuern erhalten müssen. Dieses Murren wird noch sehr laut werden. Hier ist es schon sehr laut.

Greffrath: Wäre es nicht heute, wo die Gentechnik unsere persönliche Integrität bedroht und das Ozonloch unsere Haut, fast so etwas wie eine Überlebensbedingung, daß mehr Leute naturwissenschaftlich gebildet sind? Und sei es nur, um „Nein" sagen zu können?

Chargaff: Ja, aber es ist fast nicht möglich. Denn sofort, wenn ein solcher „Robespierre" dahergelaufen kommt und sagt, wir machen euer Labor zu, dann wird man sagen: Du hast das überhaupt nicht verstanden, du bist ganz falsch informiert. Man kann ihn sofort einwikkeln. Man wird ihm sagen: Wie kannst du von Physik reden, wenn du nicht einmal weißt, was der Zweite Lehrsatz eigentlich ist.

Greffrath: Kommen wir denn überhaupt ohne Gegenexperten weiter?

Chargaff: Wir kommen nur weiter, wenn wir sagen: Genauso wenig wie ein Politiker alles verstehen muß, was er entscheidet, gilt das auch für die Wissenschaften. Das heißt, es muß Wissenschaftspolitiker geben, die entscheiden, ob eine Technik sein soll oder nicht. Und die werden viele Fehlentscheidungen treffen – so wie die Frau Thatcher.

Greffrath: Das heißt, man darf die Wissenschaft verbieten?

Der in New York lebende Erwin Chargaff, einst ein Pionier der modernen Molekularbiologie, gilt heute als einer der schärfsten Kritiker der Gentechnik.

Chargaff: Selbstverständlich. Nur das dumme Volk zahlt einfach und kriegt dann den Gestank dafür. Man soll sich nicht blöd machen lassen. Meine Predigt besteht ja nur aus dem Ausruf: Laßt Euch nicht blöd machen. Und diese dauernden Argumente, daß die Wissenschaft uns hilft, die sind unwahr. Sogar die paar Errungenschaften technologischer Art, die wir genießen, wie die Elektrizität beispielsweise, Pasteur vielleicht, Robert Koch – im allgemeinen ist das von unbekannten Leuten zur Wohltat gemacht worden. Ich weiß nicht: Wer hat eigentlich das Wasserleitungssystem in Paris, in New York, in London usw. konstruiert. *Das* sind die großen Errungenschaften. Es ist wirklich sehr wenig Wissenschaft daran – außer in der modernen Medizin, da ist es fast alles. Und da ist auch fast alles zurechenbar. Man kann sagen, das Aspirin hat der und jener erfunden. Aber natürlich, leider Gottes, haben gerade diese Errungenschaften auch zur Überbevölkerung der Welt sehr beigetragen. Wenn es keine Antibiotika geben würde, dann gäbe es wahrscheinlich viel weniger Menschen.

Greffrath: Das soll jetzt aber kein Argument dagegen sein?

Chargaff: Ich wage nicht, es zu haben. Allerdings, ein Beobachter vom Mars würde sagen: Warum seid ihr so blöd, warum sterbt ihr nicht früher?

Greffrath: Nun sind Sie aber doch kein Lobpreiser vergangener Zeiten ...

Chargaff: Nein, ich meine, alle Zeiten waren bestialisch. Unsere ist vielleicht etwas ärger als manch andere – als die meines Großvaters etwa. Unserer Generation kann man vielleicht eher etwas aufschwatzen, weil wir geistig erschüttert sind. Sie müssen ja bedenken, was allein die Menschheit dadurch verliert, daß im Durchschnitt jeder Mensch des Westens drei Stunden vom Tag durch das Fernsehen amputiert bekommt. Was das bedeutet: im Monat, im Jahr, in der Lebenszeit. Insofern kann man ungefähr sagen: Die Menschen werden gar nicht so alt, sie vegetieren so alt, und diese Zeit muß man abziehen von ihrer Lebensdauer, um ihre wirkliche Lebensdauer zu kriegen.

Greffrath: Wenn man sich eine Gesellschaft vorstellt, in der Mensch und Natur mehr in Harmonie miteinander leben, als wir das heute tun – könnte in einer solchen Gesellschaft die Gentechnik eine Rolle spielen?

Chargaff: Ja. Ich bin ja nicht dagegen, daß man eine Hefe erzeugt, die vielleicht ein besseres Bier macht ... Ich meine, solche Sachen sind denkbar. Nur, es bleibt leider nicht dabei, und die Büchse der Pandora muß man wohl entweder ganz ausräumen oder ganz zumachen. Vielleicht ist meine Idee, daß gewisse Sachen möglich sind, falsch. Aber ich denke, in einer ordentlichen Gesellschaft könnte fast alles getan werden, denn man würde nichts tun, was nicht getan werden soll.

Greffrath: Heißt das im Umkehrschluß: Eine Gesellschaft, die so weitermacht wie unsere, braucht die Gentechnik?

Chargaff: Wahrscheinlich verdient sie die Gentechnik. Ja, ich glaube schon. Ich versuche eigentlich nur, einen Kreis von Verzweifelten hervorzubringen. Ich glaube, wenn wir genug Leute hätten, die sehr verzweifelt sind – wüste Pessimisten, Super-Ciorans – das wäre schon etwas. Ein Anfang.

Greffrath: Was ist mit Ihren ehemaligen Schülern in dieser Hinsicht los?

Chargaff: Alle anders, nur abtrünnige Schüler. Die halten mich für verrückt.

EXKURS

Ein Copyright für Gene

Der Harvardprofessor Walter Gilbert im Gespräch mit Thomas von Randow

„Wie auf dem Schreibtisch eines Menschen, so sieht es auch in seinem Kopf aus." Das perfekte Gegenbeispiel zu diesem, bei Pädagogen so beliebten Spruch, ist Walter Gilbert. Professor für Zell- und Entwicklungsbiologie an der Harvard-Universität im amerikanischen Cambridge, bei Boston. Auf seinem großen Tisch im alten Backsteinbau der Biologie-Laboratorien türmt sich ein hoher Berg aus Akten, Briefen, Photos und diversen Büroutensilien – ein heilloses Durcheinander.

Doch dem 56jährigen Nobelpreisträger steht der Sinn nach strenger Ordnung, der Grundordnung des menschlichen Seins; es geht ihm darum, zu erfahren, in welcher Folge die etwa drei Milliarden Bausteine der Erbsubstanz DNA in den zu Chromosomen verknäulten Doppelwendeln aufgereiht sind. Vor allem möchte der ein wenig rundliche – untersetzt nennt man das wohl – Gelehrte mit der hohen Stirn wissen, an welchen Positionen auf den DNA-Strängen die schätzungsweise hundert- bis zweihunderttausend Gene des Menschen zu finden sind, und aus welchen Molekülfolgen sie bestehen. Gilbert selbst hatte Ende der siebziger Jahre den Anfang mit dieser Kartographierung des menschlichen Genoms – so wird die Gesamtheit der Gene genannt – gemacht, als er in seiner nobelpreisgekrönten Arbeit eine Methode fand, Gene zu isolieren und deren Molekülsequenz zu ermitteln.

Inzwischen ist diese „Gensequenzierung" verbessert und vor allem automatisiert und damit zu einer Routinetätigkeit geworden; „das brauchen nun nicht mehr Wissenschaftler zu tun" erklärt Gilbert, „das kann industriell ausgeführt werden. So etwas ist von allergrößter Wichtigkeit." Wichtig ist es ihm, weil sich sein Traum, die vollständige Entschlüsselung

EXKURS

des menschlichen Genoms, nur verwirklichen läßt, wenn er nicht zu viele Wissenschaftler von anderen biologischen Forschungsarbeiten abzieht. Diese Befürchtung nämlich führen manche seiner Kollegen als Argument gegen sein „Megaprojekt" ins Feld – geschätzte Kosten: 50 Millionen Dollar pro Jahr, und das zehn Jahre lang.

Wenn Walter Gilbert auf dieses Vorhaben zu sprechen kommt, werden seine Gesten lebhaft und seine Sprache hastig. Ungeduldig wartet er darauf, daß ich ihn frage, warum dies alles denn so wichtig sei. „Aus zwei Gründen", doziert der Professor, „das Projekt wird erstens ganz sicher die biologischen Wissenschaften und die Medizin zu gewaltigen Fortschritten stimulieren. Zweitens wird es unsere Vorstellung von uns selbst erheblich beeinflussen und unser Wissen über die elementare Steuerung des Lebens vertiefen."

Vertiefung des Wissens – für Walter Gilbert würde dies allein schon einen gigantischen finanziellen und personellen Einsatz rechtfertigen. In seinem früheren wissenschaftlichen Leben war dies das einzige Ziel seiner Forschungen. Damals beschäftigte er sich als Physiker mit der Theorie der Elementarteilchen, die auch das Thema seiner Doktorarbeit für die mathematische Fakultät der alten Universität im britischen Cambridge war. Auch in Harvard hatte er sich als Physikprofessor jahrelang mit den Elementarteilchen der unbelebten Natur befaßt, ehe er seine „Passion" für die elementaren Partikel des Lebens entdeckte. „Hier hatte ich eine Aufgabe vorgefunden, die über den kulturellen Wert, der jeder Naturwissenschaft zukommt, hinaus für die Menschheit hilfreich sein kann", gesteht er in einem halb verschluckten Nebensatz. Nebensächlich ist ihm dieser Aspekt seines neuen Tuns ganz und gar nicht. Vor acht Jahren verließ Doktor Gilbert seine beneidenswerte Position als Professor an einer der bedeutendsten Universitäten der Welt, um sich in ein kommerzielles Abenteuer zu stürzen. Er wurde Präsident von „Biogen", eines der mit viel Vorschußlorbeeren und viel Risikokapital bedachten Unternehmen, die sich die Entwicklung und Vermarktung gentechnisch hergestellter Pharmaka vorgenommen hatten. Vier Jahre dauerte es, bis Gilbert und seiner Firmenleitung dämmerte, was den meisten seiner Fachkollegen von vorneherein klar gewesen war: Ein von wissenschaftlicher Neugier umgetriebener Forscher taugt nicht zum Manager. Harvard nahm den verlorenen Sohn wieder auf und vergoldete ihm die Rückkehr in Alma Maters Schoß mit einer besonders prestigeträchtigen Professur, der „University Professorship". Doch schon reizt ihn wieder eine Kommerzialisierung seines Forschungsgebiets. „Genome Corporation" soll das Firmenkonsortium heißen, das die industrielle Sequenzierung des menschlichen Genoms zur Aufgabe hat. Zu Geld kommen würde das Unternehmen wie jedes andere mit dem Verkauf eines Produkts, in diesem Fall der Liste der menschlichen Gene. Denkbar ist dies freilich nur, wenn dieses Wissen durch ein Copyright geschützt werden kann.

Ein Copyright für unser aller Erbgut? „Das hat viel Aufsehen erregt und Ablehnung provoziert", räumt Gilbert ein, „aber nur deshalb, weil sich die Kritiker nicht überlegt haben, was ein Copyright bedeutet. Man darf es nicht mit einem Patent verwechseln. Ein Gen ist nicht patentfähig, es ist keine Erfindung von irgendjemandem, sondern eine nach einem vorgegebenen, allgemein bekannten Verfahren erarbeitete Information. Daß zum Beispiel ein Buch durch ein Copyright geschützt ist, stört den Leser überhaupt nicht, es verhindert nur, daß Autor und Verlag um den Lohn ihrer Arbeit betrogen werden. Das Unternehmen, dessen Mitarbeiter das menschliche Genom auflisten, würde – wie ein Buchverlag – mit dieser Information nicht hinterm Berg halten. Im Gegenteil: Es wäre daran interessiert, daß diese Datenbasis möglichst intensiv benutzt wird, allerdings nur gegen Entgelt.

Für sich allein genommen hat das Produkt, das die Genome Corporation feilbieten soll, kaum einen Erkenntniswert. Der erwächst dem Kunden erst aus einer darauf aufbauenden Forschung. Zum Beispiel gilt es zu ermitteln, welche Funktion das einzelne Gen oder – wichtiger noch – eine Gruppe von Genen in der Zelle hat, zur Produktion welcher Proteine sie Anlaß geben, und welche Aufgaben wiederum diesen Proteinen für das Funktionieren unserer Organe zukommen. Diese Forschungen sind ohne Kenntnis der Genorte und -strukturen undenkbar. Die Medizin der Zukunft, versichert Gilbert, wird in zunehmenden Maße auf der Kenntnis der Gen- und Proteinfunktionen basieren. Dabei wird auch die Gentechnik, das Rekombinieren und Klonieren von DNA-Strängen, eine große Rolle spielen. Die Gentherapie allerdings, bei der das Genom eines Menschen gezielt verändert werden soll, wird „noch sehr lange auf sich warten lassen." Zunächst soll es nur darum gehen, mit Hilfe von gentechnischen Verfahren lebenswichtige Substanzen herzustellen, die der Organismus eines Kranken nicht selbst produzieren kann, weil die dafür zuständigen Gene nicht vorhanden oder defekt sind. Die erfolgreiche Insulintherapie ist ein eindrucksvolles Beispiel für eine solche – freilich nicht gentechnisch bedingte – Substitution. Gilbert: „Mit Sicherheit wird die Gentechnik diese Art der Therapie für sehr viele andere Krankheiten möglich machen."

Eine andere Anwendung sieht der Forscher im Zusammenhang mit Arzneimittel-Nebenwirkungen: „Was für den einen Menschen schädlich ist, kann ein anderer ohne den geringsten Nebeneffekt vertragen. Das liegt an seiner genetischen Konstitution. Wenn wir aber wissen, an welchem Gen es liegt, kann just dieses bei einem Patienten vorsorglich untersucht werden, ehe das Arzneimittel eingesetzt wird. Und wie das Nebenwirkungsrisiko läßt sich gentechnisch auch die Gefahr einer Gewebeunverträglichkeit ausschalten, sobald erforscht ist, welche Gene dafür verantwortlich sind; letzteres würde Transplantationen von Organen wesentlich sicherer machen."

Walter Gilbert versteht es, seinen Plan zu verkaufen. Erfolg hat er damit auch beim National Research Council, der amerikanischen Forschungsgemeinschaft, gehabt. Das Human Genome Project fand dort ein überaus positives Echo, trotz der erwartbar hohen Kosten. Gilbert frohlockt: „Es sieht so aus, als wolle der Staat kräftig mitziehen. Aber ganz ohne industrielles Sequenzieren wird es nicht gehen."

Was wird sich in unserem Selbstverständnis ändern? Diese Frage ist dem Gelehrten höchst willkommen. Zum ersten – und einzigen – Mal entdecke ich einen Anflug von Lächeln in seinem Gesicht: „Befremdlich wird es für viele Leute sein, zu erfahren, daß die gesamte Existenz des Menschen auf einer Liste mit endlich vielen Daten festgeschrieben ist."

Aus dem Berg auf seinem großen Schreibtisch angelt er, ohne lange zu suchen, eine Diskette hervor. Er hält sie hoch mit den Worten: „Eine kleine Diskette genügt, um alles, was den Menschen ausmacht, alles biologische jedenfalls, vollständig zu beschreiben."

Mathias Greffrath

Die Evolution ist zu gewährleisten!

Wie Regierungen, Parlamente und Bürokraten mit der Gentechnik umgehen

Mit der Gentechnik steht die Menschheit an einer Epochenschwelle – das hoffen ihre Entdecker, das fürchten ihre Kritiker. Wie wird eine Gesellschaft, wie ein Parlament mit einer Technik fertig, die unser Leben auf lange Sicht im Guten oder im Bösen umwälzen kann wie vorher vielleicht nur die Entstehung des Ackerbaus oder die Erfindung der Dampfmaschine?

Dampfmaschine?", unterbricht Professor Quadbeck-Seeger den Besucher, der ihn nach den sozialen und historischen Dimensionen der neuen Technik fragt. „Dampfmaschine? Nein. Viel mehr. Das ist ... Feuer." Er ist begeistert. „Das ist ... Prometheus." Der Chemiker Jürgen Quadbeck-Seeger ist achtundvierzig Jahre alt und Vorstandsvorsitzender der Knoll AG, einer Pharmatochter der BASF. Schwerpunkt der Forschung: gentechnisch hergestellte Produkte gegen Herzinfarkt und Krebs. Am Fenster seines Büros steht ein Modell des DNA-Moleküls, und auf Zweifel, ob ein so komplexes Geschehen wie Krebs durch die Behandlung eines Gens, ob es überhaupt durch gentechnische Behandlung heilbar sein könne, ob Krebs nicht ebenso komplex sei wie höheres Leben, kommt wieder die begeisterte Gewißheit: „Es kann passieren, während wir hier sitzen. Es kann morgen passieren ..."

Dr. Regine Kollek zögert: „Sicher, es ist ein faszinierendes Gebiet. Aber abgesehen von den Risiken" – denn die Forschung an Krebszellen sei tatsächlich ein Spiel mit dem Feuer – „es gibt Grenzen, jenseits derer man der Schöpfung ins Handwerk pfuscht." Vor vier Jahren hat sie aufgehört, über Mäuseviren zu forschen – aus Widerwillen gegen die „zweite Schöpfung", und weil die Krebsforschung zu viele unkalkulierbare Risiken birgt – für die Forscher und für die Umwelt.

Der Chef des Pharmaunternehmens und die Molekularbiologin – mehr als zwei Jahre lang haben sie miteinander arbeiten müssen: in der Enquete-Kommission „Chancen und Risiken der Gentechnologie" des Deutschen Bundestages. Er als Experte und sie als Mitglied des wissenschaftlichen Sekretariats.

„Ob es so sinnvoll ist, immer noch mehr Chemie und Technik auf den Boden loszulassen?" Das fragt sich Heinrich Seesing. Ein Wappen von Kalkar hängt an der Wand und im Fenster ein Glasbild vom Heiligen Sebastian. Heinrich Seesing hat einen parlamentarischen Kompromiß mitgetragen, der das kaum ausschließt. Mit dem Brüter hat der ehemalige Schulrektor

immer noch Ärger, Obmann für Gentechnik seiner Fraktion ist er, und nun sitzt er auch noch in der Enquete-Kommission für „globale Klimaveränderungen". Im wissenschaftlichen Dienst des Bundestages gebe es kaum Naturwissenschaftler, klagt er, alles müsse man sich selbst zusammenkratzen. Und die Ministerien seien auch nicht gerade auskunftsfreudig.
„Sicher, mit der Evolution sind wir nicht klargekommen", lacht die Zahnärztin Dr. Hanna Neumeister, die der Deutschen Rheuma-Liga und der Bundesvereinigung Gesundheitserziehung vorsteht, aber: „Haben wir nicht schon immer unwahrscheinlich viel geändert und gezüchtet?" Und die Methoden seien doch phantastisch: „Denken Sie nur an die vielen neuen Enzyme ..." Dieser Meinung ist auch Jürgen Walter vom Hauptvorstand der IG Chemie, der die Grünen und ihren Naturbegriff nicht versteht: „Sind wir denn nicht auch Natur?" sagt er. Oder: „Die Welt wird komplexer, aber doch nicht schlechter." Angst habe er, wenn überhaupt, vor der Menschenzüchtung. Aber da habe die Kommission einen Riegel vorgelegt. Doch Tiere, Pflanzen, Mikroorganismen? „Das kann man kontrollieren. Und das muß man auch. Ich bin doch nicht von der FDP."
Deren Vertreter wiederum, der studierte Philosoph Roland Kohn, sieht, daß man mit der Gentechnik an die Grenzen des liberalen Credos, sprich in die Nähe der Notwendigkeit von Techniksteuerung gerät. „Ich habe zwei Horrorvisionen: Erstens, daß etwas Irreversibles passiert in der Umwelt. Und zweitens, daß der Staat Menschen schafft mit genau den Eigenschaften, die er haben will." Zumindest das zweite sei selbst als Möglichkeit kaum in Sicht. Aber als Pessimist glaube er: Wenns schlecht kommen kann, dann passierts auch.
Und für Wolf-Michael Catenhusen, den Vorsitzenden der Kommission, ist die Gentechnik „die größte Versuchung, vor der die Menschheit je stand".
Siebzehn Experten und die Evolution, siebzehn Bürger und siebzehn Meinungen über die Gentechnik – es ist ein wenig wie die Geschichte mit dem großen grauen Tier, das eines Tages in die Hütte trat und das Licht versperrte. Alle standen drum herum, draußen und drinnen. Später berieten sie, aber einer hatte nur das Hinterteil gesehen und einer schmale Augen, einer die spitzen Zähne und einer die gewaltigen Füße mit fünf Zehen; einer dachte an den schönen Schatten, den das Tier warf, einer an die glatten schwarzen Haare, und einer schwärmte von der Kraft des Tieres. Einer dachte eher an die Fragilität der Strohhütten. Und einer fragte, ob es sich überhaupt nur um ein einziges Tier gehandelt habe. Einigen konnten sie sich nicht. Das Tier stand da, schnaubte leise und wartete.
Embryonen, über die wir alles wissen; eine Landschaft, in der es nur noch Hochleistungsfelder und Naturschutzparks gibt; Nahrungsmittel aus Inhalts- und Geschmackstoffen; Krebsfreiheit und eine Welt voller Greise, die nicht sterben wollen. Oder, andersherum: eine Welt mit weniger Krankheit, Hunger und Schmerz. Nach welchen Regeln bekommt man heraus, wie die Entwicklung laufen wird – oder soll, oder muß, oder kann? Nach welchen Regeln und mit welchem Erfolg haben die Menschen in unserem industriegesellschaftlichen Dorf mit parlamentarischer Demokratie sich einen Reim auf das neue Tier zu machen versucht?
Die Debatte über die Gentechnik „kommt" nicht von selbst, und schon gar nicht „zu spät". Sie ist zunächst einmal abgewürgt worden. 1979 schon hatte der damalige Forschungsminister Hauff vierzig Experten zu einer interna-

tionalen Anhörung nach Bonn geholt. Unter dem Eindruck der Konferenz von Asilomar und der beginnenden Auseinandersetzung um die Gentechnik in den USA diskutierten Politiker, Natur- und Sozialwissenschaftler offen und kontrovers. Sogar Journalisten waren eingeladen. Vor allem aber standen ausreichend viele Naturwissenschaftler auf der Einladungsliste – so daß die skeptischen Einwände nicht nur als die Mäkelei von Laien abgetan werden konnten. Biologieprofesssor Ethan Signer vom Massachussets Institute of Technology in Boston wehrte sich gegen den Versuch des Moderators (von der Max-Planck-Gesellschaft), die Debatte auf die Sicherheitsprobleme der Gentechnik zu beschränken und die Problematik ihrer Produkte den Gesellschaftswissenschaften, der Theologie oder der Politik zuzuschieben. Die Probleme, die von der Gentechnik ausgingen, seien „aber keine technische Frage, sondern eine Frage des normalen Urteilsvermögens, und das Ergebnis dieser Einsicht wird den gesamten Planeten beeinflussen, die gesamte Biosphäre. Wir dürfen die Sache der DNA nicht auf ein ethisches Problem reduzieren."

Der Botaniker Professor Barthelmess vom Deutschen Naturschutzring plädierte damals für eine finanzielle Arbeitsteilung, nach der die Industrie lukrative Projekte fördern, der Bund aber erforschen solle, welche Risiken es im Zusammenhang „mit dem Entkommen potentiell humanpathogener Keime", mit der Freisetzung von Organismen in Boden und Wasser oder mit Genen, denen das Erbgut von Naturpflanzen integriert worden ist, gebe.

Goldene Worte, aber es kam anders. Forscher und Industrie brachten Hauff vom geplanten Gen-Gesetz ab. Dann kam die Wende. Weitgehend abgeschirmt von der Öffentlichkeit entwickelte sich nun die biotechnologische Forschung, von Minister Riesenhuber mit steigenden Zuwachsraten gefördert (1986 insgesamt: 167 Mio.; 1985 bis 1989: 3,6 Mio. für Sicherheitsforschung. Quelle: Förderungskatalog des BMFT, 1986). Es entstanden „Verbundforschungsprojekte" zwischen Industrie, Universitäten und Großforschungsinstituten. Zum Zauberwort wurde die „anwendungsbezogene Grundlagenforschung". Genzentren wurden gegründet: in München, Heidelberg, Köln, Hamburg und Berlin.

Und natürlich wurde über Ethik gesprochen. Um eine „irrationale Diskussion, die nicht vom Sachverstand, sondern von nicht aufgearbeiteten Befürchtungen geprägt ist", und um „dem modischen Trend der Angst" zu begegnen, veranstaltete auch Riesenhuber, 1983, ein Hearing in Bonn. Da waren aber kaum noch Kritiker der Entwicklung eingeladen. 1984 wurde dann, auf Antrag der Grünen und der SPD, die Enquete-Kommission „Chancen und Risiken der Gentechnologie" eingerichtet. Schon in der Einsetzungsdebatte wurden die unterschiedlichen Motive deutlich: Die SPD wollte die neuen Technologien an der Schwelle zur industriellen Anwendung regeln, im Sinne eines Ausgleichs zwischen Fortschritt und „Frieden mit der Natur"; die Sprecherin der CDU sah die Aufgabe der Politik darin, „das, was dem Bürger an Einsicht in die Nützlichkeit technischer Entwicklungen angesichts ihrer Kompliziertheit fehlt, durch Vertrauen zu ersetzen", und die Grünen monierten, daß die Aufgabenbeschreibung, die das Parlament der Kommission gegeben hatte, „für die Einsicht, daß die Technik weder beherrschbar noch sinnvoll" sei, keinen Raum biete. Was Wolf-Michael Catenhusen wiederum bestritt.

Wie Enquete-Kommissionen arbeiten, das hängt im wesentlichen von „strukturprägen-

Aus dem Sondervotum der Grünen

Pflanzen und Tiere

Die Anwendung gentechnischer Methoden und Produkte in Tier- und Pflanzenzucht wird abgelehnt, ebenso die Privatisierung der Natur durch die Gewährung von Patentrechten auf manipulierte Organismen.

Menschen

Eine Förderung der Pharmakogenetik in der heutigen Zielsetzung wird grundsätzlich abgelehnt; statt dessen fordern die Grünen Forschungsprojekte: etwa zur ganzheitlichen Medizin, zu Krankheitsursachen in der Umwelt und am Arbeitsplatz.
Vor einer Erweiterung der Kapazitäten der vorgeburtlichen Diagnostik ist die Nachfrage zu prüfen.
Genetische Analytik soll nur zur Verbesserung des Arbeitsschutzes, nicht zur Bestimmung individueller Arbeitnehmerrisiken verwendet werden.
Eingriffe in das Erbmaterial werden abgelehnt.

Sicherheit

Risiken sind bis heute kaum erforscht und unübersehbar. Im Labor reichen einzelne Sicherheitsmaßnahmen nicht aus. Eine grundsätzliche Neuorientierung wissenschaftlichen Fragens (Müssen wir das wissen angesichts der Risiken?) hat Vorrang vor weiterer Forschung.
Die industrielle Nutzung der Gentechnik soll nicht gefördert, Kontrollen verschärft werden.
Freisetzungen sind ohne Ausnahme zu verbieten.

---

den personellen Entscheidungen" ab: von ihrer Zusammensetzung, der Durchsetzungsfähigkeit des Vorsitzenden und der Auswahl der Experten. Die werden zwischen den Parteienvertretern ausgehandelt, und das Resultat waren in diesem Fall Sachverständige aus der Pharmaindustrie, der Universitäts-Forschung (zwei), der Gewerkschaft Chemie, der Bundesärztekammer; dazu ein Experte für Rechtsfragen (Patentierbarkeit), für Moral (ein Theologe) und der Wissenschaftstheoretiker Wolfgang van Daele, der sich vor allem um die Anwendung der Gentechnik am Menschen gekümmert hatte. Verbraucher, Landwirte, Tier- und Naturschützer, „ganzheitliche" Mediziner, Frauen, Ökologen, die „Dritte Welt" – alle massiv von einem möglichen Erfolg der Gentechnik betroffen – waren nicht vertreten. Verbandspluralistisch gedacht, fielen ganze Felder der Erörterung unter den Tisch oder wurden nur lapidar behandelt. Dazu kam: Es fehlte ein naturwissenschaftlicher Kritiker. Mit all dem waren wichtige Vorentscheidungen getroffen; noch heute freut sich der Sozialdemokrat Catenhusen, daß er die grünen Parlamentsneulinge in einen Konsens über die Experten manövriert hat, in dem sie unterrepräsentiert waren.
Dazu bekam die Kommission bald politische Schlagseite. Die beiden Abgeordneten der SPD, Stiegler und Müller, glänzten durch Abwesenheit – der eine eher physisch, der andere psychisch. Die grüne Vertreterin, Professor Hickel, mußte aus dem Bundestag rotieren, ihre Nachfolgerin war überfordert und gab wenig mehr als Grundsatzpositionen zu Protokoll.
Vor allem aber brach schon in den ersten Sitzungen der Versuch zusammen, die grundsätzlichen, die „großen" Fragen zu behandeln: die Konsequenzen, die sich ergeben, wenn das Leben von Menschen, Tieren und Pflanzen technisch verfügbar wird „wie Kunststoff" (van den Daele); der Versuch, Alternativen zur volltechnischen Medizin, zur ingenieursmäßigen Pflanzenproduktion, zum ewigen Dua-

lismus von Fortschritt und Reparatur und zur Manipulierung des Gefühlslebens und des Intellekts des Menschen wenigstens zu nennen.

Wolf-Michael Catenhusen, von Kommissionsmitgliedern als konziliant und verständigungsbereit, von Kollegen als „zu weich, viel zu weich" bezeichnet, mußte zurückstecken. Während FDP-Chef Hans-Dietrich Genscher draußen im Lande Reden hielt über die „Orwellschen Dimensionen" der „Verengung und Verarmung der Arten auf das Marktgängige", während der Minister wortreich beschwor, daß die „Würde des Menschen mit der Würde der Natur und des Lebens untrennbar verbunden" sei und über „neue Tabus" sprach, die die Menschheit errichten müsse, gab FDP-Mann Roland Kohn forsch und durchsetzungsstark zu Protokoll, daß es nicht die Aufgabe der Kommission sei, über Alternativen nachzudenken. Das Ganze stellt sich in den Protokollen als eine Reihe konsequenter kleiner Niederlagen dar. Zum Beispiel bei semantischen Weichenstellungen – etwa der Nebensächlichkeit, ob man „Perspektiven" oder „Zielsetzungen" gentechnischer Entwicklungen untersuchen will: Im ersten Fall hat die Entwicklung etwas Naturgegebenes, und man hat mehr Raum für positive Spekulationen. Solche kleinen Schwächen haben große Folgen. Im Parlamentarismus sind sie kaum vermeidbar, zumal, wenn die eigenen Parteimitglieder abwesend sind oder einen nicht stützen. Für die SPD aber war die Gentechnik ein zu unhandliches Oppositonsthema. Sie war in der Fraktion umstritten, schwer zu begreifen; und wo man nicht opponieren kann, da muß man auf Gemeinsamkeit gehen. „Konsens, Konsens, Konsens", habe er Catenhusen immer wieder gesagt, erinnert sich Jürgen Walter. „Nur mit Konsens kannst Du was erreichen."

Die Kommission las anderthalb Jahre lang Papiere, besuchte Labors, veranstaltete Hearings – nicht-öffentlich und damit die öffentliche Diskussion blockierend – zur Forschungsförderung, zur genetischen Beratung, zu Interferon und nachwachsenden Rohstoffen, zu B-Waffen, Pflanzenzüchtung, Gen-Therapie und Laborsicherheit und vielen, vielen anderen Aspekten. Und sie schob die Diskussion über die Bewertung nach hinten, bis sie, im letzten halben Jahr, unter Zeitdruck geriet. Es ist richtig, wenn Wolf-Michael Catenhusen schreibt, daß „die Gentechnologie häufig schon bestehende gesellschaftliche Trends fortführt, verstärkt oder abschwächt". Kritik an ihr sei eben oft Kritik an der Industrialisierung der Landwirtschaft, der Umweltzerstörung, der Vermeidung von Leid um jeden Preis. Aber man kann dieses Argument benutzen, um genau diese Strukturen unserer Gesellschaft oder ihre Beschleunigung durch die Gentechnik zu kritisieren, oder um jeden Gang ins Grundsätzliche als sinnlos zu unterbinden und einen Gesetzgebungskonsens herzustellen. Diesen Weg ist die Kommission gegangen. Die Bewertung einer Technik ohne die Produkte, zu denen sie führen soll; die Bewertung der Produkte ohne die gesellschaftlichen Rahmenbedingungen, in denen sie produziert werden; und die Bewertung von Möglichkeiten ohne die Kräfte und Zielsetzungen, die sie zu Wirklichkeiten werden lassen, führen zu einem Haufen von Widersprüchen. Sie spiegeln sich im Bericht der Kommission, in einer nicht ganz konsistenten Mischung aus Förderungsempfehlungen und Gefahrenabwehr-Richtlinien. Befürworter wie Kritiker können sich umstandslos aus dem Bericht der Enquete-Kommission bedienen.

Nur einige Beispiele: Da wird gefürchtet, daß mit der umfassenden Anwendung der Gentechnik die wirtschaftliche Konzentration in der Landwirtschaft steigt, mit allen Folgen. Andererseits beginnen die „Empfehlungen" mit dem Satz: „Die Kommission begrüßt grundsätzlich die Anwendung der Gentechnik in der Pflanzenproduktion." Da wird, am Beispiel der Zigeunermotte und des Nilbarsches, breit vorgeführt, zu welchen Katastrophen die massenhafte Freisetzung von Lebewesen in fremden Umgebungen führen kann, da heißt es zweitens, daß jede Freisetzung von Viren problematisch sei, weil „langfristige Wirkungen kaum vorhersehbar" seien – und dann werden Ausnahmen gemacht, ohne daß sie begründet werden. Da wird Forschungsförderung für fast alles gefordert – und dann folgt der schöne Satz, die „Anwendungsorientierung" der Grundlagenforschung sei problematisch.

Auf vierhundert Seiten ist eine deutsch-gründliche „eindrückliche Fleißarbeit" entstanden, wie einer der Experten, der Biochemiker Ernst-Ludwig Winnacker vom Münchner Gen-Zentrum den Bericht nennt, ein Lehrbuch der Möglichkeiten und Kompromisse.

Dennoch, es gibt erkennbare Strukturen. Eine wäre: Man ist sehr vorsichtig bei der Gen-Therapie, zurückhaltend und optimistisch in Pflanzen- und Tierzucht und relativ optimistisch bei der Pharmakologie – das entspricht ungefähr dem Stand der Forschung und der Nähe zur Marktreife.

Es wäre eine Fleißarbeit für einen Politikwissenschaftler, all die Auseinandersetzungen um Wörter, Sätze oder Themenfelder auf dem Interessenhintergrund der Protagonisten zu untersuchen. Wenn Professor Winnacker vorschlägt, das Wort „Freisetzung" (von gentechnisch veränderten Organismen in die Umwelt) zu streichen – es klinge so gefährlich, als wolle man Affen aus dem Zoo freilassen; oder wenn die Kommission ein zunächst geplantes Hearing zu den Chancen der gentechnischen Krebsbekämpfung (mit deren Möglichkeit ja der Nutzen der Gentechnik stark begründet wird) absetzt – wie verhalten sich dann Erkenntnis und Interesse zueinander?

Vieles an der Arbeit der Kommission ist im einzelnen nicht rekonstruierbar. Nicht, warum die zwei Seiten zur Leidensfähigkeit der Tiere, die der Ethiker Professor Reiter zu einer der Sitzungen mitbrachte, im Bericht nicht auftauchen; nicht, wer die Attribute „die Gefühls- und Gedankenwelt des Menschen manipulierend" bei der Behandlung der Neuropeptide gestrichen hat. Auch die Meinung des Biochemikers Dr. Reiber von der Universität Göttingen, man sollte angesichts der vielen grundsätzlichen Probleme bei der Krebsbehandlung mit Interferonen vielleicht die Forschungsmillionen besser in die Untersuchung des Verhältnisses von Streß, Immunschwäche und Krebsentstehung stecken, findet keinen Niederschlag im Bericht.

Vieles muß widersprüchlich bleiben, wenn der Geist des Kompromisses herrscht und nicht der des Konsenses. Das mag ja noch angehen, wenn man dem Bundestag das Problem, ob Lebewesen patentiert werden sollen, zuschiebt. Nicht mehr nachzuvollziehen ist allerdings, daß man im Kapitel über den Umgang mit hochpathogenen Keimen im Labor schreibt: „Nach der Einschätzung vieler Experten birgt die Gentechnologie zwar keine neuen, sondern nur die Kombinationen bereits bekannter Gefahren; andere Sachverständige gehen jedoch nicht von einer additiven, sondern möglicherweise synergistischen (durch Zusammenwirken potenzierten, M. G.) Wirkung dieser Kombination aus, so daß für gentechnisch modifizierte Mikroorganismen besondere Sicherheitsmaßnahmen sinnvoll erscheinen." Was sollen die Parlamentarier daraus machen? Soll der Bundestag mit Mehrheit entscheiden, welchen Risikobegriff er seinen Maßnahmen zugrunde legt? Soll das Parlament darüber abstimmen, ob Viren das Fliegen lernen können oder nicht?

Der schnelle Sprung vom Aufschreiben der Fakten zum Aushandeln der Empfehlungen führte zu grundsätzlichen Mängeln des Berichts. So haben die Kommissionsmitglieder bis ins einzelne den Mißbrauch der Gen-Untersuchung durch Arbeitgeber zu kontrollieren versucht, statt einen Gedanken daran zu verwenden, daß man die Gentechnik ja auch benutzen kann, um die Gefährlichkeit von Arbeitsplätzen für alle Arbeiter zu messen, statt die Anfälligkeit einzelner Arbeiter zu testen. Das hätte nahe gelegen. Aber es hätte erfordert, einen Schritt zurückzutreten und die Lage grundsätzlich zu erörtern.

Die Frage, „ob wir das wirklich alles brauchen?", die die Abgeordnete Hickel gelegentlich stellte, fiel unter den Verhandlungstisch. Auch die andere, die wirklich große Frage, stellte niemand: Was geschieht eigentlich, wenn keine Pannen passieren, sondern wenn alle schönen Erwartungen sich erfüllen? Wenn also schnellwachsende Nutzhölzer im Weserbergland stehen, und wenn in der Dioxin-Anreicherungsanlage Mikroben unseren Abfall kauen und die Menschen so gesund sind, daß sie wirklich nur noch an Oxydation sterben? Wenn alles Saatgut der Welt aus Frankfurt und St. Louis kommt und Neuropeptide unser Wohlbefinden steigern – etwas nüchterner gefragt: Was passiert, wenn die Gentechnik Erfolg hat und in die Serienproduktion geht? Was passiert mit den Menschen und was mit der Natur?

Wegen dieses Denk-Defizits haben fast alle Kommissionsmitglieder eine Art schlechtes Gewissen. Dabei hätte man über die Evolution reden können, wenn man sich nur der Gegenwart gestellt hätte.

Wenn es richtig ist, was Professor Quadbeck-Seeger und Regine Kollek und viele andere glauben, daß die Menschheit gerade um eine besondere Ecke geht, dann kann es sein, daß Historiker sich eines Tages für eine Sitzung am 4. Juni 1985, im Sitzungssaal F 12 des Bundeshauses in Bonn interessieren werden. Die Enquete-Kommission „Chancen und Risiken der Gentechnik" nahm es da mit der Evolution auf. Der Physiker, Biologe und Ökonom Ernst-Ulrich von Weizsäcker referierte die neueren Evolutionstheorien; und da die im einzelnen nichts für unseren Umgang mit der Gentechnik vorschreiben, endete er mit einem Bekenntnis zur Langsamkeit. Auch die Natur unterwerfe Neuschöpfungen langen „Funktions- und Umweltverträglichkeitsprüfungen", bevor sie ans massenhafte Freisetzen geht. Außerdem sei sie „fehlerfreundlich". Sie toleriere Fehler und sie erzeuge sie; und das müsse man beim Züchten von „tüchtigen" Arten bedenken: „Wenn sich der Tüchtigste grenzenlos ausdehnt, geht die Vielfalt zurück, und im statistischen Mittel geht dann die Evolution langsamer vor sich." Optimierung kann den Untergang bedeuten, wenn sie in die falsche Richtung geht; und wenn sie zu schnell geht, um so schneller. Angesichts der Unkalkulierbarkeit der Ereignisse könnten sogenannte Fehler oft lebensrettend sein. „Es kann ‚tüchtig' sein, feige zu sein", sagte von Weizsäcker. „Optimierung gefährdet eine Art, weil sie ihre Reaktion auf die Wechselfälle des Lebens starr macht."

Es war der leise Einspruch des *common sense,* getragen von der resignierten Einsicht, daß es „ja doch so kommen werde", der Versuch, etwas Nachdenklichkeit zu erzeugen kurz vor dem Marsch in die totale „agroindustrielle Massenproduktion" mit all ihren unübersehbaren Folgen. Überschritten werde der Rubikon durch die massenhafte Freisetzung von Pflanzen und Mikroorganismen, und die werde nicht vom Zufall eines Laborunfalls oder dem zugespitzten Forschungsinteresse, sondern nur von der Ökonomie diktiert. Die wiederum ziele auf Überstandardisierung, Verdrängung von Vielfalt und großen Mengen, und damit erhöhe sich die Wahrscheinlichkeit, daß „Selbstläufer" und „Ausreißer" entstünden.

Weizsäckers Vortrag war behutsam. „Wie Menschen sind ...", sagte er und sprach von wirtschaftspolitischen Zwängen, technologischem Ehrgeiz und technologischen Heilserwartungen. Aber er hatte kaum Zahlen und Techniken anzubieten, nur diese leisen Einwände. Er haute nicht auf die Pauke des Artenschwundes und stieß nicht in die Trompete des Untergangs. Er redete nur von einem „kulturellen Rubikon" und sagte: „Wenn es im Extremfall genau noch eine ‚tüchtigste' Art gibt, ist die Evolution praktisch am Ende."

„Schönen Dank, Herr von Weizsäcker", kam es da schnell vom Vorsitzenden. „Sie haben einen Berg von Problemen angeschnitten. Jeder einzelne von uns wird dabei die ökologischen Risiken einzuschätzen haben und am Ende unserer Arbeit seine persönlichen Schlußfolgerungen ziehen müssen." Persönliche Schlußfolgerungen. Die Kommission konnte mit dem Hinweis darauf, daß hier ein Experiment im Großen abzulaufen drohe, über dessen Ausgang man nichts wisse, nichts anfangen. Was sagt die Evolutionstheorie zur Gen-Therapie? fragte die Kommission. Und von Weizsäcker antwortete: „Es besteht die Gefahr, daß nach der Ausrottung der drastischen Erbkrankheiten auch mindere Defekte bekämpft und möglicherweise ausgerottet werden, und daß insgesamt eine schrittweise Reduzierung der Diversität des menschlichen Erbgutes eintritt. Manches, was unter den heutigen ökonomisch/klimatisch/ökologischen Bedingungen als Defekt ... angesehen wird, kann in einer neuen Situation überlebenswichtig sein."

Ist es nun gefährlich, Organismen freizusetzen oder nicht? fragte die Kommission; und der Biochemiker Winnacker trieb den Biologen von Weizsäcker in die Enge, bis der resignierte: Das mit dem „kulturellen Rubikon" sei vor allem eine „emotionale Barriere". „Eigentlich haben wir den Rubikon ja schon überschritten", sagte Professor Winnacker, „weil wir die Landwirtschaft irgendwie akzeptiert haben, da wir die Menschheit in irgendeiner Form ernähren müssen. In diesem Sinne haben wir auch den mikrobiologischen Rubikon nicht nur in der Landwirtschaft schon überschritten." Und offensichtlich sei das begrenzbar. Nicht der Vorsitzende und auch niemand sonst fragte an dieser Stelle, ob man über dieses „irgendwie" nicht auch reden müsse, und welche Garantien es für dieses „offensichtlich" gebe, da wir doch nun einmal zu stärksten Art geworden seien, und mithin die Evolution in der Hand hätten. Aber der Vorsitzende sagte nur: „Ich fürchte, es ist intellektuell immer sehr anregend, über den Rubikon zu diskutieren ..." Aber man gerate da an Bewertungsgrenzen.

Auf den nächsten Experten-Anhörungen hatten die biotechnischen Macher wieder das Wort. Da ging es um Herbizidresistenzen und die „Unmöglichkeit, alle Pflanzen im Ökosystem zu erhalten". Man könne mit Gen-Banken noch retten, was zu retten sei, aber die Vielfalt der Arten sei nun letztlich abhängig geworden von der Vielfalt der Firmen, die

Saatgut herstellen. Bei den Forstpflanzen und im Gemüse sei es schon passiert, beim Getreide drohe es, daß es nur noch einen Vertreter der Art gibt: den „Tüchtigsten". In den Empfehlungen der Kommission heißt es später: Gentechnik könne den weiteren Schwund der Arten bremsen, könne ihn aber auch beschleunigen.

An dieser Stelle hätte die Enquete-Kommission anhalten müssen, denn die Frage nach dem Saatgut hätte ihr die Antwort auf die Frage nach dem Träger der Evolution gegeben: „Wenn sich der Tüchtigste grenzenlos ausdehnt, geht die Vielfalt zurück", und dann „ist die Evolution praktisch am Ende".

Die Menschheit, oder richtiger: Die Art und Weise, wie sie wirtschaftet, ist zum Herrn der Evolution geworden. Wir selbst sind jetzt zuständig geworden. Diese Erkenntnis aber hat die Kommission – nicht gewonnen? Nicht ausgehalten? Sofort verdrängt?

Wer einer Sache nicht gewachsen ist, der neigt zu Ersatzhandlungen. Zu scholastischen Erörterungen etwa, wie der im März '86, in der sich die Kommission darüber unterhielt, wo in der somatischen Gen-Therapie (in der defekte Gene in Körperzellen gezielt verändert werden) die Würde des Menschen beginne: beim Gen, beim Chromosom oder erst beim ganzen Genom? „Der Vorsitzende", so heißt es im Protokoll, „findet es nicht ganz richtig, wenn man jedem beliebigen Menschen unbemerkt die Gene, die man brauche, entnehmen könne". Es geht gerade um die Frage, wie man „gespendete" Gene behandeln soll. Wie Transplantate? Es müsse ein Weg gesucht werden, fordert Heinrich Seesing, „der die Würde des Menschen vollkommen schützt". Aber wo fängt sie an? Das Gen – ist Chemie, sagt Professor Quadbeck-Seeger. Warum der Embryo dann nicht auch Chemie sei, fragt Dr. van den Daele. Und Dr. Voigt schlägt zum guten Ende vor, „die Stellungnahme der Juristen zum Sorten- und Pflanzenschutz vorzuschalten, da dort diskutiert werde, inwieweit ein einzelnes Gen schon eine neue Sorte ausmache oder nicht. Das könne dann auf den menschlichen Bereich übertragen werden".

Das wäre eher lächerlich, wenn nicht andererseits die paar Worte über die Leidensfähigkeit der Tiere entfallen wären, wenn nicht relativ lakonisch im Berichtsteil über die Dritte Welt stünde: „In Fragen des Risikos und der Risikobewertung ist die Übertragung der in den Industriestaaten gültigen Sicherheitsstandards nicht immer möglich, weil in Ländern der Dritten Welt häufig abgewogen werden muß zwischen erkennbaren Risiken und der unmittelbaren Not, die durch entsprechende Projekte gelindert werden könnte." Das ist makaber, bekennt sich doch der Bericht eine Seite davor zu der Erkenntnis, daß die Gesundheits- und Ernährungsprobleme der Dritten Welt „vorwiegend politischer, sozialer und ökonomischer Natur" seien. Und es wäre lächerlich, wenn es nicht doch – um Feuer ginge.

Man kann über Zukunft auch anders nachdenken, oder: man konnte. „Die Kernenergie-Enquête war eher ... wie eine Akademie", sagt Ministerialrat Dr. Jürgen Schmölling. Der Naturwissenschaftler, der aus dem wissenschaftlichen Dienst des Bundestages kommt (in dem noch heute zwei Naturwissenschaftler von Abfall bis Zyste alles verwalten) war Sekretär zweier Parlamentskommissionen – der zur „zukünftigen Kernenergienutzung" und zu den „Chancen und Risiken der Gentechnik". Beiden gegenüber ist er loyal, aber auf deutlich unterschiedliche Weise. „Damals haben wir bis in die Nacht gearbeitet" – Dr. Schmölling, ein eher zurückhaltender Beamter, kann die Begeisterung schwer verstecken

– „aber solche Leute wie den Ueberhorst gibt es auch wenige". Reinhard Ueberhorst, damals frisch in den Bundestag gewählter SPD-Abgeordneter, hatte 1979 in der Enquete-Kommission zur Kernenergie Parlamentarier und Sachverständige gezwungen, sich wirklich ineinander zu verhakeln und ihre Meinung zu ändern.

„Ja, aber wissen Sie, wie der Ueberhorst gearbeitet hat?", fragt Wolf-Michael Catenhusen. „Der hat sich auf die Leute draufgesetzt." Die Leistung des „in die Politik geratenen Planers Ueberhorst" (Catenhusen) war folgende: In einer Situation, in der die Auseinandersetzung um die Kernenergie in der Bundesrepublik tobte, schlug seine Kommission alternative Wege zur Lösung des Energieproblems vor. Es reichte von einer Kombination von stagnierendem Wachstum, völligem Verzicht auf Atomenergie unter Einsparung und Einsatz alternativer Energieträger, bis hin zu einem rabiaten Wachstumspfad mit vielen Atomkraftwerken und Schnellen Brütern. Ueberhorst gelang es, politische und wissenschaftliche Gegner zumindest zu dem Eingeständnis zu bringen, daß auch der Weg des jeweils anderen *möglich* sei – und nicht gleich in Anarchie und Untergang führe, sondern „nur" auf unterschiedlichen Vorstellungen darüber beruhe, wie die Gesellschaft der Zukunft aussehen solle. Nicht der Konsens wurde angesteuert, sondern eine möglichst präzise Beschreibung des Dissenses.

Die Kernenergie-Kommission sagte dem Parlament: Hier sind vier Wege, alle kann man gehen, entscheide! Catenhusen ist es nicht gelungen, die Kommission so ausgewogen zu besetzen und so von den Fraktionen zu entfernen, daß ein Lernprozeß auch über Alternativen dabei herauskommen konnte. Die eigentlich strategischen Diskussionen haben die Mitglieder der Kommission außerhalb geführt, in den Arbeitskreisen der Fraktionen oder informell.

„Damals hatten sich die Abgeordneten sehr weit von ihrer Fraktionsbasis entfernt", erinnert sich Dr. Schmölling. „Irgendwann haben das die Fraktionen gemerkt und gesagt: ‚Ihr spinnt wohl, so kurz vor der Wahl und Ihr macht auf Konsens'."

Diese Debatte, die ein Problem bis zu Ende analysierte, habe es diesmal nicht gegeben: „Diesmal war noch vieles offen." Dr. Schmölling ist gespalten. Ueberhorsts Akademie habe „Papiere produziert. Aber sie hat nichts bewirkt." Das stimmt. Das Parlament ging in den Wahlkampf und die Bundesregierung hatte damals anderes im Kopf als Energiepolitik. Was man jetzt erarbeitet habe, hoffen Schmölling und Catenhusen, das könne der Gesamt-Bundestag beschließen. Man kann sich das sogar vorstellen. Aber eine Entscheidung ist es dann nicht gewesen.

Gegen die parlamentarische Engführung des Themas rebellierten nur die Grünen. Und das schon lange, bevor ihr Hagener Beschluß von 1986 sie darauf festlegte. Es ist deshalb nicht so recht nachvollziehbar, warum das Grüne Sondervotum im Dezember 1987 wie eine Bombe in die Kommission platzte. In ausgearbeiteter Form enthält es im wesentlichen die Einwände, die die grüne Parlamentarierin Heidemarie Dann – nicht eloquent, nicht sachkundig und nicht diskussionsstark – immer wieder angemahnt hatte. Es ist ein intelligentes Pendant zum Bericht der Kommission – wie immer man seine Realisierbarkeit einschätzt.

Das Sondervotum geht von grundsätzlichen wissenschaftspolitischen Überlegungen aus: Die begrenzten Ressourcen für Forschung, Entwicklung und gesellschaftliche Phantasie zwingen die Nationen, Prioritäten ihrer Entwicklung zu setzen. Bestimmte Wünschbarkeiten stellen sich nicht im Selbstlauf her, sondern man müsse sie machen. Wissenschaft und Technik seien immer auch ein bezahlter Auftrag der Gesellschaft. Den könne sie bewußt erteilen – dann setze *sie* Prioritäten; oder unbewußt – dann setze sich das stärkste Interesse durch.

In einem zweiten Schritt stellen die Grünen Kriterien auf, nach denen sie die Gentechnik bewerten. Das war eine Arbeit, die auch die Enquete-Kommission vorhatte, aber die sie so lange auf die Bank schob, bis sie herunterfiel. Dezentralität, Harmonie mit der Natur, Rohstoff- und Energieersparnis, Milderung des Gefälles zwischen den Industrienationen und Dritter Welt, Rückholbarkeit aus dem Öko-System, Fehlerfreundlichkeit wollen die Grünen – und: „Eine dem Menschen angemessene Geschwindigkeit der Entwicklung, die eine soziale Korrektur und gesellschaftliche Kontrolle ermöglicht."

Ein Jahr nach dem Bericht der Enquete-Kommission hat die Gentechnik den Bundestag erreicht. Die Abgeordneten in den Ausschüssen staunen, was es alles gibt, und arbeiten die 160 Empfehlungen des Berichts klein. Zum Beispiel der Forschungsausschuß, der am 2. März 1988 über die Freisetzung von gentechnisch-veränderten Organismen verhandelte, vor allem über die Forderung der Kommission nach einem fünfjährigen Moratorium.

Alle kennen einander, und neue Argumente gibt es nicht. Professor Schell, der Mikrobiologe vom Max-Planck-Institut für Züchtungsforschung in Köln, spricht vom Nutzen herbizidresistenter Pflanzen. Die CDU hat ihn geladen und nicht seinen eher skeptischen Kollegen Hahlbrock. Und er wiederholt, daß die Gentechniker ja nichts anderes tun als die Natur selbst oder als die herkömmlichen Züchter – nur präziser. Und überhaupt sind alle Argumente im parlamentarischen Raum mit Vorsicht zu genießen, denn in der Broschüre der amerikanischen Akademie zum Beispiel, die Professor Schell benutzt, um auf die Unbedenklichkeiten der Freisetzung hinzuweisen, steht auch, und das zitiert er nicht, der Satz: „Großflächige oder anhaltende Einbringung von Organismen mit veränderter R-DNA in die Umwelt kann andere Folgen haben als die kleinflächige oder einmalige Einbringung." Die Natur schüttet aber nicht tonnenweise neu mutierte Lebewesen ins Land.

Ernst Ulrich von Weizsäcker, so leise wie in den Protokollen der Enquete-Kommission, sagt noch einmal: Nicht das einzelne Experiment sei die Gefahr, sondern die von Gewinnstreben um den Globus getriebene großflächige Anwendung. Doch er macht sofort einen Rückzug, als ein Abgeordneter nachfragt. Nein, er habe nichts gegen Gewinnstreben. Die Starken und die Schwachen – so etwa, denkt der Beobachter, muß sich Evolution abspielen: Eine Myriade von kleinen Bewegungen, kleinen Veränderungen des Angreifens, des Zurückweichens, ein Prozeß, dessen Beweger unterschiedslos in ihm verschmolzen sind. Und mit welchem Ergebnis?

Professor Goebel spricht für die Zentrale Kommission für Biologische Sicherheit (ZKBS), die bis heute unverändert und fast unkontrollierbar die Entwicklung der Gentechnik in der Bundesrepublik „überwacht". Vier Gentechniker, vier Forscher aus anderen biochemischen Bereichen und fünf Vertreter der „Öffentlichkeit": einer von der Berufsgenossenschaft der Chemischen Industrie, einer vom Bundesverband der Pharmazeutischen Industrie, einer vom DGB und zwei Wissenschaft-

Aus dem Mehrheitsvotum der Enquete-Kommission

Pflanzen und Tiere

Gentechnologische Verfahren werden grundsätzlich begrüßt. Gegen transgene Tiere bestehen keine Einwände. Dies soll aber nicht zu einer weiteren Intensivierung der Landwirtschaft führen.
Forschung zur Züchtung von Resistenzen gegen Schädlinge und verbesserte Herbizide soll unterstützt werden, ebenso die an Industriepflanzen. Die Regierung soll einen Bericht zum alternativen Landbau erstellen.
Die Frage der Patentierbarkeit von Pflanzen und Tieren wird an den Bundestag verwiesen. (Drei Mitglieder sind dagegen).

Menschen

Gentechnik biete große Chancen für neue Impfstoffe, Therapeutika und Diagnostika. Die Pharmafolgenforschung soll in einem Bundesinstitut gefördert werden. Bei der Anwendung und Erprobung von neurophysiologischen Wirkstoffen sollen Ethikkommissionen eingeschaltet werden.
Die erhöhte Genauigkeit der vorgeburtlichen Diagnostik wird begrüßt, Eugenik abgelehnt. Die Übertragung von Erbmaterial in Körperzellen ist eine vertretbare Therapie; Menschenzüchtung durch Manipulation der Keimbahn soll verboten werden.

Sicherheit

Labore und Betriebsanlagen müssen endlich auf gesetzlicher Grundlage kontrolliert werden. Für die Freisetzung von Pflanzen soll es eine Genehmigungspflicht geben: Die Freisetzung von gentechnisch veränderten Viren und Mikroorganismen soll grundsätzlich für fünf Jahre verboten bleiben (Moratorium). Ausnahmen und die Freisetzung von herkömmlich gezüchteten Mikroorganismen können genehmigt werden.

ler von Bund und Ländern. Werner Goebel lobt den Berichtsteil des Enquete-Berichts, der die vielen Widersprüche und kritischen Punkte enthält, und kritisiert die Empfehlungen als „emotional und politisch“ motiviert. Vor allem die teuren: die Sicherung biotechnischer Produktionsanlagen gegen „äußere Störfälle“ etwa; die Forderung nach der völligen Inaktivierung der Reste gentechnischer Produktionsverfahren („in keinem anderen Land erhobene Forderung“); eine Überprüfung der gentechnisch erzeugten Pharmaka in einem Bundesforschungszentrum („zu teuer“); das Freisetzungsmoratorium (sinnlos, gerade *weil* man erhebliche Wissenslücken habe und das Verhalten der Mikroben im Freiland schwer vorhersehbar sei); und vor allem: Es solle kein „Gen-Gesetz“ geben. Denn dieses würde „unabsehbare Folgen für die Wissenschaft und für die Wirtschaft in der Bundesrepublik“ haben. Professor Goebel beziffert die Folgen nicht und nennt auch die Industrievertreter nicht, die vor gesetzlichen Maßnahmen und Moratorien warnen. Aber auch kein Abgeordneter fragt danach.
Eines wird deutlich: Die ZKBS, bisher Herr der Verfahren, möchte sich nicht in die Suppenschüssel blicken lassen: Eine weitere Hinzuziehung der Öffentlichkeit, so Professor Goebel, sei nicht sachdienlich.
Dann kommt ein neuer Ton in die Debatte. „Das genetische Potential von heute ist die Grundlage der Evolution von morgen.“ Bernd Heidemann (SPD) sagt es, ein Biologie-Professor, ein Öko-System-Forscher und der Kandidat für den Umweltministerposten in Kiel. Mit der Kraft zu griffigen Formulierung und vielen Details referiert er die erheblichen Gefahren, die von der Freisetzung genetisch veränderter Organismen ausgingen. Er spricht vom Ein-

griff in Stoffkreisläufe, von Veränderungen im Klima als möglicher Folge einer großflächigen Ausbringung von Antifrost-Bakterien, macht für ein paar Minuten den Sitzungssaal zum Hörsaal und führt negative Kreisläufe vor: Man tötet die Unkräuter, damit auch deren Parasiten. Von denen aber leben nützliche Tiere, wie zum Beispiel Käfer und auch Bakterien, die eine Pflanzenkultur besiedeln, und die sie braucht. „Wir wissen gar nicht, was geschieht", sagt Heidemann, „wenn wir die fünfzehn Prozent der Ernte, die jetzt noch durch Krankheitserreger und Schädlinge verlorengehen, durch bessere Herbizide und an sie angepaßte Pflanzen retten." Er spricht über die Verbreitungsgeschwindigkeit von Mikroben, das Verhungern von Nützlingsarten, die Verdrängungseffekte, die von resistenten Pflanzen ausgehen können. Heidemann fordert zehn bis fünfzehn Jahre für eine phantasievolle und gut dotierte Öko-System-Forschung, bevor man sich ins Freiland wagt. „Erst begreifen, dann verändern", sagt er und: man könne am Modell vieles erforschen. – Und irgendwann gegen Ende des Hearings fällt der Satz: „Die ersten ökonomisch und ökologisch interessanten Fälle sind die herbizidresistenten Pflanzen."

Der Betrachter fragt sich, was denn geschehen wäre, wenn jemand wie Bernd Heidemann von vornherein in der Enquete-Kommission gesessen hätte? Wolf-Michael Catenhusen, der heute auch öffentlich zugibt, daß man in der Wahl der Sachverständigen anders und sinnvoller hätte verfahren können, daß vor allem ein Ökologe fehlte, kann Lieder davon singen, wie es zur Einladung von Sachverständigen kommt. Abgeordnete, auch sie, sind Resultanten im Parallelogramm vieler Kräfte, Parteien, Gewerkschaften, Freunde.

Am Ende des Hearings verteilt Catenhusen eine Pressemitteilung. Sie klingt optimistisch: Die Anhörung habe die Forderung nach einem fünfjährigen Moratorium für gentechnisch veränderte Mikroorganismen und Viren bestätigt; dringend brauche man nun ein Genehmigungsverfahren für die Freisetzung von Pflanzen. Noch dringender aber klingt der Appell am Ende des Papiers: Es sei nun an der Zeit, „andere gesellschaftliche Gruppen wie z. B. Naturschutzverbände, Umweltschutzverbände, an einer Folgenabschätzung gentechnologischer Verfahren und Experimente zu beteiligen und die Öffentlichkeit über den Stand der Verfahren zu informieren". Nun. Catenhusen hat Angst, daß die Zeit nicht reicht, daß das Parlament nicht schnell genug arbeitet. Vier wichtige Ausschüsse haben noch nicht beraten, vor dem Herbst kann das Parlament kaum handeln. Die Regierung wartet nach außen hin ab – und klärt nach innen die Ressortinteressen. Die Industrie drängelt, wenn auch diskret. Man will auf keinen Fall die Atomerfahrung wiederholen. Deshalb will der Verband der Chemischen Industrie nun ein Gesetz und hat sich, in alter Konsens-Manier, mit Jürgen Walter von der IG-Chemie über den Rahmen auch schon geeinigt. Aber die Zeit drängt vor allem, weil in Brüssel die EG-Kommission Richtlinien zur Freisetzung von gentechnisch veränderten Pflanzen und Organismen berät. Der Entwurf, der dort seit November 1987 liegt, ist extrem „liberal", hat höchst dehnbare Begriffe, sieht eher ein Melderegister vor als strenge Prüfungen. Die Kriterien können auf dem Verordnungsweg erlassen werden, und es soll einzelnen Staaten verwehrt werden, über die EG-Normen hinausgehende nationale Regelungen zu treffen.

– „Nein", sagt Rita Süssmuth – dieser Entwurf reiche nicht aus, „über den ist zu verhandeln".

Sicherstellen könne sie allerdings nichts, nur ihr Engagement in der Sache. Die Deutschen würden in Brüssel oft als „Bedenkenträger" gesehen, aber „argumentativ sind wir nicht schlecht".

Seit einem Jahr hat Frau Süssmuth vom Forschungsminister die Verantwortung für die Freisetzungsgenehmigung geerbt, und sie bemüht sich, die Maßnahmen, die sich als Konsequenzen aus dem Bericht der Enquete-Kommission ergeben, zu bündeln. Aber was heißt bündeln? In ihrem Ministerium gibt es nur knapp eine Handvoll Leute, die von dieser Materie etwas verstehen. Bündeln, das klingt einfach – zwischen einem Kabinett, das ursprünglich allenfalls eine Zulassungspflicht für Gen-Laboratorien wollte, und einem Parlament, das allmählich beginnt, den Bericht der Enquete-Kommission zur Kenntnis zu nehmen.

Wer soll Freisetzungen genehmigen? Wie mischt man wissenschaftlichen Sachverstand und öffentliche Kontrolle? Wie teilt man die Aufgaben zwischen dem Umwelt- und dem Gesundheitsminister? Wer kontrolliert vor Ort DNA-Emissionen in Produktionsanlagen; wer kontrolliert die ZKBS? Was wird, im Kräftefeld von IG-Chemie, Industrie und mindestens vier Ministerien aus Süssmuths erklärter Absicht, eine „präventive, flächendeckende und vor allem durchsetzbare Kontrolle" im Bereich der Gentechnik sicherzustellen?

Der Rest ist spannend, aber kaum darstellbar. Er interessiert auch keinen, außer den Akteuren selbst, Verwaltungsforschern und Politologen, die ein Examensthema suchen. Aber der Rest ist ungeheuer wichtig. Er löst sich auf in eine Vielzahl von Einzelakten, in Ministerien und Ämtern und Dienststellen; in eine Flut von Entwürfen, Richtlinien und Spiegelstrichen; in Anfragen und Dienststellenleiterbesprechungen und Papieren, die entworfen, verworfen, zurückgeschickt und als ungültig betrachtet werden, weil irgendein Minister es anders will. Der Rest löst sich auf in Besprechungen zwischen dem Verband der Chemischen Industrie und der IG Chemie und beider mit der Regierung.

Zum Stand der Dinge gehört vieles, eine Bund-Länder-Arbeitsgruppe etwa, die ein „Gesetz zur biologischen Sicherheit" will, und die untersuchen will, inwieweit gentechnisch veränderte Pflanzen Monokulturen fördern, natürliche Anbauweisen verhindern, die Artenverarmung beschleunigen und die Überschußproblematik verschärfen. Bonn erklärte die Arbeitsresultate zum „Non-Papier".

Viele von denen, die den Stand der Dinge beeinflussen, sitzen in Länderministerien, in Bundesanstalten, im Umweltbundesamt und fangen an, darüber nachzudenken, was wirklich alles mit einer breiten Anwendung der Gentechnik auf sie zukäme – als Beamte, als Eltern. Während das Honoratioren-Gremium ZKBS immer noch nicht verrät, welche Anfragen zur Freilassung schon vorliegen und in Abgeschiedenheit einen Kriterienkatalog für Freisetzungen erarbeitet, rühren sich nun auch die beamteten Experten. Auf einer Tagung über Viren und Plasmide des Bundesinstitutes für Wasser-, Boden- und Lufthygiene in Berlin äußerten sie erhebliche Bedenken gegen die Freisetzung gentechnisch manipulierter Organismen und fordern Kommissionen, Kriterien, Parameter, Forschungsprogramme. Auf die üblichen Argumente eines Vertreters der Bayer AG, man tue doch nichts anderes, als die Natur selbst, antwortete Dr. Jürgen Hahn, ein Experte für Wasserreinigung: „Was haben wir denn in der Kernenergie andres gemacht, als das Natur-Uran ein bißchen anzureichern? Die Risiken dort sind zumindest in ihren Grundprinzipien kalkulierbar. Die Risiken der Gentechnik sind nicht kalkulierbar, zumindest die ökologischen Risiken nicht. Kennen wir Zeitpunkt-Unterschiede der Ausbringung und ihre ökologische Relevanz? Antwort: Nein! Kennen wir eine Analytik, mit der wir den Gentransfer in der Umwelt nachvollziehen können? Antwort: Nein! Kennen wir die Metaboliten-Situation und ihre Auswirkung auf das ökologische System? Antwort: Nein!"

Viel Bewegung hinter den Kulissen, aber auch viel Nachdenklichkeit. Die Teilung der Kompetenzen, die Vielzahl der Ämter, all das verlangsamt den Prozeß, all das gibt Zeit für Nachdenklichkeit und Abstimmungsgespräche. Insofern ist es mit der Demokratie vielleicht ein wenig wie mit der Evolution: je größer die Variabilität, desto sicherer.

Der Bericht der Enquete-Kommission, so unbefriedigend er im Grundsatz ist, wiegt in dieser Diskussion schwer, einfach deshalb, weil er so vieles zunächst einmal klarlegt, beschreibt und die Risiken benennt. Und merkwürdigerweise setzen gerade die Mängel des Berichtes – seine widersprüchliche Faktenhuberei, sein Regelungswahn, seine Forderungskataloge – Behörden in Gang. Das Versprechen von Regierungsvollmacht mobilisiert Minister und stimuliert die Phantasie von Regierungsräten.

Aber die Lage ändert sich zur Zeit täglich, und aus dem Hause Töpfer kam jüngst sogar ein Bericht zum „Handlungs- und Maßnahmenbedarf des Natur- und Umweltschutzes", in dem es schön und schlicht heißt: „Die Voraussetzungen für die Fortsetzung der natürlichen Evolution der Arten (sind) in ausreichendem Umfang zu gewährleisten."

„Meine größte Sorge ist", sagt Ernst-Ludwig Winnacker in seinem Büro im Genzentrum in München, „daß die öffentliche Debatte über den Enquete-Bericht nicht entsteht – außer in Randgruppen." Die Anwendung der Technik, vor allem in der Landwirtschaft halte er für „nicht unproblematisch". Auch deshalb habe er einem Verbot der Freisetzung zugestimmt – „obwohl es sinnlos ist", fügt er hinzu. Aber natürlich müsse man die Entwicklung kontrollieren, und auch unter den Wissenschaftlern gebe es viele, die seien schlimm, die müsse man bremsen.

Winnacker, inzwischen zweiter Vorsitzender der einflußreichen Deutschen Forschungsgemeinschaft, denkt über das Risiko nach: „Herkömmlicherweise definieren wir Risiko als das Produkt aus Eintrittswahrscheinlichkeit und Schadensgröße. Wir müssen noch zwei Größen dazunehmen: Menge und Zeit". Und er fügt hinzu: „Und die Akzeptanz." Winnacker plädiert für eine differenzierte Risikobetrachtung: Es mache einen Unterschied, ob man in einem Labor arbeite, oder ob man „astronomische Zahlen" von Mikroorganismen gezielt freisetze: „Damit steigt natürlich die Trefferquote für unerwünschte Mutationen." Winnacker, der während der Arbeit der Enquete-Kommission oft abgewiegelt und semantisch retuschiert hat, und der bis zum Schluß für Ausnahmegenehmigungen beim Freisetzen von manipulierten Baculo-Viren zur Schädlingsbekämpfung gekämpft hat, scheint vorsichtiger geworden zu sein. Jedenfalls plädiert er für scharfe Tests und überrascht den Besucher mit einer Äußerung, die zur Vorsicht mahnt: „Im Grunde erleben wir zur Zeit den größten anzunehmenden Unfall der Biologie, den wirklichen Ernstfall, das Aids-Virus. (...) Ein Adept der biologischen Kriegsführung hätte es sich nicht besser ausdenken können."

Risiken sind also zuhauf da; solche, die aus

dem Mißbrauch, solche, die aus dem Gebrauch und solche, die aus dem Zufall entstehen können. Winnacker wünscht sich eine differenzierte Risikobetrachtung, denn in den Stand der Unschuld könne man nicht zurückfallen. Man müsse scharf unterscheiden zwischen Arbeit mit gefährlichen Organismen in geschlossenen und offenen Systemen. Man müsse die Produkte kritisieren, sagt er heute, und nicht die Verfahren. Vielleicht, so gibt er zu bedenken, wäre es sogar sinnvoller gewesen, nicht „Gentechnologie" in die Überschrift des Berichts zu schreiben, sondern „Biotechnologie". Es sei nicht weniger bedenklich, eine größere Anzahl von konventionell hergestellten Viren ins Freiland zu kippen als gentechnisch manipulierte.

Viele Forscher spüren, daß es auch in ihrem Interesse wäre, die hohen Versprechungen zurückzunehmen und die Bande zur Industrie etwas zu lockern. „In ihrem Bemühen, an Geld zu kommen", schreibt Winnacker, „hat sich die Wissenschaft gelegentlich prostituiert, vielleicht auch prostituieren müssen."

Oft habe sie zu viel versprochen: die Lösung aller Zentralprobleme der Welt. Nun würden die überzogenen Wechsel präsentiert und damit gerate auch „die eigenste Domäne der Wissenschaft" in Gefahr: das „Streben nach Erkenntnisgewinn". Man darf gespannt sein, ob die Deutsche Forschungsgemeinschaft, diesen schönen Erkenntnissen folgend, die enge Koppelung von „Anwendungsbezug" und „Grundlagenforschung" ein wenig lockern wird. Denn diese enge Koppelung von Forschung und Industrie verdrängt nicht nur bestimmte Fragestellungen – sie verstärkt ganz ohne Zweifel die Dynamik, beschleunigt Prozesse, aber auch Fehler und ihren Umfang.

Es gibt nicht nur defensive Gründe für diese Entkoppelung; es gibt zumindest ein starkes Motiv: die Rettung jener Faszination, die von der Forschung an der DNA ausgeht. Zu einem gut Teil war es ja die Begeisterung für diesen Gegenstand – sagen wir: für das Leben – und die Methoden dieser Forschung, derentwegen Regine Kollek im Sekretariat der Enquete-Kommission gearbeitet hat – aus Opposition gegen die restlose Funktionalisierung des Gegenstandes ihrer Faszination.

Was Gentechnik auch sein kann, davon gab es auf all den Hearings der Enquete-Kommission vielleicht nur ein schönes Beispiel, ganz am Anfang: Ganz unvermittelt erzählt Professor Heß von der Max-Planck-Gesellschaft auf einmal von der Arbeit in seinem Institut für Ernährungsphysiologie. Plötzlich hätten sie „in Salzbakterien ein Pigment gefunden, das auch in Ihren Augen vorkommt und mit dem man Lichtenergie in chemische Energie umwandeln kann. Das hat kein Mensch geahnt. Das hat unsere Anschauung über Evolution völlig über den Haufen geworfen. Das war nicht vorhersagbar und vorhersehbar ..."

Es gibt viele Ähnlichkeiten dieser Debatte mit der um die Kernenergie. Und es gibt viele Unterschiede. Einer ist dieser: Fast jeder fühlt, daß hier etwas Großes geschieht; fast jeder spürt die Ambivalenzen, und fast jeder fürchtet die sozialen Folgen. Wenn man merkte, hier rühre man an grundsätzliche Probleme, habe man in der Enquete-Kommission gesagt: Das ist eine andere, die große Dimension. Man habe dann lieber konkrete Lösungen gesucht. Sagt Jürgen Quadbeck-Seeger und blickt auf seine Schuhspitzen.

Auf die Frage, wie eine Gesellschaft denn aussehen würde, in der die Medizin alles kann, antwortet er: „Wissen Sie, was man in England mit Dialyse-Patienten macht? Die öffentliche Krankenversorgung lehnt es ab, für Patienten über fünfundfünfzig solche Behandlungen noch zu bezahlen. In diese Art von Problemen kommen wir mit der Gentechnik natürlich eher." Er fügt hinzu: „Wir leben in der Bronze-, nein in der Steinzeit der Gentechnik, und wir haben noch nicht gelernt, damit umzugehen. Wir werden neue Regeln brauchen, eine neue Moral, eine neue Ethik. Es ist eine Gnade, zu erleben, wie ein neues Zeitalter entsteht", philosophiert er. Und es sei eine Pflicht, die Möglichkeiten dieser Zeit zu entwickeln.

Kann man eine neue Moral ohne öffentliche Debatte entwickeln, neue Institutionen ohne öffentliche Beteiligung? „Man muß da aufpassen. Oft wird das Gefahrenpotential übertrieben und es kommt zu einer emotionalen Aufschaukelung. Es werden Ängste hochgeputscht und Emotionen geweckt. Davor habe ich Angst." Man könne sich, sagt er, wenn man wirklich eine gentechnisch erzeugbare Krankheit ausdenken wolle, nichts Besseres als Aids ausdenken. Ein Virus, das seine Wirkungsweise verändert, an einer wichtigen Funktion haftet, in diesem Fall an der Sexualität. – Es ist merkwürdig: Selbst bei denen, die sicher sind, daß Aids nicht im Labor entstand, stellt sich dieser Zusammenhang im Denken immer wieder her. Es ist eine Debatte, in der jeder einzelne nachdenklicher zu sein scheint als das Ganze. Aber offenbar ist es unmöglich, am Ufer des Rubikon ein Symposium zu halten.

Menschengesellschaften sind merkwürdige Gebilde. Sie bestehen aus großen machtvollen Apparaten, aus Ärztekammern und Genboutiquen, aus Gewerkschaften und Rundfunkanstalten, aus Zeitungen und Interessen aller Art. Und aus einzelnen, die in diesem Apparat wirken und nicht immer im Einklang sind mit dem „Organ", für das sie arbeiten. Es gibt da merkwürdige Verwerfungen: Biologinnen aus dem Öko-Institut, die von Grundlagenforschung so fasziniert sind, daß sie sich mit ihren politischen Erzgegnern angeregt unterhalten; Pharmachefs, die darüber nachdenken, ob das denn ewig so weitergeht mit dem Konsum, ob nicht doch irgendwann das Pendel in Richtung Askese gehen wird; Kommissionen, die vieles falsch machen, und gerade durch ihre Fehler das Unheil ein wenig bremsen.

Die Gesellschaft wird jetzt, 1988, ein Jahr nach dem Bericht der Enquete-Kommission, zehn Jahre nach dem ersten Hearing im Forschungsministerium in Bonn und rund zwanzig Jahre nach den ersten gentechnologischen Experimenten gewahr, was auf sie zukommt. Noch stehen die Menschen staunend um das große graue Tier herum, das in ihr Dorf kam. Aber wie werden sie reagieren auf Hochleistungskühe und die Entwicklung einer Medizin, die so teuer sein wird, daß sie Solidarversicherungen nicht tragen können; wie auf neuartige Unfälle und Allergien; wie auf die synthetisch werdende Nahrung und die vielen Entscheidungen, die zu treffen sein werden: über den eigenen Körper und den der anderen? Werden sie sich, wenn ihnen die „Einsicht in die Nützlichkeit" von Entwicklungen fehlt, deren „Kompliziertheit" sie nicht begreifen, mit „Vertrauen" abspeisen lassen? Oder werden sie mitreden wollen? Und worüber? Chimären, Retortenbabys, Horrorviren – darüber ist vergnüglicher zu lesen und leichter zu debattieren als über Enquete-Kommissionen, Brüsseler Richtlinien, Sicherheitsrisiko-Annahmen.

Vielleicht geht es auch gar nicht um all das, sondern um die einfache Frage, wie wir in Zukunft leben wollen. Die moderne Evolutionstheorie kennt drei Ebenen der Entwicklung: die der DNA, die der Arten und die von Organismen. In unserer Art, *homo sapiens sapiens,* sind das die Individuen. Vielleicht ist ja noch nichts entschieden. Aber das ist ein optimistischer Schluß.

EXKURS

Klug bremsen

Über das Gen-Ethische Netzwerk in Berlin

Mathias Greffrath

Auf einem Farmgelände bei Buenos Aires erprobten Forscher des amerikanischen Wistar-Institutes ohne Wissen der argentinischen Behörden einen gentechnisch hergestellten Tollwut-Impfstoff für Rinder.

An der Wand hängt ein Plakat, auf dem eine Kuh sich kratzen will. Aber es geht nicht mehr. Ihr Euter ist zu groß geworden. Es ist eine unglückliche Kuh. Verhindern? Benedikt Härlin zuckt mit den Schultern. „Zunächst mal bremsen! Die Sache bremsen, bevor sie zu teuer wird. Das Kapital ist ja lernfähig. Aber sie werden nur aus Schaden klug."

In der Woche zuvor hatte der Ausschuß für Energie, Forschung und Technologie des Europäischen Parlaments den Brüsseler Rat und die Kommission der EG aufgefordert, den Einsatz des Rinderwachstumshormons BST, vor allem wegen der unerwünschten sozial- und agrarpolitischen Folgen, EG-weit zu verbieten. Berichterstatter des Ausschusses war der Europa-Abgeordnete der Grünen, der Journalist Benedikt Härlin aus West-Berlin.

Vor zwei Jahren hat er angefangen, das Gen-Ethische Netzwerk zu knüpfen – zusammen mit Linda Bullard, einer Texanerin aus der 68er Generation, die über die Anti-Atom- und Umwelt-Bewegung bei Jeremy Rifkin gelandet war und einige Zeit in dessen Organisation gegen die Gentechnik gearbeitet hatte. „Buying Time" sei Rifkins große Stärke, sagt sie, durch prozedurale Verzögerungen den Lauf der Dinge aufhalten, so daß doch noch öffentliche Debatten entstehen können über den Sinn oder Unsinn einer Entwicklung.

„Eigentlich sind wir eher untypisch", sagt Härlin, „normalerweise entstehen soziale Bewegungen doch immer erst, wenn ein Kind in den Brunnen gefallen ist. Wir sind eher zu früh." Das Gen-Ethische Netzwerk wurde 1986 gegründet, nach den Hagener Beschlüssen der Grünen zur Gen-Technik. „Die waren so eng, daß man nur noch ein fundamentales Nein sagen durfte. Und damit kann man keine Politik machen. Keine Bündnisse eingehen. Und man soll auch nicht alles verbieten." Es gibt hierzu auch keine Grundsatz-Erklärungen der Organisation. Härlin selbst sieht die Grenze irgendwo zwischen Erkennen und Anwenden.

Das Zentrum dieses Netzwerks sind zwei große Zimmer in der Potsdamer Straße 96 in Berlin-Schöneberg: ein Computer, Hängeordner und Bücherregal, in der

Als der nicht genehmigte Versuch ruchbar wurde, mußten die geimpften Rinder geschlachtet werden. Inzwischen hatte sich eine Reihe von ahnungslosen Landarbeitern mit in dem Impfstoff enthaltenen Viren infiziert.

Mitte der große Tisch, auf dem Informationen über transgene AIDS-Mäuse, illegale Tollwutimpfungen in Argentinien und Gengesetze in Dänemark zusammenlaufen. Sechs Leute, eine ABM-Stelle, eingetragene Gemeinnützigkeit, Umsatz 12 000 DM im Monat. „Außerhalb der Industrie haben wir wahrscheinlich den besten Überblick, über alles, was in der Gentechnik los ist. Manchmal wollen sogar die Pressesprecher der Konzerne von uns Informationen", sagt Christian Sternberg. Er sitzt am Computer und stellt gerade die Namen zusammen, die unter dem „Appell (an Bundesregierung und Parlament) zur Vernunft beim Umgang mit gentechnisch veränderten Organismen" stehen. Günter Grass hat unterschrieben, Johannes Mario Simmel, Hans-Peter Dürr, aber auch, zum Beispiel, der Bayrische Mütterdienst und die evangelische Landjugend.
Das Gen-Ethische Netzwerk soll eine Art Dienstleistungsunternehmen sein, zur Herstellung von Informationen, Debatten und Allianzen in allen Bereichen der gentechnischen Entwicklung. Es gibt eine Datenbank, einen Artikel-Dienst (den vor allem Journalisten ausgiebig nutzen), und – das ist die Hauptsache – den GID, den „Gen-Ethischen Informationsdienst", der einmal im Monat erscheint. Themen in der April-Ausgabe der GID unter anderem: Patentrecht, Genomanalyse an Arbeitnehmern, Biologische Waffen in den USA, ein Interview mit einem Mikrobiologen über Sicherheitsfragen, Gen-Technik in Japan, die aktuelle Freisetzungsanhörung im Bundestag.
Ein paar Dutzend Anfragen am Tag werden erledigt, ein paar Dutzend Verbindungen hergestellt, Fachgespräche und Kongresse vorbereitet und Referenten vermittelt. „Das Informationsbedürfnis explodiert zur Zeit und an den merkwürdigsten Orten."
Morgen soll der Europa-Abgeordnete Härlin einen Vortrag halten, in der Kreissparkasse in Göppingen. Er grinst: „Vor 200 Landwirten, zum Thema Freisetzung."
Sechshundert Mitglieder hat das Netzwerk und vierhundert Abonnenten: Naturwissenschaftler aller Sparten, Pfarrer, Angestellte des Bundesgesundheitsamtes, Lehrer. Man muß kein Gegner der Gentechnik sein. „Das wäre überhaupt unser Ziel", sagt Härlin, „über die Fronten hinwegzukommen, auch über die Doofen-Fronten: hie Befürworter, hie Gegner." Die Dummheit sei nicht auf einer Seite, und Lagermentalität gäbe es genau so in der Max-Planck-Gesellschaft wie bei fundamentalistischen Politikverweigerern.
Wenn man auf intelligente Weise bremsen will und damit eine Debatte über eine Zukunft in Frieden mit der Natur entfachen, dann werde das eher schwieriger, sagt Linda Bullard, wenn all diese Unsinnsgeschichten über Killer-Tomaten und Mutanten kursierten. Das verhindere die Debatte eher. „Auch bei der Debatte um die Freisetzung muß man immer sagen: Es geht um Pannen. Aber Angst muß man vor allem haben, daß diese Technik funktioniert. Das würde der Welt den Rest geben."

Günter Altner

An der Grenze

Die Gentechnik und die Suche nach einer neuen Moral

Die Warnung des Philosophen Hans Jonas anläßlich eines Symposiums der Frankfurter Hoechst-AG 1986: „Wir müssen wieder Furcht und Zittern lernen und, selbst ohne Gott, die Scheu vor dem Heiligen" – diese Warnung ist durchaus gehört worden. Aber wie tief ist die Botschaft in die Gehirne der Forscher eingedrungen? Als Menetekel an der Glaswand des Gentechniklabors lassen viele die guten Worte des alten Mahners gelten, sofern sie als allgemein-unverbindliche Ansprache an den inneren Menschen verstanden werden können. Die wissenschaftliche Gemeinde hat es inzwischen gelernt, Einreden von Theologen und Philosophen, die ins Zentrum biotechnischer Begehrlichkeit zielen, als Mahnung an den „inneren Menschen" zu feiern, wegzustecken und weiterzumachen. Haben nicht auch die Politiker aller Couleur der theologischen Einrede in Weltsachen längst ihr „Unzulässig" entgegengehalten und alle diese Kritiker – nach dem klassischen Muster der Zwei-Reiche-Lehre – auf die innere Erbauung verwiesen?

Was also ist gemeint mit der „Scheu vor dem Heiligen" in unseren Gentechniklabors? Gibt es etwas an der Natur selbst, in ihren Strukturen und Strukturgesetzen, das uns zögern lassen könnte, nicht nach unserer Willkür verändernd in sie einzugreifen? Gibt es mehr als die bloße Moral? Läßt sich der Einspruch mit einem „Naturgesetz" begründen? Kann man wenigstens ein starkes Interesse finden? Ist hier nicht längst alles geschehen? Ist nicht die Moral ein Anachronismus? Und ist nicht die Natur unwiderruflich zum Warenlager menschlicher Nutzungsinteressen geworden? In der Tat, die Kommerzialisierung der irdischen Lebenssysteme steht ins Haus, nicht nur im Sinne klassischer Vermarktungsstrategien, sondern eben vom „Kern", vom genetischen Bestand her. Leben – reduziert auf bloßen Nutzwert – soll gentechnisch perfektioniert und passend gemacht werden für alle Zwecke, mit denen sich Geld machen läßt. Dabei wird der Forschungseinsatz gegen Hunger, Krankheiten und Umweltzerstörung zum heuchlerischen Motto für den großen Kahlschlag. Am Ende werden die durch Evolution eröffneten Lebenschancen unter die Rahmenbedingungen einer wild ausufernden Industrieproduktion gezwungen sein; Leben als Abfallhalde einer neuen gentechnischen Industriekultur?

Vom Heiligen läßt sich weit und breit nichts ausmachen. Im Gegenteil, hier wird die Entmythologisierung des Heiligen in der Natur bis zu einem letzten, äußersten Punkt vorangetrieben. Zum Menschen. Nach ihm, der in der Tradition der neuzeitlichen Wissenschaft einerseits der herrschaftlich Verfügende und andererseits der durch naturrechtliche und moralphilosophische Postulate Geschützte war, nach ihm selbst greift die gentechnische

Ingenieurskunst ohne Zögern. Nichts soll uns mehr heilig sein, auch wir selbst nicht. Man führe sich nur die seitens der Deutschen Forschungsgemeinschaft, der Max-Planck-Gesellschaft und der Bundesärztekammer erhobene Forderung nach „embryonenverbrauchender Forschung" vor Augen. Um „hochrangiger Forschungsziele" willen soll die Medizin ihre alte Ethik fahren lassen und das tötende Experiment am menschlichen Leben gestatten. Dabei ist Gentechnik mit im Spiel. Die Transferierung von Genen in den frühen menschlichen Keim zur Herstellung lebenslänglicher Resistenz gegen Krebs, Aids und andere Infektionen wird erwogen. Welcher Ignorant sähe hier nicht, daß der Weg in die Züchtung des leidensfreien (und unsterblichen) Menschen mit therapeutischen Verheißungen gepflastert wird?

René Descartes hatte – zu Beginn der wissenschaftlichen Neuzeit – noch die Sensibilität, über die von ihm deklarierte Herrschaftsstellung des erkennenden Subjektes so zu erschrecken, daß er in eine tiefe Seelenkrise verfiel. Seine späten Schüler exekutieren die von ihm begründete Kunst der rechnenden Vernunft ohne Zögern am menschlichen Subjekt selber. Hilft uns da noch das von Hans Jonas ausgerufene: Heilig, heilig …?

„Vorstellungen von der Unantastbarkeit der Natur", vermutet Wolfgang van den Daele, der in der Enquetekommission des Bundestages zwei Jahre über die Gentechnik mitberiet, „gelten offenbar nur solange, wie die moralischen Schranken, die sie aufrichten, zugleich auch technische sind". Man kann gegen diese Feststellung aufbegehren und ihren Zynismus beklagen. Aber das wäre eine vorschnelle und unfruchtbare, eine nur „moralische" Reaktion. Denn die Feststellung stimmt zunächst einmal. Die moderne Biologie hat nicht nur Pflanzen und Tiere, sondern gerade auch den Menschen in seiner scheinbar unantastbaren Meisterstellung verfügbar gemacht. Es ist dies alles sehr viel unauffälliger und normaler, als es die Visionen von Orwell und Huxley ahnen ließen, aber um nichts harmloser und gefährlicher. Die Manipulierung kommt peu à peu: Über die Konsumverlockung durch therapeutische Bonbons schleicht sie sich in die lebenshungrige Seele des Einzelverbrauchers ein, ohne daß dabei die Bio-Technokratie in Erscheinung treten müßte.

Wir müssen wirklich fragen: War die idealistische und moralische Feier des menschlichen Subjektes eine jahrhundertealte Illusion, die nun zerbricht? Die wachsende Lawine der gentechnischen Machbarkeiten und die Veränderung des Menschen selbst läßt nun für alle offenbar werden, daß der Mensch die Natur (im Vergleich zu anderen Naturwesen) mit unverhältnismäßig wachsenden Folgen gestaltet. Aber gerade die Gentechnik läßt ihn inne werden, daß er selbst unvermeidlich Natur bleibt. Und dabei wird deutlich, daß die normative Unantastbarkeit des Menschen, wie sie in früheren Jahrhunderten selbstverständlich erscheinen mochte, schwindet – aber nicht verschwindet. In der Spannung zwischen Natursein und Naturgestaltung wächst dem Menschen auf eine neue Weise die Last seiner Freiheit und seiner sittlichen Verantwortung gegenüber sich selbst und gegenüber der allgemeinen Natur (Welt) zu.

Mehr noch, die Grunderfahrung in diesem krisenhaften Umdenkprozeß erschöpft sich nicht in der Erkenntnis, daß die Natur unter Einschluß des Menschen zum „Warenlager" geworden ist. Mit den ihm zuwachsenden Möglichkeiten der Gestaltung und Verfügung (bis hin zur Selbstmanipulation und zur menschheitlichen Selbstauslöschung) wird sich der

Mensch rätselhafter und unverfügbarer, als er es je war, wird ihm die klassisch zugesprochene Würde zur Bürde und zur Pflicht, wird er – und mehr als er es je begehrte – zum Subjekt der Geschichte. Und damit kann er die Natur, mit der er sich von Herkunft her und auf Zukunft hin unabdingbar verbunden sieht, nicht mehr in das Jenseits der Wertfreiheit und Wertneutralität verstoßen, wie es den humanistischen Traditionen Europas und insbesondere der abstrahierenden Rationalität der Naturwissenschaften entspricht. Denn anders als diese kann er nicht länger von ihrer Unerschöpflichkeit ausgehen.

Sieht man es so, dann haben auch Theologie und Kirche in diesem Prozeß des Aushandelns und der Suche nach dem Verantwortbaren mehr einzubringen, als es unseren materialistischen Pragmatikern opportun erscheint. Dann gewinnt der Begriff der Schöpfung wieder an Sinn. In der Öffentlichkeit haben die Grenzüberschreitungen der Gentechnik zum Ruf nach moralischen Schranken geführt – zugunsten des Menschen und zugunsten der Natur. Es ist fast schon eine Selbstverständlichkeit, daß nach der humanen und ökologischen Zulässigkeit technischer Entwicklungen und Anwendungen gefragt wird. Daß nicht alles, was gemacht werden kann, gemacht werden darf, haben die Menschen in der Gesellschaft nicht erst bei Hans Jonas gelernt. Sie haben es längst selbst entdeckt.

Dabei wird über die Schutzwürdigkeit des Menschen hinaus der Eigenwert der Natur von den verschiedensten Positionen her begründet: theologisch, philosophisch, agnostisch und aus mehr oder weniger reflektierten naturschützerischen Grundsätzen heraus. Dieser ganze Aufstand der Gewissen findet in der Erklärung der österreichischen Wissenschaftler für den Umweltschutz einen sehr markanten Ausdruck: „Jede Form von Leben ist einzigartig und muß unabhängig von ihrem augenblicklichen Nutzwert für den Menschen geachtet und im Sinne einer elementaren Kulturleistung vor gedankenloser Ausrottung bewahrt werden."

Man darf sich die gegenwärtige Konfrontation nicht dadurch erleichtern, daß man von vornherein einen Teil der Konfliktpartner ausblendet. Es geht nicht nur um den Streit zwischen Wissenschaft und Laienverstand über die humane, soziale und ökologische Zumutbarkeit bestimmter Erkenntnisschritte und ihrer Anwendungsfolgen, so als sei da der einzelne Wissenschaftler im Labor und dort die auf seine persönlichen Forschungsergebnisse wartende Menge der Bürger. Die Situation ist sehr viel komplizierter und brisanter. Längst ist die Grenze zwischen Wissenschaft, Politik und Wirtschaft durchlässig geworden. Wir leben, um einen Ausdruck von Rolf Kreibich zu benutzen, in der „Wissenschafts- und Hochtechnologiegesellschaft", in der wirtschaftliche Nutzungsinteressen bis in die Grundlagenforschung reichen und von dort wiederum Impulse für den technisch-industriellen Fortschritt auslösen. Und dies nicht nur ungewollt und zufällig, sondern auch gezielt und unter Einsatz von Kapital. Jeremy Rifkin spricht in unserem Zusammenhang zurecht von der „totalen Industrialisierung" der belebten Natur durch Gentechnik.

Die ganze Schwierigkeit des sensibel und problembewußt gewordenen Bürgers und des zusammen mit ihm nachdenkenden Ethikers besteht darin, daß er sich ständig durch die Dynamik des technisch-industriellen Systems überrollt sieht, bevor seine Bedenken überhaupt die Foren der gesellschaftlichen Auseinandersetzung erreicht haben. Das erzeugt verständlicherweise Aggression und bringt zu-

sätzliche Schärfe in die Auseinandersetzungen.
Orientiert an der flinken Kooperation zwischen hochqualifizierten Universitätsforschern und Kapitalgebern in der amerikanischen Gentechnik-Industrie hat die Bundesrepublik mit Ende der 70er Jahre zu einer Aufholjagd angesetzt, deren Erfolge sich heute unter anderem im Wirken von vier Genforschungs-Zentren – unter Beteiligung der Großchemie – und in entsprechend erhöhten staatlichen Fördermitteln dokumentieren. Angesichts solcher Entwicklungen und der damit angezielten Industrialisierung der belebten Natur muß man kritisch fragen: Wissen die Betreiber der Gentechnologie wirklich, was sie tun? Arbeiten sie wirklich auf hinreichend geprüfter Grundlage und mit vorzeigbaren Sicherheitsgarantien auch für Kinder und Enkel? Endet die Spaltung des Zellkerns nicht doch in einem wirren „Herumgepansche mit den Genen", wie Erwin Chargaff befürchtet?
Es kennzeichnet die Qualität der gegenwärtigen Auseinandersetzung, daß die beunruhigten Bürger bei ihrem zweifellos konsumorientierten Gesundheitsbedürfnis gepackt und an die Seite der Gentechnik-Industrie gepreßt werden. Hubert Markl, Präsident der Deutschen Forschungsgemeinschaft, hat mit einem zitierenswerten Maß an Zynismus die Aids-Bedrohung zum Anlaß genommen, dem Bürger Industrie- und Wirtschaftskonformität abzuverlangen. Anläßlich des 125jährigen Jubiläums der Firma Hoechst führte er am 30. Januar 1988 aus: „Wen würde es derzeit nicht erschrecken, wie sich eine bislang unerkannte, grausam tödliche Virusseuche ausgerechnet durch jene zwischenmenschlichen Beziehungen ausbreitet, die uns der Inbegriff vertrauensvoller Hingabe sind: der zwischen Liebenden wie jener zwischen Mutter und Kind? Wer wünschte nicht, daß die Hoechst AG oder wer immer so schnell wie möglich eine Schutzimpfung oder ein Medikament dagegen entwickelt? Da würden ganz bestimmt nicht nur die Aktionäre jubeln. Noch der erbittertste alternative Feind der Großchemie würde wohl diese Alternativen den augenblicklich drohenden Folgen der Alternative zur Partnertreue und Keuschheit vorziehen. Woher erwarten denn alle die Abhilfe, die sie von der Peinlichkeit verantwortungsbewußter Lebensführung befreien soll? Natürlich von Wissenschaft und Forschung: Chemie, Genetik, Molekularbiologie, Pharmakologie, Immunologie: nur her damit, wovon wir sonst nichts hören wollen."
Gewiß, hier wird der verwöhnten Hochtechnologie-Wissenschaftsgesellschaft der Spiegel vorgehalten. Aber Vertrauen zur Wissenschaft wird mit diesem alerten Jubiläumssarkasmus nicht ausgelöst, im Gegenteil. Das Grundargument kritischer Bürger heute ist nicht die Wissenschaftsfeindlichkeit, sondern die Forderung, daß Wissenschaft, Technik und industrielle Interessen der Einrede und Zielkritik bedürfen, damit sie soziale und philologische Zusammenhänge nicht zerstören – gegen den Willen der Betroffenen und die Forschungen der Zukunft.
Darüber sind sich heute alle nachdenklichen Gesprächspartner einig. Man kann es nicht besser sagen als die Bischöfe Franz Hengsbach (kath.) und Hans Otto Wölber (ev. luth.): „Wissenschaft ist keineswegs wertneutral, und zwar nicht zuletzt, weil heute reine Forschung und industrielle Anwendung fast schon Hand in Hand gehen." Und: „Es gibt auch eine Irrationalität der Wissenschaft durch ihre Faszination von sich selbst. Wir haben es mit einer weit ausgreifenden, aber zugleich klammheimlichen Entwicklung zu tun,

bei der die Gesellschaft es besonders schwer hat, durchsichtige, effektive Verantwortungsstrukturen zu entwickeln." Wie schön, wenn unsere vielgeschmähten Bischöfe die Klugheit der Macher auf diese Weise zur Diskussion stellen.

Wir sind im Verlauf der geschilderten Argumente ein Stück weit in den heute an vielen Orten stattfindenden Meinungsstreit um die Gentechnologie geraten. Nur wer daran teilnimmt, kann ermessen, was auf dem Spiel steht, wie schwer aber auch eine Bremsung und Umorientierung zu erreichen ist. Bei der Auseinandersetzung um die Atomenergie ist es nicht nur gelungen, die Schwachstellen dieser Technik bloßzulegen und dadurch die Sicherheit relativ zu verbessern; es war auch möglich, im zweiten Schritt Alternativen zu entwickeln, die bis heute die energiepolitische Auseinandersetzung bestimmen und die Front der Atomenergie-Befürworter bröckeln lassen. Eine von Nobelpreisträgern hochgelobte Technik wurde durch Laienemotion und Grundsatzargument entmythologisiert. Die Voraussetzung für dieses kleine „Wunder" war eine starke Aktivierung der Nachdenklichen und in der Folge ein über die Konfrontationen hinweggehender Diskurs, der zu einer kritischen Abwägung der Argumente pro und kontra führte.

Im Streit um die Gentechnologie werden heute die Würde des Menschen und der Eigenwert der Natur geltend gemacht – mit verschiedener Begründung und Gewichtung. Wie verhalten sie sich zueinander? In erster Annäherung könnte man sagen: Die Würde des Menschen zeigt sich in seinem unverwechselbaren Personsein. Der Eigenwert der nichtmenschlichen Geschöpfwelt zeigt sich in der unverwechselbaren Ausprägung der Arten, in ihrem ökologischen Zusammenspiel, was wiederum seinen Ausdruck in den aktuellen Biotopen und in der relativen Stabilität ökologischer Gleichgewichte findet. Dabei ist alles auf Wandel angelegt. Aber das Geheimnis dieses Wandels war immer sein langsames und vielstufiges Fortschreiten, sein Offensein und seine Potenz für höhere Ordnungen, sein Vernetztsein mit der schnelleren Gangart der menschlichen Geschichte. Wie ja auch im Blick auf das Ganze von der Perspektive der Verheißung und des Friedens die Rede sein muß, wie sie nicht zuletzt in den Visionen der christlichen Traditionsgeschichte angelegt ist. Der Durchbruch in die immer tiefer greifende Manipulierung des Lebens verunsichert bis ins Bodenlose. Wie und wo immer die Religion noch in den Nischen der technischen Zivilisation blühen möge, mit der Gentechnik erreicht die naturwissenschaftliche Säkularisierung der irdischen Schöpfung ihren vorläufigen Höhepunkt. Das Heilige scheint durch Tatsachenforschung endgültig ausgetrieben zu sein. Selbst in der durch die molekularbiologische Manipulationskunst betroffenen Personalität des einzelnen Menschen soll es nicht mehr wohnen. Wer sich auf diese Entwicklung ohne Ausflüchte und weltanschauliche Beschönigungen einläßt und dabei die privatisierte Frömmigkeit von Forschern und Industriemanagern als schmückendes Beiwerk erkennt, der erlebt voll Erschrecken, daß nun „alles" möglich wird und erlaubt scheint. Wir machen Leben und Menschen auf Bestellung. Im Erschrecken über diese Verfügungsmacht meldet sich freilich eine Emotion, die nicht ohne Argumente ist und die zu neuen Maßstäben führen mag. Sie erkennt in den allertiefsten und finstersten Schichten dieser Verfügung die prinzipielle Fragwürdigkeit des Verfahrens, seine Grenzen, seine Unbedarftheit, seine unreflektierte Hybris. Durch die Erfahrung der Macht klug geworden, regt sich ein Denken, das mitten im Zugriff der Tatsachenforschung an das dieser „Kunst“ entgehende Unverfügbare erinnern möchte. Die christliche Theologie spricht von Schöpfung. Anders als die Philosophie und mehr als die Wissenschaften erinnert sie damit an das Nicht-Menschliche, von dem alles Leben abhängt – auch das Menschliche selbst. In der Krise kann Theologie das ihr von jeher Aufgetragene neu klären und vielleicht auch neu sagen und so die vom Verschwinden bedrohte Heiligkeit wieder transparent machen.

In dem sich abzeichnenden vielfältigen Protest gegen die Anmaßungen der Gentechnik meldet sich eine noch unaufgeklärte, noch nicht wortmächtige Vernunft, die eine neue Verbindung zum Mitmenschen und zur Mitkreatur fördern möchte. Es geht dabei nicht um die Fixierung auf metaphysisch vorwegdefinierte Zielbestimmungen, denn auch die Theologie hat ihre Unschuld verloren; wohl aber geht es um mühselig-tastende Suchbewegungen – nach Qualitäten, deren Bewahrung die Angelegenheit der Theologie war, auch wenn ihr die Wörter ausgegangen sind. Kein Wiederaufleben „alter Religion“ also – aber es kann gar nicht anders sein, als daß die Sinngarantien von gestern erinnert und zum Anlaß neuer Begründungsversuche werden.

Eben dieser Vorgang erfordert ein radikales „Mehr“ an Demokratie. Wenn die Gestaltung von Wissenschaft und Technik von vornherein unter dem Gesichtspunkt der ökologischen und sozialen Reflexion vonstatten gehen soll, ist Einrede und Mitbestimmung auf allen relevanten Ebenen der Technologiegestaltung unvermeidlich. Nur so kann die Ehrfurcht vor dem Leben – von allen spirituellen und folgenlosen Ausflüchten befreit – konkret werden. Wir dürfen nicht, wie Dietrich Bonhoeffer in den härtesten Stunden seiner politischen Verantwortung schrieb, das Diesseits vorzeitig aufgeben. Je mehr wir uns auf die konkrete, vielfältige und vergängliche Gestalt des Lebens als Verpflichtung einlassen, desto unbestechlicher werden wir alle zerstörerischen Verfügungsutopien abweisen können.

Thomas von Randow

Die nachgebesserte Schöpfung

Manipulationen am menschlichen Erbgut können Segen bringen

Es vergeht kaum ein Tag", gesteht die Mittvierzigerin, „an dem ich mich nicht für einige Zeit dem Wunschtraum hingebe, Frank würde plötzlich von seinem Rollstuhl aufstehen, ganz ruhig durch die Wohnung spazieren, und niemand müßte mehr befürchten, daß er sich oder seinen Mitmenschen Schaden zufügt." Frank, ihr fünfzehnjähriger Sohn, ist zeit seines Lebens gefesselt, nachts an sein Bett und tagsüber an den Rollstuhl, damit er sich nicht in einem Anfall von Beißwut selbst zerfleischt. Dabei sind ihm schon fast alle Zähne gezogen worden, weil er seine Zunge und die Innenwände seiner Mundhöhle zu zerkauen begann. Frank ist debil, zappelig und unberechenbar in seinen bizarren Lebensäußerungen, er leidet am Lesch-Nyhan-Syndrom, der erblichen Hyperurikämie (Übersättigung des Blutes mit Harnsäure). Der bedauernswerte Junge wäre wohl kaum zur Welt gekommen, wenn sich seine Mutter in der frühen Schwangerschaft einer Fruchtwasser-Untersuchung unterzogen hätte. Dann nämlich wären Laboranten in einem – aufwendigen und teuren – Test dem Erbschaden, der die schrecklichen Symptome zur Folge hat, auf die Spur gekommen. Vermutlich hätte der behandelnde Arzt der jungen Frau geraten, ihr Kind abtreiben zu lassen. Jetzt, da Frank lebt, wenn auch voraussichtlich kaum länger als bis zu seinem zwanzigsten Geburtstag, ist ihm nicht mehr zu helfen.

„Noch nicht", erklärt Ihor Lemischka vom Whitehead Institute for Biomedical Research im amerikanischen Cambridge, Massachusetts. Lemischka gehört zu den etwa sechs Dutzend Wissenschaftlern in Ost und West, die sich der Gentherapie verschrieben haben. Das Lesch-Nyhan-Syndrom ist einer der vielversprechenden Kandidaten für die neue Art der Heilbehandlung. Der biologische Grund für das Erbleiden ist wohlbekannt. Dem Kranken fehlt ein Gen, präziser: Es fehlt in jeder seiner 70 Billionen Körperzellen. Doch auch beim gesunden Menschen kommt es nur in einem Bruchteil der Zellen zum Zuge. Hier veranlaßt dieses Gen die Produktion des Enzyms Hypoxanthin-Guanin-Phosphoribosyl-Transferase (internationales Kürzel: HPRT). Das Proteinmolekül mit dem zungenbrecherischen Namen befähigt den Organismus, Harnsäure abzubauen. Fehlt es, so bilden sich in den Nieren und Gelenken Harnsäure-Kristalle; auch im Hirn kommt es zu Ablagerungen dieser, im rechten Maß durchaus lebenswichtigen Substanz. Das Resultat der Anomalie ist eine mangelhafte Koordination der Körperbewegungen und fortschreitender Schwachsinn, der sich besonders dramatisch in dem selbstzerstörerischen Verhalten des Kranken äußert.

Nur bei Jungen wird diese Erbkrankheit diagnostiziert. Dies weist auf eine „X-gekoppelte Vererbung" hin, nämlich darauf, daß das HPRT-Gen in dem geschlechtsbestimmenden

X-Chromosom steckt. Dieses Wissen hat die Fahndung nach dem schuldigen Molekül erleichtert. Sein Platz auf dem Chromosom ist gefunden und seine Struktur entschlüsselt worden. Was nun?

Das praktische Ziel dieser Forschung ist die Gentherapie. Ihre Strategie ist längst festgelegt: Es gilt, im Körper des Patienten Zellen zu züchten, die das fehlende Gen enthalten. Es müssen Zellen des Typs sein, der den Stoffwechsel steuert. Sie befinden sich im Knochenmark; dort hinein also müssen körpereigene Zellen gebracht werden, in deren Kerne zuvor das funktionstüchtige HPRT-Gen eingepflanzt worden ist.

Zunächst geht es darum, das Instrument für diese Gentransplantation anzufertigen. Es ist ein Virus, genauer gesagt ein Retrovirus, das die Eigenschaft besitzt, in Körperzellen einzudringen, um dort seine eigene Erbsubstanz in die DNA-Erbmasse des Zellkerns zu praktizieren. Auf diese Weise vermehrt sich das Virus, indem es das Management der Zelle usurpiert und sie zur Produktion neuer Viren zwingt. Diese natürliche, die Zelle vernichtende Funktion muß dem Virus „abgewöhnt" werden, ehe es seine Rolle in der Gentherapie spielen kann. Deshalb wird ihm derjenige Teil seiner DNA, der die Vervielfältigung seiner selbst besorgt, herausgeschnitten. Wohl aber soll die Fähigkeit des Retrovirus erhalten bleiben, sich in Zellen einzuschleichen und die eigene Erbsubstanz in die der Wirtszelle zu integrieren. Gelingt es nämlich, ein menschliches Gen in die Virus-DNA einzuschmuggeln, dann wird auch dieses Gen in die Zelle gebracht. Ein „verkrüppeltes" Retrovirus also soll als Gen-Taxi seinen Fahrgast, ein HPRT-Gen, in einer Knochenmark-Stammzelle absetzen. Diese Zelle soll sich und damit das neue Gen kräftig vermehren und schließlich den Harnsäure-Stoffwechsel des Kranken in Ordnung bringen.

Längst sind die einzelnen Phasen der Therapie technisch machbar. Möglich ist es, Retroviren zu entschärfen, möglich auch, in ihre DNA ein von einem gesunden Menschen stammendes Gen einzubauen. Dieses Virus kann nun Knochenmark infizieren, das dem Kranken entnommen und nach der Infektion wieder zurückgegeben wird. So einfach ist das – in der Theorie. Die Praxis steckt noch in den Kinderschuhen. Viele Probleme dieser Gen-Behandlung sind noch ungelöst, weshalb sie über das Stadium der nur zum Teil ermutigenden Tierversuche noch nicht hinausgekommen ist.

Problematisch bleibt dieses Heilverfahren auch dann noch, wenn (falls?) es für Menschen anwendbar geworden ist. So sehen es jedenfalls die Kritiker der Gentherapie. Viel zu risikoreich sei allein schon die Zubereitung des Gen-Transporters. Viren könnten aus dem Genlabor entkommen und Krankheiten hervorrufen oder gar Seuchen auslösen. Auch sei keinerlei Garantie gegeben, daß sich ein verkrüppeltes Virus nicht innerhalb der Wirtszelle, zum Beispiel von einem anderen, dort zufällig anwesenden Virus, den amputierten Vermehrungsapparat ausleiht und somit doch noch seine Vermehrung erzwingt. Radikale Gegner der Gentechnik lehnen darüber hinaus jede künstliche Veränderung des menschlichen Genoms prinzipiell ab. Die Evolution hat dem Bestreben der lebenden Zellen, sich zu vervielfältigen, enorme Kraft verliehen. Diesem Proliferationsdruck müsse sich auch das vielleicht nur versehentlich mißratene Werk eines Gentechnikers beugen, und wehe, wenn es per Zufall perfekt in eine ökologische Nische paßt. Manch einer sieht sich darum schon von einer Invasion monströser Science-fiction-Wesen bedroht.

Die Befürworter gentechnischer Heilverfahren halten dagegen, daß hierbei die Manipulation des Genoms auf den enzymproduzierenden Teil der Körperzellen beschränkt bleibt, also keinesfalls etwa Keimbahnzellen verändern würde, mithin die Nachkommen gentherapeutisch behandelter Patienten davon unbeeinflußt blieben. Und was die als Vehikel verwendeten Retroviren beträfe, so ginge von ihnen schon deshalb nicht die geringste Gefahr aus, weil nur solche verwendet würden, die schon in ihrer ursprünglichen Form keine Keime bedrohlicher Krankheiten seien. William Nyhan von der kalifornischen Staatsuniversität in San Diego – er hat das zur Hälfte nach ihm benannte Syndrom identifiziert – versichert, bei der Gentherapie handle es sich „lediglich um ein neuartiges Arzneimittel (das Gen), das auf einem bislang noch ungewöhnlichen Weg in den Körper des Kranken gebracht wird."

Auch so betrachtet, stellt sich dennoch wie bei jedem Arzneimittel die Frage, ob dessen mögliche Nebenwirkungen ein tragbares Risiko darstellen. Noch kann der erhoffte Nutzen nicht gegen den gefürchteten Schaden gewogen werden. An eine klinische Erprobung ist vorerst nicht zu denken, und die ohnehin nur beschränkt aussagefähigen Tier-Experimente – eine Reihe von Generationen langlebiger Säugetierarten muß beobachtet werden – haben gerade erst begonnen. Nicht nur von ihrem Resultat wird abhängen, ob die zweite Phase, die Erprobung der Therapie am Menschen, überhaupt beginnen kann.

Der Gentechnik bläst der Zeitgeist ins Gesicht. Schockiert von allerlei unerquicklichen – realen wie prognostizierten – Technikfolgen hat sich vielerorts eine konservative Haltung verbreitet; ihre Grundstimmung: „Keine Experimente". Argwöhnisch betrachten wir nicht nur die Errungenschaften der Ingenieurkunst; sogar die Techniken der modernen Medizin werden – vorwiegend freilich von denen, die ihrer nicht bedürfen – verabscheut. Der Trend geht weg von der „Apparatemedizin", eine Bezeichnung, die wie „Schulmedizin" stets abwertend gemeint ist, hin zur eher mystischen Heilkunde unserer Altvorderen. Die populäre Losung lautet: Nicht alles technisch Machbare darf gemacht werden.

Diese Forderung hatten Politiker, Wissenschaftler, Philosophen und Geistliche in allen Teilen der Welt schon einmal lautstark erhoben, als der Zweite Weltkrieg mit Atombombenknall gerade zu Ende gegangen war. Gehalten hat sich niemand daran. Die Wissenschaftsgeschichte lehrt, daß Menschen offenbar zu schwach sind, der praktischen Anwendung ihrer theoretischen Erkenntnisse zu widerstehen, auch wenn dies zuweilen unvernünftig oder gar gefährlich ist.

Ergo müßte, wer schädliche Anwendungen von Erkenntnis fürchtet, die Wissenschaft verbieten. Tendenzen, bestimmte Forschungsgebiete zu tabuisieren, entsprechen dem Geist unserer Tage durchaus. Wie im Mittelalter soll Wissenschaft verboten werden, sofern sie geeignet ist, Hand an die gottgegebene Ordnung – wir nennen sie heute „Ökosphäre" – zu legen. Das damals wie heute fraglos berechtigte Motiv: Angst vor der Hybris der Wissensdurstigen. Doch läßt sich Wissenschaft an die Kandare nehmen?

Wissensdrang hat unsere mit Körperkraft und Sinnesstärke nur mäßig ausgestattete Spezies im Daseinskampf überleben lassen. Darum hat die Evolution diesen menschlichsten aller Triebe begünstigt, ihn beinahe unwiderstehlich gemacht. Wissensdrang zu bändigen, daran ist schon, wie uns die Bibel glauben macht, der liebe Gott gescheitert, als es erst zwei Menschen auf Erden gab.

Der Genforschung kommt außerdem ein moralischer Schub zur Hilfe: Zwingt uns nicht geradezu unser ethisches Gewissen, die neue Wissenschaft zu fördern, jetzt, da sie die Möglichkeit fast greifbar gemacht hat, erbkranke Menschen zu heilen, da sie im Begriff ist, die Strategien zu finden, nach denen Krebs und Herzinfarkt endlich frontal angegriffen und vielleicht besiegt werden können, da Geningenieure viele unserer technischen Sünden – die Belastung der Umwelt durch künstliche Überdüngung zum Beispiel – wiedergutmachen und die verdorrten Böden in den von der Natur benachteiligten Regionen dieser Welt ertragreich machen könnten?

Zwar stellt sich auch die Frage, ob nicht die meisten dieser erstrebenswerten Ziele mit anderen, weniger risikoreichen Methoden erreicht werden können. Bei den Erbkrankheiten, die sich für gentechnische Reparaturen geradezu anbieten, gibt es ein alternatives Verfahren: die Tötung erbkranker Föten. Ein Teil der etwa zweitausend verschiedenen, auf ein defektes oder mangelndes Gen zurückführbaren Erbschäden läßt sich in einem genetischen Fruchtwasser-Test vor der Geburt dingfest machen. Das eingangs als Beispiel geschilderte Lesch-Nyhan-Syndrom gehört dazu. Ein genetisches Screening aller Schwangeren dürfte freilich nicht ausführbar sein, weshalb die meisten Ärzte eine Fruchtwasser-Punktion nur dann empfehlen, wenn ein genetischer Schaden wahrscheinlich ist, zum Beispiel, weil in der Verwandtschaft der zukünftigen Eltern Erbkrankheiten vorgekommen sind. Bei positivem Befund wird dann zur Abtreibung geraten.

Die genetische Beratung wird nicht eben häufig in Anspruch genommen. In vielen Fällen wäre sie ohnehin sinnlos, weil Erbkrankheiten in der eigenen Familie gerne verschwiegen und vergessen werden. Außerdem wollen sich Genchirurgen und Gentechniker ja keineswegs auf die Therapie von Erbschäden beschränken. Als dringlichste Aufgabe ist ihnen in jüngster Zeit die Vorbeugung und Heilung von Aids zugewachsen, zumal sich immer deutlicher herausstellt, daß dieser tückischen Virusinfektion, wenn überhaupt, wohl nur mit gentechnischen Methoden beizukommen ist.

Beikommen möchten verantwortungsbewußte Politiker dem möglichen Mißbrauch der neuen Biotechnik. Wenn schon der Wissensdrang nicht zu zügeln sei, wenn die Verwertung seiner Erkenntnisse gar Krankheit und Not zu lindern verspricht, so soll dennoch allzu forsche Forschungstätigkeit wenigstens in gesetzlich verordnete Sicherheitsschranken verwiesen werden. Was aber sollen sie beschränken? Manipulationen am menschlichen Genom, lautet eine Forderung. Just die aber übt auf viele Forscher den allergrößten, wenn auch ungern eingestandenen Reiz aus. Ihr Verbot könnte für einige Zeit noch greifen, so lange jedenfalls, wie gentechnische Experimente nicht ohne großen personellen Aufwand betrieben werden können. Automaten, die aus lebenden Zellen die DNA schadlos herauspräparieren, und die rapid zunehmende Verfügbarkeit von Enzymsuspensionen, die nur noch hinzugegossen werden müssen, um die DNA-Stränge an gewünschten Stellen zu zerschneiden oder zu verkleben, versetzen Forscher immer häufiger in die Lage, ohne Hilfe, also auch ohne Mitwissen einer anderen Person, am menschlichen Erbgut herumzubasteln. Wo aber Verbotenes in aller Heimlichkeit geschieht, mangelt es erfahrungsgemäß oft an der gebotenen Umsicht. Wir haben dies noch schauerlich aus der Zeit in Erinnerung, als Abtreibungen streng verboten waren und darum von „weisen Frauen“ und geldgierigen Doktoren vorgenommen wurden – viele Frauen überlebten die Folgen dieser zumeist schlampigen Eingriffe nicht. Steil stiegen Alkoholkonsum und Vergiftungsfälle während der Prohibition in Amerika an. Gesetze bewirken immer dann das Gegenteil ihrer guten Absicht, wenn ein unwiderstehlicher Reiz im Spiel ist. Unwiderstehlich ist die Neugier, insbesondere dort, wo es um die Enträtselung des Lebens geht. Darum wäre es weise, den Freiheitsrahmen der Gentechnik nicht so sehr einzuengen, wie es gegenwärtig hierzulande geschieht, sondern ihn im Gegenteil so weit zu spannen, daß Forscher und Experimentatoren möglichst nicht in die Versuchung geraten, im stillen, gewiß nicht der erforderlichen Sicherheit genügenden, Kämmerlein den Wissensdurst zu stillen. Keine noch so strenge staatliche Kontrolle wird überdies verhindern können, daß die eine oder andere Scheußlichkeit das Neonlicht eines genetischen Forschungsinstituts erblickt oder irgendwo eine handgefertigte neue Krankheit um sich greift. Wie hoch der Preis für diese neue Technik sein wird, ist unvorhersehbar. Im höchsten Maße unwahrscheinlich aber ist es, daß er so groß sein wird wie der Blutzoll, den uns die Erfindung des Automobils abfordert: weltweit zweitausend Verkehrstote Tag für Tag – wir zahlen bedenkenlos.

Menschen, nach staatlichen oder industriellen Vorgaben gefertigt, je nach Auftrag intelligent, dumm, gefügig, aggressiv, strahlenresistent – wird das die Zukunft sein? Es wäre Gegenwart, wenn wir es wollten. Denn Menschenzuchtanstalten wären zwar gentechnisch eine Utopie, doch auf althergebrachte Weise machbar spätestens seit der Zeit, da unsere Vorfahren entdeckten, wie sich Tiere züchten lassen. Daß sich Machbares im Guten wie im Schlechten durchsetzt, ist eher die Ausnahme dann die Regel. In den sechziger Jahren propagierte Hermann Joseph Muller, Nobelpreisträger für Medizin, die Samenbank. Der moderne Mensch, so beschwor uns der Gelehrte, dürfe es nicht mehr dem Zufall überlassen, welches Erbgut er seinen Kindern auf den Lebensweg mitgeben würde. Er solle sich die Nachkommenschaft aus dem Katalog bestellen, von einer Biobank, in der die Keimzellen besonders intelligenter, schöner oder sonstwie nacheiferungswerter Spender tiefgekühlt gelagert wären. Den meisten Menschen fiel beim Nachdenken über ideale Samenspender immer nur Albert Einstein ein, was die Unsinnigkeit der Samenbank-Idee offenkundig machte: Einstein fiel schon früh in seinem Leben einer erbbedingten, schleichenden Krankheit anheim, der Atherosklerose. Der Verwirklichung von Mullers Plan stand damals schon technisch nichts mehr im Wege. Doch Keimbanken gibt es heute nicht. Die Leute holen sich ihre Kinder nach wie vor aus der genetischen Lotterie – im Bett.

Vielen technischen Möglichkeiten ist es ebenso ergangen. Die Concorde pendelt zwar regelmäßig zwischen den Kontinenten, streckenweise mit Überschallgeschwindigkeit, doch durchgängig mit finanziellem Verlust. Das erwartete Überschallzeitalter im Luftverkehr hat sie nicht eingeläutet; der Bau der amerikanischen Version, SST, wurde vorzeitig abgeblasen und die Sowjets zogen nach einem Unglück ihr Superflugzeug aus dem Verkehr. Professor Skinners Lernmaschinen, technopädagogischer Hit der sechziger Jahre, sollten das Bildungswesen revolutionieren. Sie landeten allesamt auf dem Schrottplatz und sind vergessen wie die Unterwasserstadt, von der vor zwanzig Jahren alle Zukunftsforscher träumten, vergessen wie der Schienenzeppelin, das Gezeitenkraftwerk und die Neutronenbombe. Will wirklich jemand die Affe-Mensch-Chimäre als fügsamen, willigen Arbeitssklaven, dessen genetische Konstruktion mancher Doomsday-Prophet vorauszusehen glaubt? Maschinelle Arbeitssklaven sind zuverlässiger, billiger und weitaus pflegeleichter als biologische.

Die Gentechnik läßt sich nicht zurückschrauben; erreicht sie in absehbarer Zeit auch nur ein einziges ihrer ehrgeizigen Ziele, werden wir fortan mit ihr leben, hoffentlich mehr auf Gedeih als auf Verderb. Anderenfalls wird es ihr so ergehen wie der Plasmaphysik: Sie hatte uns die ideale Energiequelle versprochen – den Fusionsreaktor – und ist inzwischen vollends aus unserem Bewußtsein entschwunden.

Charlotte Kerner

Menschen–Klone–Sensationen

Die neuen Techniken der Fortpflanzungsmedizin: erste Schritte auf dem Weg zum Menschen nach Maß

Zwei-Zellen-Embryo, Vier-Zellen-Embryo, Prä-Embryo – Embryo – wo beginnt der Mensch? Darf man, wie lange darf man forschen?
Mit welchen Zielen?
Die Reproduktionsmedizin wirft viele ethische Fragen auf.

Im Juli 1988 feierte Louise Brown ihren zehnten Geburtstag. Mit dem englischen Mädchen kam vor zehn Jahren auch ein neues Wort in die Welt: Retortenbaby. Zu Beginn machte es Schlagzeilen – heute steht es längst im Duden. Denn Louise Brown ist kein Einzelfall geblieben: Schätzungsweise 6000 Retortenbabys sind heute am Leben. Doch so penetrant ein Begriff sich, ist er erst etabliert, auch halten mag: Die Bezeichnung Retortenbaby ist zwar griffig und spektakulär, aber falsch.
Nur ihre ersten drei Lebenstage lebte Louise Brown in einer Glasschale, also in vitro. In dieser „Retorte" brachten die britischen Ärzte Patrick Steptoe und Robert Edwards lediglich die Eizelle und den Samen ihrer Eltern zusammen. Die Befruchtung in der Schale, die In-vitro-Fertilisation (IVF), gelang. Noch 48 Stunden lang schwamm Louise Brown in einer Nährlösung, schützte sie ein Wärmeschrank mit steuerbarer Gasatmosphäre und einer konstanten Temperatur von 37 Grad in der Glasschale. Gerade zwölf Zellen waren zu sehen, als die Mediziner den Keimling durch einen dünnen Plastik-Katheter in die Gebärmutter von Mutter Brown spülten. Nach diesem Embryotransfer (ET) setzte sich Louise im Uterus fest und wuchs neun Monate lang heran, und zwar wie jeder andere Embryo nicht in vitro, sondern in vivo, wie im richtigen Leben, keineswegs in der Retorte.
Dennoch: Der Etikettenschwindel um Louise Brown hatte von Anfang an einen richtigen Kern. Durch ihre Geburt ist ein „echtes" Retortenbaby in greifbare Nähe gerückt. Künstliche Menschen wie in Sagen und Zukunftsromanen – bald könnten sie nicht mehr nur erdacht, sondern auch tatsächlich hergestellt werden. Die Wirklichkeit ist dabei, die menschliche Phantasie zu überholen. Der Mensch nach Maß – ist er mehr als eine konkrete Zukunftsvision?
Die Methode der In-vitro-Fertilisation, gekoppelt mit dem Embryotransfer, ist ohne Zweifel der Zentralschlüssel für die Eingangstür in die „schöne neue Welt". Schon weit offen steht die biologische Pforte, durch die die Genetiker das Ziel ihrer Forscherträume erreichen können: die menschliche Keimbahn.
Auf einem gläsernen Tablett servieren die neuen Reproduktionstechniker die männli-

chen und weiblichen Genome, wie es den Forschern gefällt. Ein in der Schale gezeugter Embryo soll augenblicklich maximal zwei- bis zweieinhalb Wochen in einer Nährlösung überleben können.

Der letzte Schritt scheint nicht mehr weit zu sein: menschliches Leben ganz aus der Retorte – vom ersten Gen bis zum ersten Schrei maßgeschneidert und gesteuert, wobei wahlweise Leihmütter oder Muttermaschinen das Austragen übernehmen könnten, während der Klonbruder oder die Klonschwester für Notfälle auf Eis bereitliegen.

Den Titel seines weltberühmten Zukunftsromans „Brave New World“ entdeckte Aldous Huxley in einem Shakespeare-Zitat:

„O Wunder!
Was gibt's für herrliche Geschöpfe hier!
Wie schön der Mensch ist! Schöne neue Welt!
Die solche Bürger trägt!“

Die Erdenbürgerin Louise Brown ist noch kein „schöner neuer“ Mensch. Sie wurde nicht mit gentechnischen Mitteln zusammengebastelt und geformt: die Gentechnik spielte bei ihrer Entstehung keine Rolle. Louise ist allein das Produkt der modernen Reproduktionsmedizin. Dieser technisch klingende Begriff fand erst Anfang der achtziger Jahre Eingang in die deutsche Sprache. Er ist eine Übersetzung des englischen Fachausdruckes Reproductive Medicine und bedeutet Fortpflanzungsmedizin. Die Klinische Forschungsgruppe für Reproduktionsmedizin der Max-Planck-Gesellschaft in Münster beschreibt ihr Arbeitsgebiet so: „Die Reproduktionsmedizin faßt jene Spezialgebiete der Medizin zusammen, die sich mit der menschlichen Fortpflanzung und ihren Störungen auseinandersetzen. Das Hauptanliegen der Reproduktionsmedizin ist es, die menschliche Fortpflanzung steuerbar zu machen, steuerbar im positiven und negativen Sinne, d. h. ungewollten Nachwuchs zu verhindern und ungewollt kinderlosen Paaren zu Kindern zu verhelfen.“ Die In-vitro-Fertilisation ist nur eine unter zahlreichen Methoden der Sterilitätsbehandlung und oft die letzte Möglichkeit, einem sterilen Paar den Kinderwunsch zu erfüllen – zum Beispiel, wenn beide Eileiter der Frau verschlossen sind. Dieses Verfahren weist noch sehr geringe Erfolgsraten auf: Nur in 10 bis 15 Prozent der behandelten Fälle bringt die Frau ein Kind zur Welt.

Wie die Antibaby-Pille als Verhütungsmethode, so hat auch die IVF zwei Seiten: Der Freude über ein Kind stehen beispielsweise die Gefahren gegenüber, die eine Hormonbehandlung der Frau mit sich bringt. Mit Hormongaben werden die Eierstöcke stimuliert, damit mehr als eine Eizelle heranreift, was im schlimmsten Fall zu Zysten und „ausgebrannten“, weil überforderten Eierstöcken führen kann. Erheblich sind auch die psychischen Probleme, die Männer und Frauen unter dem Erfolgsdruck ihres Kinderwunsches nicht nur miteinander haben: darüber hinaus stößt ihre Entscheidung auch in der Umwelt oft auf Unverständnis. Aber hier, auf der persönlichen Ebene, liegt sicher nicht der Sprengstoff in diesem neuen Verfahren.

Die In-vitro-Fertilisation ist nicht zufällig die bekannteste und spektakulärste Methode der neuen Reproduktionsmedizin geworden. Sie hat gesellschaftsverändernde Qualität. Sie habe – so die Wissenschaftszeitschrift *New Scientist* – ein „neues Zeitalter der menschlichen Biologie“ eingeläutet. Ins Zentrum der wissenschaftlichen Neugier seien jetzt „genetische Faktoren des Fortpflanzungsprozesses“ gerückt. Die Genmanipulateure stehen „Gewehr bei Fuß“ – die Pipette ist schon gezückt. Schon 1984 fand in Bonn ein Kongreß statt unter dem Titel „Frauen gegen Gentechnik und

Reproduktionstechnik". Und die sogenannte Benda-Kommission, eine Arbeitsgruppe des Bundesministeriums für Forschung und Technologie, die 1985 ihren Bericht über die „Chancen und Risiken der Gentechnologie" veröffentlichte, präzisierte ihr Arbeitsfeld mit dem Dreiergespann: In-vitro-Fertilisation, Genomanalyse und Gentherapie. Genau auf dieses Zusammenspiel kommt es an: erst die Verbindung dieser drei Möglichkeiten birgt die explosive Mischung.

„Teflonpfanne der Gentechnik" – so wurde die In-vitro-Fertilisation genannt: denn genau wie das kleine Bratpfannenwunder (übrigens fälschlicherweise) immer herhalten muß, wenn Experten die immensen Ausgaben für die Raumfahrt rechtfertigen, so diene die Möglichkeit, den Kinderwunsch einzelner Paare erfüllen zu können, nur dazu, die Akzeptanz gentechnischer Eingriffe zu erhöhen.

Aus dem Tierzuchtlabor fanden In-vitro-Fertilisation und Embryotransfer ihren Weg in die Klinik um die Ecke. Eine Bestätigung der Regel: Fast alles, was beim Tier machbar ist, läßt sich auch auf Menschen übertragen – nur mit einer gewissen Zeitverzögerung und mit Folgen, die den Mäusen wohl weniger Kopfzerbrechen bereiteten als Ärzten, Rechtsanwälten, Gesetzgebern und besorgten Bürgern:

– Durch die IVF und den ET kann ein Kind plötzlich fünf Elternteile besitzen: die Eispenderin und den Samenspender, die Leihmutter und die „sozialen Eltern", die es noch in vitro adoptieren.

– Frauen können sich nicht nur als „Brüterinnen" verdingen, sondern auch als Eispenderinnen: 500 bis 1200 Dollar zahlen Kliniken in Amerika für die weiblichen Keimzellen, der Preis richtet sich nach dem Aufwand der Gewinnung. Auf Samenbanken harren Keimzellen von Nobelpreisträgern auf Empfänger.

– Nach einem erfolglosen IVF-Versuch stürzte ein Paar mit dem Flugzeug ab. Es hinterließ zwei eingefrorene Embryonen. Die vierzelligen Tiefkühlwaisen erbten das ganze Vermögen. Sie sollen jetzt zur prä-natalen Adoption freigegeben werden.

– In Australien trug eine Großmutter die eigenen Enkel aus: Die aus Eiern ihrer Tochter, die keine Gebärmutter mehr hatte, und dem Samen des Schwiegersohnes gezeugten Zwillinge sind gleichzeitig ihre Kinder.

Auch wenn solche Zustände in der Bundesrepublik durch strenge Richtlinien der Ärztekammern ausgeschlossen sind – diese Sensationsmeldungen schreckten die Öffentlichkeit auf, Familienrechtler wie Ethiker, Politiker wie Laien. Als alte, klare Bezeichnungen wie Mutter, Kind oder Abstammung plötzlich nicht mehr griffen, lag die gesellschaftsverändernde Potenz der IVF offen. Die Frage stellt sich: Wer oder was wird der Mensch morgen sein?

Durch die gelungene In-vitro-Fertilisation menschlicher Keimzellen standen den Genetikern und Reproduktionsbiologen plötzlich auch frühe menschliche Embryonen zur Verfügung, die „überzählig" waren. Dieser Überschuß entsteht, weil sich Säugetier-Eizellen, die Forscher in der gewünschten Anzahl aus dem Eierstock entnehmen könnten, noch nicht unter künstlichen Bedingungen (also in vitro) bis zur Befruchtungsreife entwickeln lassen. Noch müssen die Reproduktionsmediziner die Frauen mit Hormonen behandeln und die fertigen Eier kurz vor dem Eisprung absaugen, und das können schon einmal sechs Stück sein. Befruchten und entwickeln sich alle (was nicht Regel, sondern Ausnahme ist), warten plötzlich sechs Vier- bis Achtzeller auf den Transfer. Doch nur drei Embryonen spülen die Mediziner in den Uterus, weil bei dieser Zahl die Einnistung am häufigsten erfolgt und das Risiko einer Mehrlingsschwangerschaft klein bleibt. Die restlichen Vierzeller harren deshalb eingefroren auf einen späteren Transfer.

Doch was passiert mit ihnen, wenn die Eltern keine weiteren Versuche wagen wollen oder Zwillinge bekommen haben? Die IVF-Produkte werden zu überzähligen Embryonen. Darf an ihnen geforscht werden? Was könnte die ungewollt gezeugten Geschwister erwarten? Ihnen und den Eltern, die der „Beforschung" ihres Nachwuchses zustimmen müssen, führen Mäuse- und Kaninchen-Embryos vor, was bereits machbar ist. Die Laborversuche sind nicht geheim, sondern werden stolz präsentiert. Die Tierschöpfung im Glas hat begonnen.

Bei der In-vitro-Fertilisation werden die reifen Eier, die aus den Follikeln des Eierstocks punktiert wurden, mit gewaschenen Spermien zusammengebracht, mit frischen oder bei minus 196 Grad Kälte konservierten. Ein Spermium trägt entweder ein X- oder ein Y-Chromosom. Weibliche Nachkommenschaft entsteht, wenn ein X-Chromosom auf das vorgegebene mütterliche X-Chromosom trifft. Für männliche Nachkommenschaft sorgt das Y-Chromosom.

In der Tierzucht ist es gang und gäbe, die Spermien zuvor durch ein Medium zu schicken. Die Schwimmer, die zuerst das Ziel erreichen, sind zu 70 Prozent Garanten für den männlichen Nachwuchs. Die Geschlechtsbestimmung ist also möglich, wenn auch noch unvollkommen. In Japan gelang es, menschliche Spermien im elektrischen Feld zu trennen: bei der Bestimmung von X-Chromosomen-Trägern wurden Erfolgsraten von 100 Prozent, bei Y-Spermien von 83 Prozent erzielt. Der Preis für den Erkenntnisfortschritt: Die Oberflächeneiweiße der Keimzellen veränderten sich so, daß die Spermien das Ei nicht mehr befruchten konnten.

Die Eizellmembran (Zona pellucida) zu durchdringen, ist der nächste Schritt. Und auch hier winkt Hilfe: ist das Spermium dafür zu schwach, oder wollen Züchter ganz sicher gehen, wird die männliche Keimzelle mit einer Hohlnadel mitten ins Ei injiziert, das festgesaugt an einer Pipette hängt. Nach dem Eindringen bilden sich zwei Vorkerne (Pronunclei). Beim Menschen enthalten sie zum Beispiel je 23 mütterliche und väterliche Chromosomen (haploide Chromosomensätze). Haben zwei Spermatozoen den Weg gefunden und sich zwei Vorkerne gebildet, so ist eine weitere Entwicklung unmöglich. Deshalb wird ein Vorkern abgesaugt. Durch diesen kleinen mikrochirurgischen Eingriff ist die Entwicklung eines Embryos möglich gemacht worden.

Auch eine Jungfernzeugung feierte bereits Retortenpremiere. Dabei wird der kleinere, männliche Vorkern ausgetauscht gegen einen weiblichen Vorkern aus einer anderen, penetrierten Eizelle desselben Säugetieres – oder umgekehrt. Das Ergebnis des Eingriffs: Ein Wesen mit nur einem Elternteil (uniparental). Doch dieser Zeugungsversuch in der Schale führte bisher noch zu keinem lebensfähigen Säugetier.

Verschmelzen schließlich die beiden (haploiden) Chromosomensätze, entsteht ein einzelner neuer Zellkern; er enthält beim Menschen alle 46 Chromosomen, die ein unter normalen Bedingungen entstandenes Leben erfordert. Diese befruchtete Eizelle, die Zygote, deren Geschlecht festliegt, hat nun die Potenz, zu neuem, individuellem Leben zu werden. Sie beginnt sich zu teilen.

Die Zygote durchläuft „Furchungsstadien". Ohne sich zu vergrößern, teilt sich die Zelle,

Es wird!

Wagner: Ein herrliches Werk ist gleich zustand gebracht.
Mephistopheles (leiser): Was gibt es denn?
Wagner (leise): Es wird ein Mensch gemacht.
Mephistopheles: Ein Mensch? Und welch verliebtes Paar
Habt ihr ins Rauchloch eingeschlossen?
Wagner: Behüte Gott! Wie sonst das Zeugen Mode war,
Erklären wir für eitel Possen.
Der zarte Punkt, aus dem das Leben sprang,
Die holde Kraft, die aus dem Innern drang
Und nahm und gab, bestimmt, sich selbst zu zeichnen,
Erst Nächstes, dann sich Fremdes anzueignen,
Die ist von ihrer Würde nun entsetzt.
Wenn sich das Tier noch weiter dran ergötzt,
So muß der Mensch mit seinen großen Gaben
doch künftig reinern, höhern Ursprung haben. (Zum Herd gewendet)
Es leuchtet! seht! – Nun läßt sich wirklich hoffen,
Daß, wenn wir aus vielen hundert Stoffen
Durch Mischung – denn auf Mischung kommt es an –
Den Menschenstoff gemächlich komponieren,
In einem Kolben verlutieren
Und ihn gehörig kohibieren,
So ist das Werk im stillen abgetan. (Wieder zum Herd gewendet)
Es wird! die Masse regt sich klarer!
Die Überzeugung wahrer, wahrer!
Was man an der Natur Geheimnisvolles pries,
Das wagen wir verständig zu probieren,
Und was sie sonst organisieren ließ,
Das lassen wir nun kristallisieren
...
Es steigt, es blitzt, es häuft sich an,
Im Augenblick ist es getan!
Ein großer Vorsatz scheint im Anfang toll;
doch wollen wir des Zufalls künftig lachen,
Und so ein Hirn, das trefflich denken soll,
Wird künftig auch ein Denker machen.
...
Homunculus (in der Phiole zu Wagner):
Nun, Väterchen! wie steht's? es war kein Scherz!
Komm, drücke mich zärtlich an dein Herz!
Doch nicht zu fest, damit das Glas nicht springe.
Das ist die Eigenschaft der Dinge:
Natürlichem genügt das Weltall kaum;
Was künstlich ist, verlangt geschlossnen Raum ...

Aus: Johann Wolfgang v. Goethe, „Faust II," zweiter Aufzug, zweite Szene

es entstehen zwei, vier und schließlich acht Zellen. Danach erinnert die Eizelle an eine Maulbeere – deshalb der Name „Morula". In dieser Entwicklungsphase finden derzeit die meisten Eingriffe statt. Denn jede einzelne Zelle ist noch omnipotent, d. h. aus dieser Zelle kann noch ein vollständiges Lebewesen erwachsen.

Säugetierembryonen haben sich in diesem Stadium als erstaunlich bieg- und beugsam erwiesen. Die kleinen Keime überstehen sogar die Prozedur, mit der Züchter einen hochwertigen Zuchttierembryo vermehren: Sie pflükken die Zwei-, Vier- oder Acht-Zeller auseinander. Aus jeder Zelle kann sich – das haben abertausende derartiger Eingriffe, etwa bei Rindern, bewiesen – eine gesunde Nachkommenschaft entwickeln. Die Mutterkuh trägt nach der Manipulation Zwillinge aus: den Rest übernehmen Leihkühe. Diese genetisch identischen Mehrlinge heißen Klone.

In dieser frühen Phase entwickelt sich der Embryo auch normal weiter, wenn eine Zelle abgezwickt wird. Die entnommene Zelle wird auf genetische Defekte hin untersucht oder der Geschlechtsbestimmung geopfert. Mit sogenannten Y-Sonden kriegen Wissenschaftler das Geschlecht innerhalb von 24 Stunden heraus. Solange das Screening läuft, wartet das Restembryo eingefroren auf das Ergebnis. Fällt es positiv aus, kann mit dem Embryotransfer sein Leben beginnen. Bei Mäusen und niederen Wirbeltieren liegen dazu Erfahrungen vor. Aus den erstaunlich flexiblen mehrzelligen Embryonen sind Chimären leicht zu basteln. Die Experten entfernen beispielsweise die Membran einer Schaf-Eizelle. Den Inhalt (ein vierzelliger Embryo) übertragen sie durch einen kleinen Schnitt in eine Eihülle, in der bereits ein achtzelliger Ziegenembryo entwikkelt ist. Derartige Zellhaufen verbinden sich und organisieren sich neu, wenn sie in Kontakt kommen – der Ursprung einer „Schiege“ oder eines „Zafes“. Der Embryo besteht danach aus Zellen verschiedener Erbanlagen. Welche Teile des Tieres allerdings schließlich Schaf und welche Ziege sind, das wird sich erst noch herausstellen. Alles ist möglich, nichts ist steuerbar.

Das nächste Entwicklungsstadium des befruchteten Eies ist eine Blastozyste. Beim Menschen wird dieses Stadium am vierten Tag nach der Befruchtung erreicht. Die Zellen differenzieren sich jetzt: Aus der inneren Zellmasse (Embryoblast) geht das Säugetier hervor; die äußere Zellschicht bildet den Trophoblasten, der sich in der Uteruswand einnistet und danach zur Plazenta heranreift.

Auch dieses Stadium hat seine Versuche: Die Wissenschaftler nehmen beispielsweise aus der Blastozyste eines seltenen, vom Aussterben bedrohten Zebras die innere Zellmasse heraus. Sie versetzen diesen Klumpen in den ausgehölten „Trophoblasten“ eines gewöhnlichen Pferdes und spülen den neu zusammengebauten Embryo in den Pferde-Uterus. Da die Plazenta aus Pferdezellen wächst, erfolgt keine Abstoßungsreaktion: Das Pferd trägt das Zebra aus. Die Leihmutterschaft überspringt so mühelos Artengrenzen.

Die innere Zellmasse liefert, wenn sie zerpflückt wird, natürlich mehr Einzelzellen als ein Vierzeller. Jeder einzelne Zellkern kann wieder in das befruchtete Ei eines Artgenossen eingeführt werden. Das Resultat sind noch mehr Klone.

Bislang nur theoretisch kann ihre Zahl ins Unendliche steigen, indem Züchter ein ausgewachsenes Säugetier klonen. Denn das liefert nicht mehr nur eine fixe, kleine Zahl von Zellen, sondern unzählige. Jede Körperzelle enthält die identische Erbinformation; deshalb kann auch jede einzelne Körperzelle einen Zellkern zum Transfer in eine präparierte Eizelle beisteuern. Allerdings sind in der Erbinformation diejenigen Gene abgeschaltet, die das Wachstum regulieren. Noch ist es nicht gelungen, sie wieder anzuschalten.

Erfolge melden die Wissenschaftler dagegen bei transgenen Tieren. Erstmals im Jahre 1981 wurde in einem Mäuse-Embryo ein menschliches Wachstumsgen eingeschleust. Zwei Wege führen in die Keimbahn. Entweder wird das Gen direkt in den Vorkern gespritzt, oder ein eingeschleustes Virus als Genträger infiziert die Vier- oder Achtzeller.

Bei der zweiten Methode ist nicht sichergestellt, daß alle Zellen des späteren Lebewesens mit dem Gen infiziert sind. Ein solches Säugetier kann demnach aus Zellen mit verschiedenen Erbinformationen bestehen und gilt ebenfalls als Chimäre. Verfehlt das Virus die Geschlechtszellen, dann vererbt das Tier die eingeschleuste genetische Information nicht an die nächste Generation.

Es gibt inzwischen transgene Schafe, Ratten

und Mäuse, Schweine oder Kühe. Die übergroßen Schweine können nicht laufen und leiden an Gelenkrheuma, die Superkuh pflanzt sich nicht fort. Die Natur verweigert sich, wehrt sich.
All diese Manipulationen sind kein Selbstzweck. Es geht um Zucht und um Fragen der Grundlagenforschung:
- Wie werden Eigenschaften vererbt?
- Wie regulieren Gene die Immunität?
- Wie entwickeln sich (z.B. bei Chimären) einzelne Gewebe und Organe?

Gefahndet wird letztlich nach den „Zeitgebern“ der embryonalen Entwicklungsuhr, die das Wachstum der Zellen steuern. Sie könnte auch Ähnlichkeit mit der Krebsuhr haben, die beim Erwachsenen Gewebewucherungen auslöst. Verheißungsvoll klingen die Versprechungen, den Krebs und andere Krankheiten zu beseitigen – mehr für den Menschen, weniger für die Labormaus. Weniger verheißungsvoll ist die Zucht – weniger für die Mäuse, um so mehr für den Menschen.
Bereits im Dezember 1985 veröffentlichte der wissenschaftliche Beirat der Bundesärztekammer „Richtlinien zur Forschung an frühen menschlichen Embryonen“. Die Bundesregierung zog dieses Jahr mit dem „Entwurf für ein Embryonenschutzgesetz“ nach. Einigkeit herrschte schnell – international und national
- beim uneingeschränkten Nein zur
- Herstellung von genetisch identischen Menschen (Klonen)
- Fusion zweier menschlicher Embryonen (Chimären)
- Produktionen von Mensch-Tier-Verbindungen (Interspezies-Hybriden, ebenfalls Chimären genannt).

Natürlich ist der Mensch kein Tier. Dennoch – die Frage nach einer Doppelmoral drängt sich auf: Quält sich eine mit menschlichen Wachstumshormonen erzeugte Supersau nicht, wenn sie nicht mehr auf allen Vieren stehen kann? Sind Chimären wirklich ein Triumph der Wissenschaft oder nur jämmerliche, lebensunfähige leidende Kreaturen?
Professor Henning Beier, der einen Lehrstuhl für Anatomie und Reproduktionsbiologie an der Universität Aachen innehat, ist Mitglied der zentralen Ethikkommission der Bundesärztekammer und hat an deren Richtlinien mitgearbeitet. Die Angst der Laien vor dem Machbaren kann er gut nachvollziehen: „Wer heute ein Horrorgemälde sucht, braucht wirklich keine Phantasie. Nehmen Sie ein Buch über Veterinärmedizin und ersetzen sie bei der Lektüre einfach das Wort Tier durch das Wort Mensch. Was da tagtäglich passiert, ist keine Utopie mehr, sondern alltägliches Handwerk“, so sagt Beier.
„Aufgrund der Erfahrungen bei der In-vitro-Fertilisation müssen wir befürchten, daß alles spielend auf den Menschen zu übertragen wäre. Ich verstehe, daß sich hier Angst fast unbegrenzt schüren läßt.“ Doch der Biologe schränkt ein: „Allen Reproduktionsmedizinern züchterische Absichten zu unterstellen, ist Polemik“. Sollte es wirklich einmal ein schwarzes Schaf mit derartigen Nebengedanken geben, so müßten ihm diese Gedanken durch die Öffentlichkeit ausgetrieben bzw. unmöglich gemacht werden, meint Beier. Hier könne es keine Kompromisse geben, sondern nur eine radikale Verurteilung: „Es hat keine Zeit gegeben, in der die Ärzte mehr Angst oder – positiv ausgedrückt – mehr Verantwortungsbewußtsein hatten.“ Dazu hat sicher der Rummel um die IVF und ihre Auswüchse beigetragen. Gegründet wurde ein „Gen-ethisches Netzwerk“, das mit einem Informationsdienst interessierte Laien auch zu dieser Problematik auf dem Laufenden hält. Podiumsdis-

kussionen und Fernsehrunden zum Thema jagten einander. Ein Buch nach dem anderen erschien: die Titel reichen von den „Retortenmüttern" über den „neuen Klapperstorch" bis zum „codierten Leib" und dem „manipulierten Schicksal".

Die transgene Riesenmaus, eine Maus mit menschlichem Wachstums-Gen, ist bereits eine Tatsache. Der amerikanische Zukunftsforscher Alvin Toffler: „Es ist möglich – im Prinzip jedenfalls – menschliche Eigenschaften auf Tiere zu übertragen und tierische Eigenschaften auf Menschen. Wenn wir das tun, oder wenn wir neue Lebensformen mit denen erzeugen, die vom Menschen stammen, können wir – im Prinzip ebenfalls – einen Punkt erreichen, wo die gemeinsame (vorwiegend implizite) Definition dessen, was der Mensch ist, verschwimmt. Welche Merkmale definieren letztendlich einen Menschen? Wo ist die Grenze zu dem, was noch Mensch ist?"

Erst im Jahre 1875 wurde das Geheimnis der Befruchtung gelüftet. Ein Forscher beobachtete – beim Kaninchen – die Vereinigung der Zellkerne von Ei und Samenzelle. Die Befruchtung galt seitdem als Beginn individuellen Lebens, auch beim Menschen. Die folgenden Forschergenerationen sahen in den nächsten hundert Jahren kaum ein befruchtetes menschliches Ei. Menschenversuche waren natürlich tabu. Zehntausende menschlicher Eizellen (Oozyten) mit einem Durchmesser von einem Zehntel Millimeter lagen inzwischen unter den Mikroskopen, Biologen nahmen tausende früher menschliche Embryonen vor dem Embryotransfer in Augenschein. Das Wort „früh" ist wichtig. Denn bevor es die In-vitro-Fertilisation gab, sprachen die Mediziner zu diesem Zeitpunkt der Entwicklung von Furchungsstadien. Im angelsächsischen Labor-Slang setzte sich dann die Bezeichnung „two-cell-embryo" oder „four-cell-embryo" durch. Schließlich übernahmen auch Grundlagenforscher diese Sprachregelung. Heute gehört sie zum allgemeinen Sprachgebrauch.

Bei dem Wort Embryo denkt der Laie eher an die „individuelle Gestalt bis zum 3. Monat ihres Lebens als Embryo", so die Richtlinien der Bundesärztekammer. Mit diesem Bild vor Augen löst das Wort „Embryonenforschung" schnell Abwehr aus. Aus diesem Grund wohl führten die angelsächsischen Wissenschaftler wieder einen neuen Begriff ein: Prä-Embryo. Seinen seitenlangen Steckbrief veröffentlichte die „American Fertility Society". Er enthielt folgende wichtige Merkmale:

– Ein Prä-Embryo hat nur theoretisch das Potential, sich zu einem erwachsenen Menschen zu entwickeln. Die Einnistung in der Uterusschleimhaut steht noch aus.
– Die durch die Teilung entstandenen Zellen sind „allmächtig", die Einmaligkeit einer Person ist noch nicht gegeben.
– Auch die erste Zelldifferenzierung (in Embryo- und Trophoblast) bildet noch nicht den Embryo selbst, sondern ermöglicht nur den Kontakt mit der Mutter.
– Er steht – moralisch und rechtlich – zwischen Körpergewebe und Embryo.
– Er ist keine Person, aber genetisch gesehen ist er doch eine einmalige, lebende menschliche Ganzheit, die einmal eine Person werden könnte.
– Mit der Einnistung – etwa 14 Tage nach der Befruchtung – bildet sich auch die Keimscheibe aus. Danach kann weder natürlich noch künstlich ein Zwilling entstehen. Dann erst wird der Prä-Embryo zum Embryo, zum Individuum.

Leben? Kurz vor dem Leben? Menschliches Leben? Diese Definition hat den Zweck, die Forschung an den „Vor-Embryonen" zu rechtfertigen, die speziell bei der In-vitro-Fertilisation entsteht. So sieht es auch der Berliner Pharmakologe Horst Spielmann. Im Mai 1986 schrieb er in einem Brief an das deutsche Ärzteblatt: „Es gibt eine internationale Lobby, die für Experimente an menschlichen Embryonen eintritt." Die Bezeichnung Prä-Embryo suggeriere den dafür notwendigen „abgestuften ärztlich-ethischen Schutz".

Auch der Reproduktionsbiologe Beier lehnt den neuen Begriff ab, „weil er zu Recht Argwohn weckt". Er bekennt sich trotzdem „zu einer abgestuften Schutzwürdigkeit des menschlichen Lebens". Sie werde in der Gesellschaft tagtäglich längst vorexerziert; schon jetzt erfolge in vielen Bereichen die juristische Abwägung zwischen ethischen Grundsätzen und dem Wert menschlichen Lebens. „Gerade bei dem Paragraphen 218 passiert doch eine knallharte Abwägung", sagt Beier. „Ich muß doch den Mut haben, das zu sagen. Ich habe keine Einwände gegen eine Forschung, die durch Beobachten analysiert, zum Beispiel, wenn bei Embryonen genetische Störungen vorliegen, und sie sowieso niemals lebensfähig wären."

Dabei zeigt etwa die 14-Tage-Grenze, wie dünn die Argumente sind: Sie ist durchaus willkürlich. Wissenschaftlich ließe sich gleichermaßen der 22. bis 23. Tag rechtfertigen; erst dann nämlich entwickelt sich das Nervensystem.

Kritik an den „überzähligen" Embryonen, die zum Forschen geradezu einladen, hat zu spitzfindigen Konsequenzen geführt: Die im Rahmen der In-vitro-Fertilisation befruchteten überzähligen Eier werden bereits im Vorkernstadium eingefroren, weil sich noch kein vollständiger, neuer, individueller Gensatz gebildet hat. Biologisch bestechend gehen Ärzte so den ethischen Problemen aus dem Weg, die ihnen bei „fertigen" Embryonen in der Kühlbox drohten.

Dieses Beispiel zeigt, daß wir die falschen Fragen stellen. Das jedenfalls behauptet John D. Biggers von der Havard Medical School: Der Prozeß „menschliches Leben" beginne nicht erst mit der Befruchtung, „und vorher war nichts". Auch die Keimzellen seien „Leben", und auf dem heutigen Wissensstand gehe es darum, zu entscheiden, „ob haploides und diploides Leben gleichgestellt" – ob also nach dem Verschmelzen von weiblicher und männlicher Keimzelle der Status eines Lebewesens erreicht sei.

Die neuen Einblicke in die menschliche Fortpflanzung haben zwei Dinge sehr klar gemacht:

– Wenig ist bekannt über die entscheidenden zwei Wochen nach der Befruchtung, in denen die Weichen für die weitere Entwicklung gestellt werden und die grundlegenden Zelldifferenzierungen führen.

– Zwei Drittel aller natürlich entstandenen und klinisch festgestellten Schwangerschaften enden vor der 12. Woche, unbemerkt mit der Monatsblutung ausgeschieden oder als Fehlgeburt. Die Einnistung des Embryos ist ein Nadelöhr zur Existenz; die Hälfte der Embryonen schafft es bereits hier nicht. Welche Umweltfaktoren wirken zusammen, wie muß das optimale Uterusmilieu aussehen, wie sieht die Wechselwirkung zwischen Embryo und Mutter aus? Abweichungen vom normalen Chromosomensatz sind der häufigste Grund für das frühe Todesurteil.

Im Rahmen eines IVF-Programms untersucht die Forschungsgruppe für Reproduktionsmedizin in Münster jetzt erstmals „zytogenetisch" Eier und Spermien, die nicht verschmolzen sind; das heißt, sie legen Genkarten an und suchen systematisch nach Störungen.

Schöne, neue Welt

Im Füllsaal herrschte harmonische, wohlgeordnete Betriebsamkeit. Frische Lappen aus dem Bauchfell einer Sau, auf entsprechende Größe zurechtgeschnitten, kamen in kleinen Expreßzügen aus dem Organmagazin im Tiefgeschoß herauf. Pftz! klick! – die Aufzugtüren flogen auf, der Flaschenauskleider brauchte nur die Hand auszustrecken, den Lappen zu ergreifen, einzupassen und glattzustreichen.
Den Auskleidern zunächst standen die Einbetter. Die Prozession zog an ihnen vorüber; die Eier wurden, eines nach dem anderen, aus den Reagenzgläsern in größere Behälter getan. Ein geschickter Schnitt ins Schweinsperitoneum, die Morula wurde an die richtige Stelle gedrückt, Salzlösung darübergegossen – und schon wanderte die Flasche weiter, um ettiketiert zu werden ...
Nicht länger anonym wanderte die Flaschenprozession weiter, durch eine Wandöffnung in die Abteilung für soziale Bestimmung.
„Von hier aus gelangen wir ins Embryonendepot." ... Das stählerne Spinnengewebe der Galerien verlor sich nach allen Richtungen, in der Nähe luden drei rote Schemen bauchige Flaschen von einer Rolltreppe ab, die aus dem Bestimmungssaal kam.
Jede einlaufende Flasche konnte auf eines der fünfzehn Regale im Parterre gestellt werden ... Ein ganzer Umlauf hier, einer auf der ersten Galerie, ein halber auf der zweiten, und am zweihundertsiebenundsechzigsten Morgen erblickten sie das Licht des Entkorkungszimmers – traten ins sogenannte selbständige Dasein.
Er führte ihnen den einfachen Mechanismus vor, mit dem bei jedem sechsten und siebten Meter alle Embryos gleichzeitig geschüttelt wurden, damit sie sich an die Bewegung gewöhnten. Er wies auf die ernste Bedeutung des sogenannten „Entkorkungstraumas" hin und zählte die Vorsichtsmaßnahmen auf, die getroffen wurden – entsprechendes Training des Embryos in der Flasche –, um den gefahrbringenden Schock auf ein Mindestmaß zu beschränken.
Sie kamen an Meter 320 von Regal 11 vorüber. Ein junger betaminus Mechaniker arbeitete mit Schraubenzieher und -schlüssel an der Blutsurrogatpumpe einer Flasche. Das Summen des Elektromotors wurde um Bruchteile eines Tones tiefer, als er die Muttern lockerte. Tiefer, tiefer ... Ein letzter Ruck, ein Blick auf den Drehzahlmesser, und er war fertig. Er ging zwei Schritte weiter, die Reihe entlang, und begann die Arbeit an der nächsten Pumpe. „Verringerung der Umdrehungsgeschwindigkeit", erklärte Päppler. „Das Blutsurrogat zirkuliert langsamer und fließt daher in längeren Abständen durch die Lunge, führt also dem Embryo weniger Sauerstoff zu. Es geht nichts über Sauerstoffverknappung, wenn man einen Embryo unter dem Durchschnitt halten will ... Je niedriger die Kaste, desto weniger Sauerstoff." Das erste davon betroffene Organ war das

---

Die Chromosomen, die im Spermienkopf auf engstem Raum zusammengepackt sitzen, entfalten sich erst in einer Eizelle. Die Wissenschaftler wußten Rat: „Da menschliche Eizellen für derartige Versuche nicht zur Verfügung stehen, wurde nach einer Alternative gesucht – die Eizellen von Hamstern. Nach langen Bemühungen ist es gelungen, menschliche Spermienchromosomen nach Eindringen in die Hamstereizelle darzustellen. Diese Technik wird auch Aufschlüsse über den Einfluß von Umweltfaktoren und Medikamenten auf die männliche Zeugungsfähigkeit erlauben. Es ist festzuhalten, daß über die Darstellung der Chromosomen hinaus eine Entstehung von Lebewesen bei dieser Technik unmöglich ist." Hamstereizellen hielten bereits jahrelang her, um die Eindringungsfähigkeit von Spermien zu testen. Solche Versuche nennt der Mediziner Gerd Schwandner, stellvertretender Fraktionschef der Grünen im Landtag, Dokumente der „Brutalisierung der Wissenschaft". Denn sie seien „Vorstufen der Chimärenbildung". Hier schoß der Warner über das Ziel hinaus, den Blick starr auf die spektakuläre Tier-Mensch-Verbindung gerichtet. Als brutaler er-

Gehirn. Dann kam das Knochengerüst dran. Verringerte man die normale Sauerstoffzufuhr um dreißig Prozent, erhielt man Zwerge, verringerte man sie weiter, augenlose Ungeheuer ...

„Und dies", sagte der Direktor, die Tür öffnend, „ist der Befruchtungsraum." Dreihundert Befruchter standen über ihre Instrumente gebeugt, als der Brut- und Normdirektor den Saal betrat. „Das hier sind die Brutöfen", sagte er mit einer schwungvollen Handbewegung. Er öffnete eine abgedichtete Tür und zeigte ihnen die vielen Gestelle voll bezifferter Reagenzgläser. „Der wöchentliche Eingang an Ovarien ..."

An die Brutöfen gelehnt ... beschrieb er hierauf das Verfahren, mit dem der entnommene Eierstock am Leben und funktionstüchtig gehalten wurde, ging auf die Frage der optimalen Temperatur, des Salzgehaltes und der Viskosität über, erwähnte die Nährlösung, in der die abgetrennten und ausgereiften Eier aufbewahrt wurden, führte seine Schützlinge an die Arbeitstische und zeigte ihnen, wie diese Lösung aus den Reagenzgläsern abgezogen und tropfenweise auf die vorgewärmten Objektträger der Mikroskope geträufelt wurde ... Dann kamen die befruchteten Eier zurück in die Brutöfen, wo die Alphas und Betas bis zur endgültigen Abfüllung in den Flaschen blieben, während die Gammas, Deltas und Epsilons schon nach sechsunddreißig Stunden herausgenommen und dem Bokanowskyverfahren unterzogen wurden. „Bokanowskyverfahren", wiederholte der Direktor ... Ein Ei – ein Embryo – ein erwachsener Mensch: das Natürliche. Ein bokanowskysiertes Ei dagegen knospt und sproßt und teilt sich. Acht bis sechsundneunzig Knospen – und jede Knospe entwickelt sich zu einem vollausgebildeten Embryo, jeder Embryo zu einem vollentwickelten Menschen. Sechsundneunzig Menschenleben entstehen, wo früher nur eines entstand: Fortschritt. „Sechsundneunzig völlig identische Geschwister bedienen sechsundneunzig völlig identische Maschinen!" Seine Stimme bebte fast vor Begeisterung. „da weiß man doch wirklich woran man ist! Zum ersten Mal in der Weltgeschichte!"

Aus: Aldous Huxley, „Schöne neue Welt. Ein Roman der Zukunft", 1932

weisen sich nämlich oft viel weniger spektakuläre Versuche – zum Beispiel die Bemühungen, Eizellen einzufrieren und mit wenig Verlust wieder aufzutauen. Mit tiefgefrorenem Sperma auf der einen und eingefrorenen Eiern auf der anderen Kältebank ließen sich bei Bedarf Embryonen reibungslos erzeugen – tierische und menschliche.

Forschung an menschlichen Embryonen erscheint vielen gerechtfertigt, um die Methode der In-vitro-Fertilisation zu verbessern – vom Kulturmedium über die Hormongaben bis zum Transfer. Die Gegner sehen darin nur das Schulbeispiel dafür, wie das System sich selbst erhält.

Ein Versprechen, das die Öffentlichkeit für die Embryonenforschung einnimmt, wird nach Meinung von Fachleuten in diesem Jahrtausend nicht mehr in die Tat umgesetzt: die ursächliche Heilung von genetisch bedingten Erkrankungen als Genreparatur in der Keimbahn. Bislang noch gibt es wesentlich mehr Fragen als Antworten: Bei den wenigsten Krankheiten ist nur ein Gen verantwortlich. Ein verändertes Gen steht oft nur für die Möglichkeit zu erkranken. Welche Faktoren aber

schalten es an oder ab? Die „Keimbahntherapie" ist im Tiermodell noch nicht ansatzweise gelungen.
So ist es nicht verwunderlich, daß das Votum der Benda-Kommission zu diesem Punkt lautete: „Ein Gentransfer in die menschliche Keimbahn ist derzeit nicht zu vertreten", und auch die deutsche Forschungsgemeinschaft bestätigt, „daß beim gegenwärtigen Erkenntnisstand alle Eingriffe mit dem Zweck gentherapeutischer Veränderung der Keimbahn eines Menschen unterbleiben sollten." Entsteht der so stolz präsentierte Konsens unter den Experten nur deshalb so leicht, weil die Gentechnik noch nicht soweit ist?
Aussichten bestehen, daß irgendwann aus Embryonen Zellen gezüchtet werden, um sie auf Kranke zu übertragen. Fötales Gewebe wächst schnell an und löst keine Abstoßungsreaktion aus. Im Jahre 1981 gelang es zum ersten Mal, Zelldifferenzierungen nachzuweisen. Fünf Jahre später meldeten Forscher vom Tübinger Friedrich-Miescher-Labor, daß sie Blutzellen aus einer Blastozyste gezüchtet hatten.
Auch für eine Form der vorgeburtlichen Diagnostik, die von der Tierforschung auf den Menschen übertragen werden soll, existiert schon die neue Bezeichnung „Prä-Implantationsdiagnostik."
Eine Untersuchung auf genetische Defekte hin erfolgt in der Bundesrepublik augenblicklich auf Wunsch der Schwangeren, bei Spätgebärenden oder wenn in der Familie Erbkrankheiten vorkamen und zwar dann, wenn der Embryo bereits im Mutterleib heranwächst. In der 16. bis 18. Schwangerschaftswoche liefert eine Fruchtwasserpunktion (Amniozentese), in der 9. bis 10. Woche ein abgezwacktes Stück der Zottenhülle des Embryos (Chorionzottenbiopsie) das Material für humangenetische Untersuchungen. Die Prä-Implantationsdiagnostik fände um den zweiten Tag nach der In-vitro-Fertilisation statt. Der Vier- oder Achtzeller müßte eine Zelle opfern; sie würde verbraucht, um die Erbanlagen zu untersuchen. Bis das Ergebnis vorliegt, wartet der Restembryo in der Kälte, also noch außerhalb des Mutterleibs. Fällt das Ergebnis negativ aus, kommt das potentielle Kind erst gar nicht in den Uterus. Eine Abtreibung ist nicht nötig.
Die Diagnosemöglichkeiten sind im Prinzip die gleichen wie bei diesen heute praktizierten Verfahren. Erkannt werden heute zum Beispiel das krankmachende, nur an Söhne vererbte Gen einer Form des Muskelschwundes (Muskeldystrophie Duchenne), die Bluterkrankheit, die Anlage für die Chorea Huntington-Krankheit (Veitstanz) und die Trisomie 21 (Mongolismus).
Trotzdem wären neue Forschungen an frühen menschlichen Embryonen nötig. Während die Gewinnung einer Einzelzelle aus dem Embryo in Tierversuchen sehr lange perfektioniert werden kann, liefert nur der menschliche Keimling das wichtige Untersuchungsmaterial. Da es anders beschaffen ist als die aus Fruchtwasser und Zotten gewonnenen Zellen, muß seine Aufbereitung für die Diagnose geübt und müssen Untersuchungsmethoden neu überprüft werden.
Die Prä-Implantationsdiagnostik sei ein „legitimes Aufgabengebiet" der Genetiker, erklärte in einem Interview Christa Fonatsch, Professorin am Humangenetischen Institut der Universität Lübeck, und sie lieferte auch gleich die Anwendungsgebiete: „Eine Frau würde sich also zu einer In-vitro-Fertilisation entschließen ... weil sie vielleicht die Prozedur ... als weniger belastend empfindet als die einer möglichen Abtreibung ... Die Genetik muß solange warten, bis die Gynäkologie so

weit ist, das In-vitro-Verfahren so gefahrlos zu machen, wie heute die Pränataldiagnostik ist." Durch die englische Fachpresse geistert bereits eine neue Wortschöpfung: „Assisted Reproduction" – das neue Angebot für Risikogruppen. Je erfolgreicher die IVF, desto niedriger werden die Hemmschwellen, die Menschwerdung von Anfang an zu steuern – und desto geringer wird die Bereitschaft, Behinderungen zu dulden.

Je höher die Erfolgsrate der In-vitro-Fertilisation steigt, desto breiter wird die Indikation: Dagegen kann doch keiner etwas haben, daß bei wachsendem Trend zur Ein-Kind-Familie und späteren Geburt die Ansprüche an genetische Kontrollen steigen; da ist eine Ablehnung der Geschlechtswahl in der Schale – bei dem geringen Risiko – wohl wirklich nur noch von gestern (also heute). Und, wenn das Verfahren ausgereift ist – warum dann einen Embryo mit genetischer Empfänglichkeit, zum Beispiel für Auto-Immunerkrankungen, für den Transfer freigeben? Wer nicht muß, geht doch nicht das Risiko ein, daß sein Kind einmal an Diabetes oder Rheuma erkrankt. Je besser die IVF, desto mehr Möglichkeiten tun sich auf, auch für eine routinemäßige Qualitätskontrolle der Gene, freiwillig oder staatlich verordnet. Die IVF liegt voll im Trend der modernen Industriegesellschaft, die nur Perfektion und Fehlerfreiheit toleriert, „positive Eugenik", durch neue Verfahren leichtgemacht. Nicht zuletzt mit Blick auf die Euthanasie-Programme der Nationalsozialisten wendet sich die Fraktion Gesundheit in der Berliner Ärztekammer gegen alle Versuche, „moralische und andere Grenzen aufzuweichen und dabei den ungeheuerlichen Begriff der *verbrauchenden Forschung* hoffähig zu machen." Die Freiheit der Forschung schließe nicht die Freiheit ein, an menschlichen Embryonen zu forschen.

Das Problem könnte sich aus einem anderen Grund bald von selbst erledigen, quasi aus der Welt geforscht sein: Je weiter die IVF/ET-Methode perfektioniert wird, desto weniger überzählige Embryonen werden sich auch in den Kühlbehältern stapeln. Doch nur die will die Bundesärztekammer überhaupt für die Forschung freigeben.

Die Deutsche Forschungsgemeinschaft (DFG) legt den Finger genau auf diesen wunden Punkt. Wer für Forschung an menschlichen Embryonen eintritt, der muß auch letztlich die Produktion des Forschungsmaterials fordern, wenn die „überzähligen" Embryonen einfach nicht mehr ausreichen: „Spätestens dann stellt sich unausweichlich die Frage, wie die vorgenannten medizinisch-therapeutischen Forschungsaufgaben künftig gelöst werden sollen. Die Embryonenforschung in der Bundesrepublik wird zum Erliegen kommen, wenn ... die Erzeugung von Embryonen zu Forschungszwecken vorbehaltlos verboten wird ... Die Frage, ob es ethisch vertretbar sein kann, menschliche Embryonen in sehr begrenzter geringer Anzahl mit dem Ziel zu erzeugen, durch Experimente an ihnen in garantiertem schmerzfreiem Zustand Erkenntnisse zu gewinnen, die nach dem Urteil bester Sachkenner geeignet erscheinen, künftig vielen Menschen schweres Leid zu ersparen, erfordert gewiß eine schwierige ethische und rechtliche Güterabwägung."

Wer sich dazu entschließe, „kann nicht weniger für sich beanspruchen, dies aus moralisch achtenswerten Motiven zu tun. Es erscheint deshalb zweifelhaft, ob der Gesetzgeber diese schwerwiegende ethische Frage durch einseitige Setzung von Rechtsnormen überzeugend zu lösen vermag."

Gegenstand der DFG-Kritik ist der „Entwurf zum Embryonenschutzgesetz". Wird das Gesetz daran festhalten und die Forschung an menschlichen Embryonen grundsätzlich verbieten? Bis jetzt sieht der Entwurf einen strafrechtlichen Schutzwall vor.

Daß der freilich einen Dammbruch in der Anwendung genetischer Möglichkeiten wirklich verhindern könnte, bezweifeln viele: Wissenschaftler könnten, so die Kritiker, ins Ausland abwandern, wo weniger strenge Maßstäbe herrschten. International werde die Wirksamkeit auf jeden Fall unterlaufen. Außerdem greift ein Gesetz dann nicht, wenn die Kontrolle in den Kliniken und Labors versagt, und ein Ankläger niemals an belastendes Material kommt. Wird ein Strafgesetz nicht sogar die Geheimhaltung fördern, immer noch neue, spitzfindigere Definitionen des Gerade-noch-nicht-Embryos zu finden? Verstärkt sich dann nicht die „Mauer wissenden Schweigens" noch, die die Kritiker der Reproduktionsmedizin und Gentechnik bereits heute beklagen? Ein Gesetz wird auch dann Makulatur bleiben, wenn in den einschlägigen Ethikkommissionen genau jene Leute sitzen, die letztlich die Forschung auch durchführen. Forscher, Macher und Ethiker bilden längst den geschlossenen Zirkel von Experten, die von einer Kommission in die andere wechseln. Schon werden Wege zur Kontrolle der Kontrolleure diskutiert: Wie sieht es mit der Berichtspflicht aus, wie mit der Teilnahme von Laien, wie mit der Abwahl von Kommissionsmitgliedern? Wann bekommen endlich Risikoforschung und Folgenabschätzung den höchsten Stellenwert?

Eine unabdingbare Voraussetzung, damit ethische Postulate in die Praxis umgesetzt werden, bleibe auf jeden Fall die „Selbstbindung der Ärzteschaft" – das ist die Position des deutschen Ärztinnenbundes, dessen Präsidentin Hedda Heuser-Schreiber in diesem „sensiblen Bereich" ein sorgsames Vorgehen fordert: „Zuviel Perfektionismus schützt weder die Betroffenen, noch wird er der Lebenswirklichkeit gerecht... Gesetzgebung muß auf dem Boden eines ethischen Konsensus dem Fortschritt zum Nutzen der Menschen seine Chancen lassen."

Doch was heißt „Fortschritt"? Ist dessen Maßstab schon jetzt der machbare, garantiert gesunde Mensch, der auf Wunsch kommt? Wird nicht bereits alles, was nicht paßt oder gefällt, im Keim erstickt? War schon das erste sogenannte Retortenbaby genau der Schritt zuviel? Die SPD-Gesundheitsministerin des Saarlandes, Brunhilde Peter, hat den Kliniken ihres Bundeslandes die Anwendung der In-vitro-Fertilisation im Februar 1986 zunächst nicht genehmigt. Seit dem Oktober 1987 hat sich das geändert, jedoch mit einer in der Bundesrepublik einmaligen Auflage: Embryonen dürfen nur für die „Dauer der Behandlung" eingefroren werden. Danach ist die „Vernichtung der Zellkultur" zwingend vorgeschrieben.

Als der Norddeutsche Rundfunk am 17. Februar 1988 seine Hörer in der Nachmittagssendung „Radiotelefon" fragte: „Sind die Geschöpfe aus der Retorte außer Kontrolle geraten?", da liefen die Drähte heiß. Ein Anrufer sah die Sache sehr realistisch: „Das Wissen läßt sich nicht mehr aus der Welt schaffen. Wir reiten den Tiger."

Die deutsche Forschungsgemeinschaft erklärt zur Zukunft der Reproduktionsmedizin und Embryologie: „Das Forschungsgebiet befindet sich noch in voller Entwicklung. Es läßt sich gegenwärtig nicht übersehen, wann und durch welches experimentelle Vorgehen welche medizinisch-therapeutischen Fortschritte erwartet werden können und welche neuen Fragen dabei auftauchen. Ein unnötig eng gefaßtes, Forschung abwehrendes Gesetz müßte zwangsläufig entwicklungshemmend auf ein Gebiet wirken, dessen mögliche positive Auswirkungen für die Menschen zwar heute noch nicht absehbar, jedoch durchaus zu erwarten sind."

Ganz andere Erwartungen hegt die amerikanische Publizistin Gena Corea: die künstliche Gebärmutter, die „Muttermaschine", mit einem Fenster zur wissenschaftlichen Beobachtung; die Retorte als den sichersten Ort für den Nachwuchs, der vollständig außerhalb des Mutterleibes aufwächst; die Ectogenese. Der Mensch als Risikofaktor in der Reproduktion wäre dann endgültig ausgeschaltet.

Im Januar 1988 meldete die Zeitschrift *Nature* „die erste, vollständige In-vitro-Aufzucht eines Warmblüters", und zwar eines frisch befruchteten Hühnerembryos, den Wissenschaftler aus dem Eileiter einer Henne holten. Das natürliche geschlossene Ei des „Gallus domesticus" ersetzte ein System offener Ei-Schalen, von durchsichtigen Folien abgedeckt. Darin entwickelte sich das Küken in der normalen Zeitspanne von 22 Tagen. Ihr Experiment, bei dem nur einer von zehn Hühnerembryonen überlebte, begründeten die Edingburgher Forscher so: „Die Technik erlaubt es uns, Entwicklungsvorgänge bei Vögeln zu beobachten, die Zugang zum Embryo im Einzeller-Stadium erfordern, und sie eröffnet uns insbesondere die Möglichkeit, das befruchtete Ei genetisch zu manipulieren ... Unser Verfahren ist Gegenstand des englischen Patentantrages Nummer 8714426."

Im März 1988 lief in der ARD ein dreiteiliger Gen-Report. In der ersten Sendung mit dem Titel „Aus Menschenstoff" antwortete der Chef der Universitätsfrauenklinik Kiel, Professor Kurt Semm, auf die Frage einer Journalistin, nach der künstlichen Gebärmutter: Die Ektogenese sei „nur ein technisches Problem".

Seinem Buch „Schöne neue Welt" stellte Aldous Huxley – außer dem titelgebenden Shakespeare-Zitat – bedenkenswerte Sätze des russischen Philosophen Nikolai Berdjajew voran: „Utopien erweisen sich als weit realisierbarer, als man früher glaubte. Vielleicht stehen wir vor einem neuen Zeitalter, einem Zeitalter, in dem Intellektuelle und Gebildete Mittel und Wege erwähnen werden, die Utopien zu vermeiden und zu einer nichtutopischen, einer weniger vollkommenen und freieren Gesellschaftsform zurückkehren."

Wann fand der erste erfolgreiche Embryotransfer (nach In-vitro-Fertilisation) bei verschiedenen Säugetieren statt?

1890	Kaninchen	1968	Frettchen
1933	Ratte	1974	Pferd
1934	Schaf und Ziege	1976	Babuin-Pavian
1942	Maus	1977	Rhesusaffe
1951	Rind und Schwein		
1964	Goldhamster	1978	Mensch

Seit wann werden Säugetierembryonen eingefroren?

1972	Labormaus	1975	Laborratte
1973	Rind	1977	Ziege
1974	Kaninchen	1981	Goldhamster
1974	Schaf		
		1983	Mensch

Quelle: Ulrich Jüdes (Hrsg.), In-vitro-Fertilisation und Embryotransfer. Grundlagen, Methoden, Probleme und Perspektiven. Stuttgart 1983, S. 91/S. 95.

Ernst Ulrich von Weizsäcker

Die Gefahren des Erfolges

Was geschieht, wenn die Gentechnik sich durchsetzt?

Natürlich läßt sich eine Kultur vorstellen, in welcher die Gene durch ein wirksames Tabu vor jeglicher Manipulation geschützt wären. Wissenschaft, Medizin und Landwirtschaft kämen nicht auf die Idee, das Tabu zu brechen und würden keinen Gedanken an einen „Bedarf" nach gentechnischen Produkten verschwenden. Eine solche Kultur könnte durch Wohlstand, Frieden, wissenschaftlich-technischen Fortschritt und andere Merkmale ausgezeichnet sein, die wir für wünschenswert halten. Daß durch ein Gentechnik-Tabu die wissenschaftliche Neugier oder das freie Unternehmertum eingeschränkt sei, wäre in der so vorgestellten Kultur ganz einfach kein Thema.

Das wäre der Traumzustand, an welchen die Gegner der Gentechnik denken. Vorstellbar ist er, aber ist er auch realistisch? Ich bin nicht dagegen, daß sich Gegner der Gentechnik diesen Zustand intensiv vorstellen und für ihn auch kämpferisch eintreten. Aber ich sehe nicht, wie sie in den nächsten dreißig Jahren Erfolg haben können. Resonanz gibt es für ihre Position außer in den wenigen überlebenden traditionellen Kulturen nur in unserem Land, in Skandinavien, Holland und, stark abgeschwächt, in den angelsächsischen Ländern. Für die romanischen und slawischen europäischen Länder und erst recht für die Regierungen sämtlicher Entwicklungsländer sind Biotechnik und Gentechnik längst zu einem Inbegriff des Fortschritts und speziell der Hoffnung geworden, die technologische Dominanz der hochentwickelten Industrieländer zu brechen.

In dieser Situation ist es nicht verwunderlich, daß sich Vertreter der deutschen, skandinavischen oder amerikanischen Industrie und Wissenschaft vehement gegen den moralischen Rigorismus im eigenen Land zur Wehr setzen: „Was hilft der Menschheit ein Gentechnik-Verzicht in unserem Land, oder ein lokales Moratorium bei der Freisetzung genmanipulierter Organismen, wenn praktisch alle anderen Länder fröhlich weitermachen und wir keinerlei völkerrechtliche Einflußmöglichkeit auf sie haben? Nur wenn wir vernünftige Kontrollen und Regelungen vorschlagen, die die Gentechnik nicht unterbinden, können wir die vorwärtsdrängenden Länder zur Kooperation bewegen, und erst dadurch haben wir eine Chance, den Gefahren zu begegnen". Das ist ein starkes Argument. Ich muß es akzeptieren, wenn ich auf die Beherrschung der Gentechnikgefahren in den kommenden dreißig Jahren Einfluß nehmen will. Mögen andere versuchen, in eben dieser Zeit weltweit die Voraussetzungen dafür zu schaffen, daß sich die Kulturen der Menschheit eines Tages auf eine Weiterentwicklung ohne Genmanipulation einigen.

Lange Zeit war die Diskussion um die Gentechnik durch ein eigenartiges Schattenboxen gekennzeichnet. Die Gegner malten vielfach Gefahren an die Wand, welche die Befürworter leicht als nichtexistent oder beherrschbar bezeichnen konnten. Umgekehrt machten und machen die Befürworter häufig den Fehler, mit den ersten beruhigenden Befunden bereits eine weitergehende Harmlosigkeit der Gentechnik abgeleitet zu sehen.

Nach den ersten Meldungen über geglückte DNA-Chirurgie 1974 war die Welt alsbald voll von Schauergeschichten über menschheitsbedrohende Bakterien, die aus den Hexenküchen der Gentechniker entweichen könnten. Nichts davon ist eingetreten. Sicherheitstechnik, Arbeiten mit vital geschwächten Mutanten und das Selbstschutzinteresse der Wissenschaftler sorgten bislang für praktisch unfallfreies Forschen. Auch Befürchtungen über Unfälle bei militärischer Gentechnik oder über Umweltschäden bei geplanten oder unfreiwilligen Freisetzungsprogrammen scheinen sich nicht zu bestätigen. Zumindest kann man argumentieren, daß konventionelle Züchtungen die Umwelt wesentlich nachhaltiger beeinträchtigt haben als die wenigen lokalen und unter einigermaßen sorgfältiger Kontrolle durchgeführten Freisetzungsexperimente.

Was aber folgt aus dem Nichteintritt der befürchteten Schäden? Objektiv folgt wenig. Die natürliche Umwelt und auch die durch jahrtausendelange Eingriffe des Menschen veränderte Umwelt ist einigermaßen robust gegen Erbgut aus dem Labor, welches nicht auf ökologische Durchsetzung in der Natur, sondern auf die Produktion extravaganter Biochemikalien getrimmt ist. Größere Chancen hatte da schon das Erbgut von aus anderen Kontinenten eingeschleppten Tier- und Pflanzenarten, die daselbst ihre Vermehrungsfähigkeit über viele Generationen bewiesen hatten. Aber erstens ist die ökologische Robustheit unserer Umwelt nicht unbegrenzt, wie beispielsweise das Ulmensterben (durch einen Pilz, der von Käfern verbreitet wird – lange vor der Gentechnik) gezeigt hat, zweitens sind die wenigen bisherigen Freisetzungsexperimente natürlich mit der ausdrücklichen Absicht geplant worden, daß kein Schaden entsteht, und drittens ist ein Schluß von einzelnen gutgegangenen Experimenten auf eine dauerhafte Harmlosigkeit wissenschaftlich unzulässig.

Es hilft also nichts: Wenn man über die realen Gefahren sprechen und politische Schlußfolgerungen ziehen will, dann muß man sich sowohl theoretisch als auch experimentell mit dem Einzelfall auseinandersetzen. Pauschale Schlußfolgerungen sind unzuverlässig, gleichgültig, ob sie von Gegnern oder Befürwortern angeboten werden.

Die Hungrigen der Welt füttern, Kranke heilen und weltweit die Altlasten sanieren, das sind die herkulischen Aufgaben, die gerne als Beleg für den Bedarf nach Gentechnik angeführt werden. Das zugleich gewichtigste und verkehrteste Argument für die Gentechnik ist der Welthunger. Gewichtig: Wer würde nicht alle Skrupel gegenüber einer Technik ganz schnell vergessen, wenn er dafür das Welthungerproblem lösen könnte! Aber eben dies kann die Gentechnik realistischerweise gar nicht leisten. Denn in Wirklichkeit mangelt es der Welt gar nicht an Nahrungsmittelproduktion oder gar an gentechnisch produziertem Rinderwachstumhormon oder herbizidresistenten Kulturpflanzen. Viel eher mangelt es den Hungrigen an Kaufkraft oder an der Erlaubnis, ein Stückchen Land zu bebauen. Wenn es Kausalzusammenhänge zwischen Gentechnik und Welthunger gibt, so sind sie alles andere als einfach. Hier nur ein paar Stichworte, die den möglichen Zusammenhang beleuchten: Mag sein, daß man gentechnische Kulturpflanzen herstellen kann, die auf bestimmten versalzten oder sehr trockenen Böden noch wachsen, wo sonst keine Feldfrucht gedeiht. Aber ohne, daß man den in der betreffenden Gegend lebenden Hungrigen das so erzeugte Saatgut schenkt und den Boden zur Nutzung überläßt, wird das kein Beitrag zur Überwindung des Hungers sein. Und welches Gentechniklabor wird Millionen investieren, um nachher das Produkt zu verschenken? Es mag auch sein, daß man die Bauanleitung für bestimmte essentielle Aminosäuren ins Erbgut von lokalen Kulturpflanzen hineinmanipulieren kann, die bislang Ursache einer Eiweißmangelernährung sind. Aber wiederum: Wer wird das Saatgut verschenken? Und vielleicht ist es ökonomisch (und ökologisch) viel vernünftiger, Hülsenfruchtanbau, Fischzucht und Geflügelhaltung zur ergänzenden Deckung des Eiweißbedarfs zu unterstützen (was übrigens in der traditionellen Eigenbedarfswirtschaft die Regel war).

Umgekehrt: Wenn teures, gentechnisch erzeugtes Saatgut auf dem Markt ist, welches die Forschungs- und Entwicklungsmillionen wieder hereinspielen muß – wer wird dann realistischerweise der Saatgutkäufer sein? Es wird die nach industriellen Maßstäben wirtschaftende Plantage oder Großfarm sein, die ihre Produkte wiederum viel eher auf dem Weltmarkt, also an die kaufkräftigen Industrieländer und die satten Eliten in den Städten verkauft, als sie an die Hungernden zu verschenken. So steht also zu befürchten, daß die Marktdurchsetzung des gentechnisch erzeugten Saatguts den Trend zur Landnahme durch die Großfarmen weiter verstärkt und – ungewollt – das Hungerproblem womöglich noch verschärft.

Was den Bedarf an Agrar-Gentechnik in unseren Breiten angeht, so gilt mutatis mutandis das gleiche wie für den Welthunger. Bloße Produktionssteigerungen nützen eigentlich niemandem. Qualitative Verbesserung der Produktion durch Gentechnik könnte man sich vorstellen, aber der Bedarf müßte erst noch erzeugt werden. Höchstens bei Robustheitsfaktoren sehe ich einen gewissen realen Bedarf; man muß sich aber im Klaren darüber sein, daß die breite Einführung von Robustheitsfaktoren tendenziell die Überproduktion vermehren würde.

Die zweite herkulische Aufgabe, die Heilung von Kranken durch gentechnisch erzeugte Präparate ist da schon wesentlich näher an der Realität. Tatsächlich sind Insulin, Interferon und allerlei andere komplexe Eiweißstoffe aus genmanipulierten Bakterien bereits zur pharmazeutischen Routine geworden. Ein Ende dieser Entwicklung ist noch nicht abzusehen. Es darf aber bezweifelt werden, ob neben mikrobieller Gentechnik auch eine gentechnische Fortzüchtung von Arzneimittelpflanzen sinnvoll und ergiebig ist. Und Genmanipulation am erbkranken Menschen ist zumindest in der Bundesrepublik heute kein Thema.

Noch positiver sieht die Lage bei der Altlastensanierung oder allgemeiner beim Einsatz von Mikroorganismen im Umweltschutz aus. Die Vorstellung, daß man genmanipulierte Mikroorganismen losschicken kann, um die mit organischen Giften verseuchten Böden oder kontaminiertes Abwasser zu reinigen, indem sie die Gifte fressen und verdauen und zu harmlosen Endprodukten abbauen, ist in der Tat verlockend, und sie ist auch biotechnologisch durchaus realistisch. Das Beste an der Idee, aus ökologischer Sicht, ist die Tatsache, daß die auf die toxische Nahrung spezialisierten Mikroorganismen verhungern würden, sobald sie das giftige Substrat aufgezehrt haben. Für die Reinigung von schwermetallver-

seuchten Böden ist das Verfahren allerdings ungeeignet, da sich Schwermetalle nicht abbauen lassen; allenfalls eine Auswaschungs- und Konzentrationsarbeit könnte man von genmanipulierten Mikroben erwarten.
Ein bedeutender Bedarfssektor der Gentechnik spielt eigentlicherweise in der öffentlichen Debatte um ihren Nutzen nur eine untergeordnete Rolle, nämlich die Wissenschaft selbst. Für ungezählte Verfahren in der Biochemie, Physiologie und Gentechnik spielt heute die Verwendung von gentechnisch veränderten Mikroorganismen oder deren Produkten bereits eine wichtige Rolle. Die Gefahren für Mensch und Umwelt scheinen nicht größer zu sein als die des normalen Laboratoriumsbetriebes. Natürlich ist wegen der Vermehrungsfähigkeit der Organismen besondere Vorsicht angezeigt, aber die existierenden Sicherheitsrichtlinien scheinen auszureichen.
Das Fazit dieses Abschnitts könnte lauten: Gentechnik trifft auf einen gewissen Bedarf, aber dieser liegt nicht dort, wo er in Sonntagsreden der Befürworter verortet zu werden pflegt. Und der Bedarf reicht schwerlich aus, um aus der Gentechnik für längere Zeit einen bedeutsamen wirtschaftlichen Wachstumsbereich zu machen. Die Multimilliardenerwartungen, von denen man gelegentlich in Hightech-Journalen lesen kann, beziehen sich größtenteils auf eine Form der industriellen Landwirtschaft, deren Nutzen äußerst zweifelhaft und deren Akzeptanz folglich gering ist und hoffentlich bleibt.
Wenn sich die bisherigen Befürchtungen der Gentechnikgegner nicht bestätigt haben, warum dann die Aufregung, die das Thema weiterhin umgibt? Lauern vielleicht irgendwo Gefahren, die bislang zu wenig im Blickfeld sind? Zu den tieferen Ursachen der Aufregung komme ich im Schlußabschnitt. Sie haben mit unserem an ein Tabu heranreichenden kulturellen Selbstverständnis zu tun: „Mit den Genen spielt man nicht". Aber ehe ich diese kulturelle Tiefendimension diskutieren kann, will ich über Gefahren und Bedenken sprechen, die mit den bisherigen günstigen Erfahrungen überhaupt nicht ausgeräumt sind.
Die eigentlichen Gefahren, das ist meine zentrale Behauptung, liegen im Erfolg – nicht so sehr in Mißerfolgen oder Unfällen der Gentechnik. Nicht das unbeabsichtigt aus dem Labor entsprungene Monsterbakterium macht mir gegenwärtig die größte Sorge, nicht ein theoretisch möglicher Denkfehler eines Wissenschaftlers bei einem sorgfältig auf Harmlosigkeit hin geplanten Freisetzungsexperiment und nicht die befürchteten mikroklimatischen Störungen durch die experimentelle Freisetzung der Eis-Minus-Bakterien auf einer kalifornischen Erdbeerplantage. Man darf ja davon ausgehen, daß die Experimentatoren wegen der intensiven kritischen Blicke der Öffentlichkeit und gegebenenfalls auch der Staatsanwaltschaft mit größter Vorsicht vorgehen. Selbst ein harmloser Unfall würde ja schlagartig das Vertrauen der besorgten Öffentlichkeit in die Gentechnik weiter aushöhlen und damit Arbeitsplätze und Gentechniker gefährden. Natürlich bedeutet diese Argumentation nicht, daß man getrost wegschauen darf, wenn mit genmanipulierten Organismen hantiert wird; die Ordnungsorgane des Staates und die kritische Öffentlichkeit müssen im Gegenteil die angespannte Wachsamkeit durchhalten, damit die Vorsicht der Experimentatoren nicht nachläßt.
Aber was geschieht, wenn die behutsamen Experimentatoren auf einige Jahre unfallfreier Freisetzung zurückblicken können? Wenn die Industrie endlich den Lohn für die hohen Investitionskosten hereinholen will? Wenn Land-

wirte unter Optimierungszwang oder in Existenznöten vor der Frage stehen, ob sie den Sprung zum gentechnischen präparierten Saatgut wagen sollen oder nicht? Wenn Wissenschaft, Industrie und Aufsichtsbehörden übereinstimmend sagen, in der Experimentalphase sei alles gutgegangen? Dann tritt die Gentechnik wegen ihres anfänglichen Unbedenklichkeits-Erfolgs in eine wesentlich riskantere Phase ein. Sie steht dann nicht mehr unter der Kontrolle der um ihre Zukunft und um ihr Image besorgten Wissenschaft, sondern unter der Kontrolle von wissenschaftlich nicht besonders vorgebildeten Praktikern, die dem kalten Wind des wirtschaftlichen Konkurrenzkampfes ausgesetzt sind. Bald ist dann der Punkt erreicht, wo die Kontrollorgane den Einzelfall gar nicht mehr überwachen können. Nun kann es für den einzelnen Akteur zum „wirtschaftlichen Befehlsnotstand" kommen: In einer wirtschaftlichen Zwangslage werden die Skrupel abgelegt. Wohin das führt, ist ökologisch viel weniger vorherzusagen, als der Ausgang der heutigen Freisetzungsexperimente. Hier wird es relevant, daß wir, wie der Kieler Ökologieprofessor und schleswig-holsteinische Umweltminister Berndt Heydemann betont, über die Dynamik von Ökosystemen unter dem Einfluß von ökologisch neuartigen Mitspielern noch verzweifelt wenig wissen. Lawineneffekte sind nicht auszuschließen. Und stets muß man befürchten, daß der wirtschaftlich in die Enge getriebene Mitspieler die Sache nur noch weiter verschlimmert.

Ökologische und erst recht evolutionäre Prozesse vollziehen sich normalerweise langsam. Es dauert typischerweise Jahrzehnte, bis man die Effekte von Eingriffen einigermaßen studieren und verstehen kann. Den menschlichen Mitspieler kennzeichnet aber eine ungeheure Ungeduld, insbesondere, wenn es um Schadenskorrekturen geht. Mit der Gentechnik in der Hand kann der Mensch so beängstigend rasch „helfend eingreifen" (wir wollen einmal unterstellen, daß das Motiv nicht rein egoistisch ist), daß der Natur gar keine Zeit bleibt, zu artikulieren, was sie davon hält.

Vielleicht illustriert ein Beispiel aus vor-gentechnischer Zeit, was ich meine: Man wollte mehr Brot und züchtete Getreide, welches bei guter Düngung wesentlich größere Ähren hatte. Der chemische Pflanzenschutz mußte für die neuen Sorten allerdings ebenfalls wesentlich verstärkt werden. Die schweren Ähren brachten die langen Halme oft zum einknikken. Zur Vermeidung hiervon führte man chemische Halmverkürzer ein. Aber nun waren die Ähren näher am feuchten Boden und wurden vielfach von Pilzen befallen. Also fing man an, im größeren Stil Fungizide (Pilzgifte) einzusetzen. Jeder Erfolg wurde von einem neuen Problem eingeholt und alsbald von einem weiteren helfenden Eingriff korrigiert. Im Endergebnis haben wir nun ein Getreidefeld am Tropf der Chemie, eine verschlechterte Wasser- und Bodenqualität und einen besorgniserregenden Artenrückgang. Kämen Landwirtschaft und Landschaft zusätzlich an den Tropf einer eilfertigen Gentechnik, so könnte das Ergebnis nach kürzester Zeit noch bedenklicher werden.

Die bis hierher charakterisierte Phase der praktischen Gentechnik hat wenigstens noch den Vorteil, daß Schäden und Fehlschläge noch als solche erkannt werden. Wenn gentechnisch herbizidresistent gemachte Kulturpflanzen zu einem Überdosieren von Herbiziden führen, treten – hoffentlich – alsbald ökologische Proteste auf. Wenn klonierte und womöglich genmanipulierte Ölpalmen, Tomaten oder Fichten zu trostlosen und langfristig störanfälligen Monokulturen führen, wird zwar zunächst einmal ein großer ökologischer Verdrängungsschaden, vielleicht auch ein großflächiger Boden- und Gewässerschaden angerichtet, aber es wird alsbald einen politischen Konsens geben, daß dies eine Fehlentwicklung war. So besteht eine gewisse Hoffnung, daß eine fehlgeleitete Landwirtschaft auch wieder zurückgedrängt wird.

Aber dann steht schon der nächste „Erfolg“ vor der Tür. Unter dem Druck der Öffentlichkeit wird die Gentechnik alles tun, um die ökologischen Torheiten der ersten Einführungsphase nicht zu wiederholen, und dann kommen unweigerlich die ökologisch optimierten Kulturpflanzen auf den Markt, denen kein Schädling, kein Wetter und kein Unkrautgift mehr etwas anhaben kann. Die Einführungsstrategie für diese neuen Sorten wird heißen: Verminderung des Chemikalieneinsatzes. Denn das Insektengift und der Stickstoff wird jetzt von den genmanipulierten Pflanzen selbst produziert. Auch die Toleranz gegen natürliche oder zivilisatorische Widrigkeiten des Bodens oder der Witterung läßt das Herz der umweltbewußten Mitbürger höher schlagen. Es sieht aus wie die ökologische Krönung von Jahrzehnten harter Forscherarbeit und agrarindustrieller Optimierung. Und genau hier setzen meine größten Bedenken gegen die angewandte Gentechnik ein. Was auf den ersten Blick wie ein ökologischer Triumph aussieht, ist in meinen Augen das eigentliche Labormonster. Diese Monster trotzen nicht nur der Natur, der ursprünglichen wie der zivilisatorischen, sondern sie werden vom „Markt“ auch immer wieder bestätigt, und sie verbreiten sich folglich praktisch schrankenlos. Keine Klimazone, keine Insel, kein Boden, keine Anbaumethode, keine Kultur bleibt von ihnen verschont. Eine Zeit lang haben die Monster noch keine Selbstvermehrungsfähigkeit in der Natur, entweder weil das technisch noch schwierig ist, oder weil die Saatgutindustrie ihre Kunden zum ständigen Neukauf zwingen will, aber das ist für ihren Siegeszug nur ein retardierendes Moment.

Doch was soll eigentlich so gefährlich an diesem Siegeszug sein? Die Antwort bleibt unvermeidlich spekulativ. Aber als konditionale Aussage läßt sich sagen, daß wenn es irgendwo einen unaufhaltsamen Siegeszug gibt, dann ist dieser zugleich eine unaufhaltsame Serie von Niederlagen von älteren Kulturpflanzen und den zugehörigen Kulturen, sowie von Wildkräutern und den zugehörigen Ökosystemen (jede Pflanzenart ist die Lebensbasis von durchschnittlich zehn Tierarten). Mit den Besiegten gehen zugleich Optionen zugrunde, die man dringend braucht, wenn doch einmal etwas schiefgeht. Wenn die Welternährung oder auch nur ein wichtiger Sektor davon an einem Chromosomensatz hängt, dann wird jeder größere Denkfehler und jede gut ausgetüftelte Sabotage zum Verhängnis. Robustheit gegen Salz, Insekten, Wetter und Gifte und gegen heutige Mikroorganismen feit nicht gegen jederlei Angriffe, beispielsweise von Saboteuren oder von neumutierten Pilzen oder Viren. Weltweite Homogenität von Saatgut, welcher Art auch immer, bedeutet einen äußerst bedenklichen Verlust an „Fehlerfreundlichkeit“ (Christine von Weizsäcker). Gewiß kann man da wieder künstlich gegensteuern, mit künstlicher Vielfalt, mit Genbanken zum Konservieren von Optionen und mit Naturschutz (auf den Flächen, die wirtschaftlich uninteressant erscheinen). Aber das Grundphänomen einer weltweit standardisierten, sabotage- und fehleranfälligen Agrarlandschaft wird dadurch nur kosmetisch verändert.

Besorgniserregend ist auch die Häufung von möglicherweise mobilen – genetischen Robustheitsfaktoren. Derart ausgestattete Pflanzen werden voraussehbar die verbliebenen halbwegs natürlichen Ökosysteme gefährden, ganz anders als die heutigen, ökologisch eher schwächlichen Kulturpflanzen.
Natürlich ist all das zuletzt Gesagte eher eine Spekulation, sowohl biotechnologisch wie agrarökonomisch und ökologisch. Aber sie ist nötig, um den Typus von Gefahren zu charakterisieren, der jenseits der kleinräumigen Freisetzungsexperimente und jenseits der Kinderkrankheiten der Agrar-Gentechnik auf uns wartet.
Zurück zur heutigen Realität. In allen Industrieländern spricht man über rechtliche Regelungen über die bestehenden Sicherheitsvorschriften hinaus. Insbesondere über die Freisetzung von gentechnisch veränderten Organismen gibt es eine heiße Debatte. Weitgehende Einigkeit herrscht heute darüber, daß das Zulassungsverfahren auf einem grundsätzlichen Verbot aufbauen muß, und dann erst in Einzelfallbeurteilung die Zulassung erteilt werden kann. In dieser Richtung, allerdings nach meiner Auffassung in vielen Punkten zu lasch, ist auch der Entwurf der EG-Richtlinie zur Freisetzung konzipiert.
Fragt man sich, wie man die realen Gefahrenunterschiede überhaupt rechtlich in den Griff bekommen kann, so landet man nahezu unweigerlich bei der Idee der Haftung: Wenn sich das Haftungsrisiko mit der Dimension des Einsatzes automatisch vergrößert, dann ist die dimensionsabhängige Vorsicht ebenso automatisch eingebaut; dann wird es nämlich selbst für sehr kapitalkräftige Firmen oder deren Versicherungen hochgradig riskant, Versuche mit weltweitem ökologischen Schadenspotential durchzuführen.

In der deutschen Umweltpolitik wird jenseits aller Gentechnik-Überlegungen ernsthaft diskutiert, ob man amerikanische oder japanische oder noch andere Formen der Umwelthaftung gesetzlich verankern kann. Sowohl in den USA wie in Japan hat die über das übliche Zivil- und Strafrecht hinausgehende Umwelthaftung zu erheblicher Vorsorge und Vorsicht seitens der Industrie geführt. Bei Umwelthaftung für die Freisetzung gentechnisch veränderter Organismen hängt ein Damoklesschwert über demjenigen, der die Freisetzung zu verantworten hat. Firmen, die ansonsten in den USA gute Geschäfte mit Umwelthaftungsversicherungen machen, zögern bezeichnenderweise noch sehr, sich überhaupt auf die Versicherung des Freisetzungsrisikos einzulassen. Das hängt allerdings auch daran, daß es schwierig ist, die „Schäden“ zu objektivieren, was bei der für Amerika charakteristischen Prozeßfreudigkeit ein nahezu unkalkulierbares Kostenrisiko mit sich bringt.
Bei der Diskussion um die gesetzliche Regulierung der Freisetzung wird mir immer bewußter, wie unverantwortlich wir in der Vergangenheit mit Eingriffen in die Natur umgegangen sind. Wenn heute Vertreter der Gentechnik argumentieren, ihre Freisetzungspläne seien doch ökologisch gar nichts anderes als das Ausprobieren und systematische Verbreiten von neuen Kulturpflanzen, haben sie gar nicht so unrecht. Aber die großen ökologischen Schäden der letzten 30 Jahre Landwirtschaft verleihen dem Argument einen etwas zynischen Charakter. Wenn es gelingt, auch bei konventionellen Kulturpflanzen eine rechtliche Regelung zur Umweltverträglichkeit einzuführen, dann könnte man meines Erachtens bei der Freisetzung gentechnisch veränderter Organismen etwas großzügiger sein. In beiden Bereichen muß die Natur

selbst und nicht nur die menschliche Ökonomie als schützenswert angesehen werden.
Auf der regulatorischen Ebene alleine sind die Probleme der Gentechnik schwerlich zu bewältigen. Letztlich rührt es an das zivilisatorische und religiöse Selbstverständnis, ob die Gene auf ihre Eigenschaft als chemische Schriftstücke reduziert und wie Moleküle behandelt und instrumentalisiert werden dürfen. Vieles spricht gegen diesen Reduktionismus, zumindest solange die Menschheit noch nicht gelernt hat, mit derartig explosivem Wissen dauerhaft friedfertig umzugehen. Der spekulative Ausflug in die Agrar-Gentechnik hat vielleicht hinreichend illustriert, wie vernetzt das Verhältnis von Nutzen und Gefahr sein kann. Wenn das, was wir heute als Erfolg, als Siegeszug empfinden, die eigentliche Gefahrenquelle von morgen sein kann, dann ist unsere Urteilskraft wohl noch nicht weit genug entwickelt.
Doch wie entwickeln wir die Urteilskraft weiter?
In der Wissenschaft gibt es seit alters zwei verschiedene Motive, die sich ergänzen, und die in einem ausgewogenen Verhältnis zueinander stehen müssen: Die Neugier, der Erkenntnisdrang einerseits und das Trachten nach Anwendung und Weltverbesserung andererseits. Dominiert das erstere, dann wirft man der Wissenschaft vor, sie bleibe im Elfenbeinturm (und sei ein teurer Kostgänger). Dominiert das letztere, dann kommt es zu besinnungslosen Schritten und Fortschritten, die großen Flurschaden anrichten. Letzteres ist die Gefahr bei einer raschen Industrialisierung und weltweiten Durchsetzung der Gentechnik. Um des Schutzes ökologischer und anderer Erkenntnisgewinnung willen sollte sich gerade die Wissenschaft gegen ein übereiltes Tempo zur Wehr setzen. Der Fortschritt muß jederzeit neugier-, erkenntnis- und fehlerfreundlich bleiben. Dann haben wir eine Chance, auch die nötige Urteilskraft für den Umgang mit der Gentechnik zu gewinnen.
Wir sind es bislang noch gewohnt, daß jedes Problem auch eine technische Lösung findet, und daß auftretende Nebeneffekte der technischen Lösung ihrerseits wieder beherrschbar sind. Dieser „Gotteskomplex" (Horst Eberhard Richter) hindert uns an Einsichten in die grundsätzliche Fehlerhaftigkeit unserer Fähigkeiten. Je weitreichender, erdumspannender, titanischer unsere Fähigkeiten werden, desto gefährlicher wird die Fehlerhaftigkeit. Fehlerfreundlich wäre demgegenüber eine Technik und eine Kultur, die bewußt auf erdumspannende Durchsetzung verzichtet, und die eine Balance sucht zwischen dem Lernen und Offenhalten von Optionen einerseits und dem Erfolg aufgrund heutiger Kriterien andererseits.
Die enthusiastische Befürwortung der Gentechnik in manchen Ländern und die sich mit der generellen „Fortschritts"-Dynamik entschuldigende Gentechnik-Verteidigung bei uns scheinen anzudeuten, daß wir von einer fehlerfreundlichen Kultur bezüglich der Gentechnik noch weit entfernt sind. Es steht zu befürchten, daß die eilfertige Expansion dieser Technik zu großem, erdumspannendem Unheil führt. Das ist vielleicht der rational am leichtesten faßbare Kern der weiterverbreiteten rigorosen Ablehnung des „Spiels mit den Genen". Wer die Technik will, muß sich zumindest mit diesem rationalen Kern intensiv auseinandersetzen und sollte mithelfen, daß die hier angesprochenen Befürchtungen nicht Wirklichkeit werden.

Glossar

Adenin, Cytosin, Guanin, Thymin

Einzelbausteine der DNA, auch Basen genannt, die das Informationsmuster eines DNA-Strangs bestimmen. Bei einem RNA-Strang übernimmt die Base Uracil den Platz des Thymin.

Agrobakterium tumefaciens

Bodenbakterium, das zweikeimblättrige Pflanzen infizieren kann und dort Wucherungen, Wurzelhalsgallen genannt, hervorruft.

Aids

(aquired immune deficiency syndrome). Schwere, meist tödliche, erworbene Störung des menschlichen Immunsystems, die durch die Aids-Viren HIV-1 und HIV-2 ausgelöst wird.

Aminosäure

Einzelbaustein von Eiweißen oder Proteinen. Insgesamt gibt es 20 verschiedene Aminosäuren.

Antibiotika

Substanzen aus Bakterien oder Pilzen, wie etwa das Penizillin, die andere Mikroorganismen am Wachstum hindern oder sie abtöten.

Bakterien

Einzelliges Kleinstlebewesen, das keinen Zellkern besitzt; bei Bakterien liegt die DNA als unverpacktes Knäuel vor.

Chimäre

Lebewesen, das die Erbinformation von zwei oder mehr Lebewesen trägt. Bekannt wurde die „Schiege“, eine Kreuzung aus Schaf und Ziege oder die Tomoffel, eine Verschmelzung aus Tomate und Kartoffel.

Chromosom

Untereinheit der gesamten Erbinformation eines höheren Lebewesens. Der Mensch besitzt auf seinem etwa zwei Meter langen DNA-Faden 46 paarweise angeordnete Chromosomen.

DNA (deoxyribonucleic acid)

Desoxyribonukleinsäure, langkettiges, fadenförmiges Biomolekül, das die gesamte Erbinformation eines Lebewesens trägt.

DNA-Polymerase

Enzym, das aus den DNA-Bausteinen und aus einem DNA-Einzelstrang als Vorlage eine DNA-Doppelhelix anfertigt.

dominant

Eigenschaft eines Erbmerkmals, das sich gegenüber dem alternativen Merkmal des Geschlechtspartners durchsetzt. Das unterlegene Merkmal wird rezessiv genannt.

Doppelhelix

Struktur zweier langkettiger Moleküle, die in Form einer Sprossenleiter miteinander verwunden sind. Typische Form der DNA.

Embryo

Frucht in der Gebärmutter bis zum 3. Schwangerschaftsmonat. Erst von der 9. Woche an, also nach Abschluß der Organentwicklung bis zur Geburt, heißt das ungeborene Kind Fötus.

Embryo-Transfer (ET)

Am zweiten bis vierten Tag nach einer in-vitro-Befruchtung wird ein Embryo künstlich durch den Muttermund in die Gebärmutter einer Frau gespült, damit er sich dort einnistet.

Enquêtekommissionen

Der Bundestag muß Enquêtekommissionen „zur Vorbereitung von Entscheidungen über umfangreiche und bedeutsame Sachkomplexe" einsetzen, wenn mindestens 25 Prozent der Abgeordneten dies beantragen. Die Enquêtekommission „Chancen und Risiken der Gentechnologie" arbeitete vom August 1984 bis zum Dezember 1986. Ihr Bericht kann beim Deutschen Bundestag, Referat Öffentlichkeitsarbeit, angefordert werden.

Enzyme

Eiweißstoffe, auch Fermente genannt, die als Katalysatoren einen biologischen Reaktionsprozeß beschleunigen.

Exon

Der Teil der DNA, der die tatsächliche Erbinformation trägt. Die Gene höherer Lebewesen sind mit Bereichen, den sogenannten Introns, durchsetzt, die informationslos sind. Diese Introns werden nach der Abschrift der DNA in die RNA herausgeschnitten und die verbleibenden Exons ohne Unterbrechung miteinander verbunden.

Gen

Informationstragende Untereinheit der DNA, die die Nachricht für einen Eiweißstoff oder eine RNA trägt.

Gendiagnose

Erkennungsmöglichkeit von Erbkrankheiten, die auf einer Untersuchung der DNA beruhen.

Gen-Ethisches Netzwerk

Parteiunabhängiger Informationsdienst über Entwicklungen im Bereich der Gentechnik, Gesetzgebungsvorhaben und Bürgerinitiativen. Das Gen-Ethische Netzwerk gibt den Informationsdienst GID heraus. Adresse des Gen-Ethischen Netzwerks: Potsdamer Str. 96, 1000 Berlin 30.

Genom

Summe der Gene, gesamte genetische Information eines Organismus.

Gentherapie

Behandlung einer Erbkrankheit durch künstliche Veränderung der DNA.

Gen-Zentren

Vom Bundesforschungsministerium und der Industrie finanziert, entstanden seit 1982 in München, Köln, Heidelberg, Hamburg und Berlin Forschungsinstitute, in denen „wissenschaftlich attraktive und technologisch aussichtsreiche" Grundlagenforschung betrieben wird.

haploid

Einfacher Chromosomensatz, wie er in Geschlechtszellen vorkommt. Aus zwei Chromosomensätzen, einem männlichen und einem weiblichen haploiden, entsteht durch Verschmelzung ein diploider Satz – die vollständige Erbinformation.

Hepatitis B

Ansteckende Leberentzündung, auch Gelbsucht genannt.

Hormone

Körpereigene Substanzen von Pflanzen, Tieren und Menschen, die der Informationsübertragung zwischen Zellen und Organen dienen. Hormone wirken in winzigen Mengen und haben meist nur eine bestimmte und hochspezifische Aufgabe.

Hybridzüchtung

Besonders gezüchtete Inzuchtstämme von Nutzpflanzen oder -tieren, die miteinander gekreuzt sind. Hybride sind besonders ertragreich, aber kaum vermehrungsfähig, so daß sie immer wieder neu gezüchtet werden müssen.

Immunsystem

Sämtliche Moleküle, Zellen und Organe, die nicht körpereigene Substanzen als fremd erkennen und dagegen eine Abwehrreaktion einleiten.

Insulin

Hormon, das der Körper in der Bauchspeicheldrüse produziert und das den Blutzuckerspiegel reguliert.

Interferone

Eiweißstoffe des Organismus, die Nachrichtenfunktionen haben und die zum Teil der Vermehrung von Viren entgegenwirken.

Intron siehe Exon

in-vitro

Im Reagenzglas vollzogene Reaktion, die sonst im Organismus (in-vivo) ablaufen würde.

in-vitro-Fertilisation (IVF)

Befruchtung einer reifen, aus dem Eierstock entnommenen Eizelle durch eine Samenzelle in der Glasschale (in vitro), außerhalb der Gebärmutter. Deshalb auch extrakorporale Befruchtung genannt.

Kallus

Klumpen von noch unspezialisierten Pflanzenzellen, der sich in einer Kulturlösung aus einer Einzelzelle entwickeln kann.

Klon

Genetisch einheitliche Zellen oder Individuen, die aus einer einzigen Zelle, bzw. einem einzigen Individuum, durch ungeschlechtliche Vermehrung entstehen.

komplementär

Zueinander passende Nukleotidbausteine der DNA und der RNA. Zum Beispiel: Bei der DNA-Doppelhelix stehen immer die Nukleotide Adenin und Thymin oder Guanin und Cytosin gegenüber.

Leguminosen

Pflanzengruppe der Hülsenfrüchtler, zu der Bohne, Erbse, Lupine oder Erdnuß gehören.

Leihmutter

Frau, die ein Kind für eine andere Frau austrägt. Entweder wird die Leihmutter mit dem Samen eines „Bestellvaters" befruchtet, dann „leiht" sie auch ihre Eizelle, sie ist also die genetische Mutter des Kindes. Oder sie trägt einen fremden Embryo aus, der entstanden ist aus der Ei- und Samenzelle von „Bestelleltern". Hier leiht die Frau „nur" ihre Gebärmutter, sie ist mit dem Kind nicht genetisch verwandt.

Lesch-Nyhan-Syndrom

Erbleiden, das sich unter anderem in spastischen Lähmungen und Schwachsinn äußert.

Ligase

Enzym, das die Reaktion zum Aneinanderkoppeln von DNA-Nukleotiden fördert.

messenger-RNA (m-RNA)

Boten-RNA, die als eine Abschrift der DNA im Zellkern entsteht und die dann in das Zytoplasma zu den Ribosomen schwimmt. Dort wird die in der m-RNA gespeicherte Information in ein Protein übersetzt.

Mutation

Veränderung der Erbsubstanz durch Abweichungen vom ursprünglichen Informationscode.

Nukleinsäuren

Langkettige, informationstragende Moleküle wie DNA und RNA; aufgebaut aus jeweils vier Einzelbausteinen.

Nukleotid

Baustein der Nukleinsäuren, der jeweils aus einer Base (Adenin, Cytosin, Guanin, Thymin, Uracil), einem Zuckermolekül und ein bis drei Phosphatgruppen besteht.

Öko-Institut

Unabhängiges, weitgehend durch Spenden finanziertes Institut in Freiburg, das die Risiken von Großtechniken und die Einsatzmöglichkeit alternativer Techniken erforscht.

Onkogene

Krebsgene, die eine Zelle zu tumorartigem Wachstum veranlassen.

Pestizide

Chemische Substanzen zum Abtöten von Schädlingen. Zum Beispiel: Insektizide gegen Insekten, Herbizide gegen unerwünschte Pflanzen, Fungizide gegen Pilze, usw.

Phenylketonurie

Erbkrankheit, die sich in mehr oder weniger starkem Schwachsinn äußert. Das Leiden läßt sich unterdrücken durch eine Diät, die möglichst wenig von der Aminosäure Phenylanalin enthält.

Plasmide

Ringförmig geschlossene DNA-Moleküle, die in Bakterien und Pilzen vorkommen und die sich unabhängig von dem eigentlichen DNA-Strang vermehren. Da die Mikroorganismen über die Plasmide von Natur aus Erbinformationsstücke austauschen, nutzt die Gentechnik die kurzen Moleküle als Genfähren.

Prä-Embryo

Die Leibesfrucht bis zu dem Entwicklungsstadium, in dem sich erste Zellen spezialisieren und die Einnistung abgeschlossen ist. Etwa 14 Tage nach der Befruchtung wird aus dem Vorembryo ein Embryo.

Proteine

Stoffklasse der Eiweiße, die aus den Aminosäuren zusammengesetzt sind. Proteine haben im Organismus eine Aufbaufunktion (bei Muskelfasern oder in Zellwänden) oder spezifische Aufgaben (Enzyme, Hormone oder etwa der Blutfarbstoff Hämoglobin).

Rekombination

Methode, mit der sich verschiedene Erbinformationsfragmente zu einem Molekül zusammenfügen lassen.

Restriktionsenzyme

Enzyme, die eine bestimmte Abfolge auf der DNA erkennen und dort den Nukleinsäurestrang spalten.

Retroviren

Viren, die ihre Erbsubstanz in einem Einzelstrang aus RNA speichern. Ein viruseigenes Enzym namens Reverse Transkriptase übersetzt die RNA in einen Doppelstrang aus DNA, der sich dann in dem Chromosom der Wirtszelle einnistet.

rezessiv siehe dominant

Ribosomen

Eiweißfabriken der Zelle, aufgebaut aus ribosomaler-RNA und Proteinen. Hier wird die Nachricht der m-RNA in Eiweißstoffe umgesetzt.

RNA (ribonucleic acid)

Ribonukleinsäure; langkettiges, informationstragendes Molekül, das in der Zelle als Boten-, Transfer- und ribosomale-RNA vorkommt.

RNA-Polymerase

Enzym, das an der DNA, getreu der Abfolge der Nukleotide eine Abschrift aus m-RNA herstellt.

Stickstoff-Fixierung

Bestimmte Bakterien können mit Hilfe des Enzyms Nitrogenase den Stickstoff der Atmosphäre zu Ammoniak umsetzen. Dieser dient Pflanzen als Nährstoff.

SV-40 (Simian Virus 40)

Krebsauslösendes Tiervirus, das bei Affenarten vorkommt.

transgene Tiere

Tiere, in deren Erbgut ein Gen eines anderen Lebewesens eingeschleust ist (beispielsweise das Wachstumshormon-Gen des Menschen in einem Schwein).

Trisomie 21

Erbkrankheit, die darauf beruht, daß das menschliche Chromosom Nr. 21 drei- statt zweimal vorkommt. Auch Mongolismus genannt.

t-RNA (Transfer-RNA)

Kurzes RNA-Molekül, das jeweils eine bestimmte Aminosäure binden kann und zu den Ribosomen transportiert.

Vektor

Transportmolekül für DNA-Segmente. Als Vektoren nutzt die Gentechnik zum Beispiel Plasmide oder Retroviren.

Virus

Kleinstmikrobe, die sich nicht selbständig vermehren kann. Dafür braucht sie eine sogenannte Wirtszelle, die das Virus infiziert und deren Mechanismen es nutzt, um sich fortzupflanzen. Längst nicht alle dieser Schmarotzer schaden ihrem Wirtsorganismus.

Wagniskapital

Eine besondere Form der Finanzierung neugegründeter Unternehmen. Private Anleger investieren Geld in einen venture-capital-Fonds und erhalten dafür Steuervorteile. Der Fonds beteiligt sich an einigen jungen Firmen, deren Management er zugleich streng kontrolliert. Nach einer festgelegten Frist – etwa von fünf Jahren – werden die Firmenanteile über die Börse verkauft. Der etwaige Gewinn wird an die Privatanleger ausgezahlt.

X- und Y-Chromosom

Die menschlichen Geschlechtschromosomen. Jeder Mensch hat neben 22 Chromosomenpaaren zwei Chromosomen, die sein Geschlecht bestimmen. Eine Eizelle enthält immer ein X-Chromosom. Die Spermien dagegen sind entweder Träger eines X- oder eines Y-Chromosoms. Entsteht bei der Befruchtung die Kombination XX, ist der Nachwuchs weiblich, bei XY ist das Kind männlich.

Zellkern

Gehirn der Zelle. Dort, in einem durch die Kernmembran abgeschlossenen Bereich, befindet sich im allgemeinen die gesamte Erbsubstanz eines Lebewesens. Nur höhere Lebewesen (Eukaryonten) haben einen Zellkern. Bei Kleinstlebewesen oder Viren (Prokayonten) ist das Molekül der Erbsubstanz ungeschützt.

ZKBS

Zentrale Kommission für Biologische Sicherheit. Sie setzt sich zusammen aus Gentechnikern, anderen Naturwissenschaftlern und Vertretern der Öffentlichkeit, die vom Bundesminister für Forschung und Technologie berufen werden. Die Kommission überprüft die mit Staatsgeldern unterstützten gentechnischen Forschungsvorhaben höherer Sicherheitsstufen und kann diese Experimente verbieten. Die Industrie hat die Kriterien der ZKBS durch „freiwillige Selbstbindung“ anerkannt.

Zygote

Das Produkt der Vereinigung von Ei- und Samenzelle, aus dem später der Vorembryo wird.

Zytoplasma

Zellflüssigkeit, in der die Stoffwechselreaktionen ablaufen.

Bildnachweis

Beer, Günter, Köln: Seite 50, 51, 89, 98, 99, 107, 157, 158

Focus, Hamburg: Seite 69. Foto B. C. Möller: Seite 102, 103. Foto Dr. Gopal Murti: Seite 7. Foto Philippe Plaily: Seite 63 u. Foto Woodpin Camp NY: Seite 131.

GRAPHICO/Hans Ulrich Osterwalder und Wolfgang Desmarowitz, Hamburg: Seite 10/11, 30/31.

Hill, Karin, Frankfurt am Main: Seite 135.

Möller, B. C., Hamburg: Seite 6, 15, 27, 31 r., 34, 35, 42, 43, 54, 55, 58/59, 62, 63 o., 85.

Reed, Jane, Harvard University: Seite 137.

Stanford University, Stanford (Kalifornien): Seite 116.

Transglobe Agency, Hamburg/Foto Ted Spiegel: Seite 14, 18, 19, 46, 47, 63 m., 73, 77, 80, 88, 106.

Schutzumschlag: Vorderseite: GRAPHICO/Hans Ulrich Oesterwalder und Wolfgang Desmarowitz, Hamburg. Rückseite: Focus, Hamburg, links; B. C. Möller, Hamburg, rechts.